www.ingramcontent.com/pod-product-compliance
Lightning Source LLC
Chambersburg PA
CBHW060249100426
42742CB00011B/1693

MARK L. PROPHET y ELIZABETH CLARE PROPHET son escritores reconocidos mundialmente, instructores espirituales y pioneros en la espiritualidad práctica. Entre sus libros más vendidos se encuentran los siguientes títulos: *Las enseñanzas perdidas de Jesús, El aura humana, Saint Germain sobre alquimia, Los ángeles caídos y los orígenes del mal;* y la serie de libros de bolsillo para la espiritualidad práctica, que incluye *Cómo trabajar con los ángeles, Tus siete centros de energía* y *Almas compañeras y llamas gemelas.* Sus libros se han publicado en más de treinta idiomas y están disponibles en más de treinta países.

Serie ESCALA LA MONTAÑA MÁS ALTA

El sendero
del
Cristo Universal

Mark L. Prophet · Elizabeth Clare Prophet

El Evangelio Eterno

SUMMIT UNIVERSITY ☯ PRESS ESPAÑOL®

Gardiner, Montana

Library of Congress Control Number: 2022938272
(Número de Control de la Biblioteca del Congreso: 2022938272)
ISBN: 978-1-60988-406-2
ISBN: 978-1-60988-407-9 (libro digital)

SUMMIT UNIVERSITY ♥ PRESS ESPAÑOL®

Imagen de cubierta: "From Beyond", pintura de Nicholas Roerich.
Nicholas Roerich Museum, New York (N.Y.) Utilizada con permiso.

Nota: Debido a que el lenguaje neutro resulta dificultoso y a veces confuso,
hemos utilizado el pronombre *él* para referirnos a Dios o al individuo. Estos
términos únicamente quieren hacer más fácil la lectura sin excluir a la mujer
ni el aspecto femenino de la Divinidad. Asimismo, el uso de Dios y Espíritu
no pretende excluir otras expresiones de lo divino.

A todos los que buscan la salvación en esta era,
a todos los que saben que ha llegado la hora
de que los verdaderos adoradores rindan culto
al Dios Padre-Madre en Espíritu y Verdad,
a todos los que quisieran escalar la montaña más alta,
a todos ellos dedicamos este volumen como el siguiente paso.

Nota al lector

La serie Escala la montaña más alta ha sido estructurada en treinta y tres capítulos por el Maestro Ascendido El Morya. Este libro contiene el décimo quinto capítulo: «El Cristo».

Índice

Introducción

Al estudiante de los misterios de la vida: Este es el libro que se escribió en el corazón de los hombres mucho antes de que se escribiese con pluma y espada.

El mito de la simplicidad de la religión se debe desenmascarar para que aparezca tal como lo que es, un mito. La religión, la ciencia que le enseña al hombre a atarse a Dios, no es simple. El concepto que lleva a las personas a pensar que, si una doctrina religiosa es cierta, deberían entenderla estudiando e inmolándose a sí mismas, es engañoso por completo. El hecho de que hombres cultos esperan estudiar toda una vida para llegar a dominar una única disciplina, pero creen que cualquier cosa relacionada con la religión que no se pueda entender durante la conversación de una tarde debe no ser cierta o ser demasiado complicada para molestarse en comprenderla es un trágico concepto erróneo que priva a mucha gente de los misterios más dulces y sagrados de la vida.

La doctrina religiosa de este planeta sigue encontrándose en el oscurantismo, en su imponente tumba de intangibilidad. Quienes están demasiado avanzados en su pensar para poder aceptar creencias que han ido decayendo con los siglos han descartado la religión por completo. Que no descuiden tampoco destruir el mito de la sencillez y consideren el hecho de que existe una ciencia y una religión que explican el destino del hombre, sus orígenes

y su razón de ser. Que no dejen de reconsiderar las simples verdades de la vida enraizadas en cada corazón y mente como claves de un gran compendio de conocimiento que el SEÑOR ha ocultado a la gente de mundo y ha dado a conocer a los de corazón puro.

En el presente volumen exponemos este conocimiento tal como lo hemos recibido de los Maestros Ascendidos, quienes, desde los niveles interiores de conciencia, guían a los hombres que estén dispuestos a prestar oídos a la voz del Anciano de Días, que ha prometido escribir sus leyes en su interior para que todos puedan conocerlo, desde el más pequeño hasta el mayor.

Quienes se tapan los oídos ante la revelación progresiva le han puesto bozal al buey, cuya lengua dorada quisiera dar los secretos de las eras. Acallar la voz del Todopoderoso en esta época de necesidad y esfuerzo en el mundo significa confirmar el destino del planeta, porque sin conocimiento y ayuda de las alturas los hombres no tienen esperanzas de sobrevivir esta época de crisis. Sin visión el pueblo perece.[1] Este es un libro de visión.

La verdad contenida en esta obra no es de ningún modo definitiva; es una base que puede conducir a todos hacia una verdad superior y, finalmente, a la cima de su propio ser. Ella contiene las claves de la Era de Oro si los hombres la aceptan y actúan en consecuencia. Ella contiene los hechos que los seres oscuros han ocultado desde hace tanto tiempo, quienes deliberadamente —conscientemente— han eliminado de los archivos del mundo cualquier pizca de conocimiento que proporcione a la humanidad la libertad de todas las formas de esclavitud, física, mental o emocional.

Las verdaderas enseñanzas del Cristo han sido, asimismo, o bien eliminadas de las escrituras o bien omitidas desde el principio. Las obras de otros, a quienes el SEÑOR envió a que iluminaran el Sendero, como Orígenes de Alejandría, han sido anatemizadas o quemadas. Las pocas claves que quedan disponibles para las masas se enseñan como misterios y se entregan sin explicaciones,

para que se acepten a ciegas o, como ha sido el caso, se rechacen a ciegas. Las dos cosas forman parte de un antiguo complot para defraudar a los hijos y las hijas de Dios quitándoles su antigua herencia espiritual, que nos llega desde los retiros de Lemuria y la Atlántida, continentes perdidos del Pacífico y el Atlántico. Esas civilizaciones se hundieron en el mar porque el pueblo dejó de estar gobernado por la ley cósmica y la ciencia de esa ley se distorsionó, se usó mal o se ocultó por completo.

La verdad que exponemos aquí es la verdad de todos los tiempos, las leyes con las que se forjaron los universos. Es la verdad que está encerrada en la memoria de los átomos y las células que componen la corteza terrestre y el ser humano. Es la verdad que conocen todas las almas, pero que, por falta de preparación y educación adecuada, ha permanecido como un arte perdido, yaciendo latente justo bajo la superficie de la mente, hasta que pasa a un primer plano al entrar en contacto con la Luz y se renueva con los Instructores, que permanecen a la espera tras bambalinas, listos para revelar los eslabones perdidos del rompecabezas de la vida.

Todo lo que el hombre necesita para terminar su evolución y cumplir su plan divino se le revelará a través del Cristo interior y el recuerdo del alma que despierta, vivificada y movilizada a la acción por las Huestes Celestiales. Nada se ocultará a quienes busquen el conocimiento de la Ley de la Vida como sabuesos del cielo, porque todo está listo, todo espera el momento en que deseen tener, sostener y ser más Dios, más conciencia, más vida.

Si los conceptos de este libro no concuerdan con los tuyos, no sientas necesidad de realizar una evaluación inmediata antes de conocer todos los hechos. Mantén en suspenso temporalmente las ideas nuevas hasta que tengas más pruebas y explicaciones. Mantén en suspenso temporalmente tus propias ideas y, sobre todo, mantén una mente abierta. Una de las armas más grandes del demonio es hacer que la gente se crea que debe aceptar

o rechazar inmediatamente, clasificar y empaquetar cada idea nueva que se le presenta, porque él sabe que con una actitud así, no se puede realizar ningún progreso.

Y así, al leer esta serie, trata de asimilar el panorama completo de la Verdad en cada una de las partes multiformes. Pasar por encima de ellas bien podría abortar tu asimilación de los delicados patrones de filigrana que despliegan la magnificencia de la comprensión de tu alma sobre las leyes del cosmos: misterios de mundos lejanos, de las Pléyades, así como del sol de nuestro sistema; misterios de las arenas del Sahara y de los altos pinos de Darjeeling. Aquí encontrarás la sabiduría de las eras, los pensamientos de un Cristo, de un Buda y de los sabios y siervos del SEÑOR. Encontrarás un conocimiento de otra clase, un conocimiento que se les ha ocultado a las masas, que ha sido guardado en los retiros de los Maestros.

Tal como Diógenes deambuló por las calles con su lámpara en busca de un hombre honesto, tú, el lector, debes levantar la antorcha del honor y, sin parcialidad, buscar la Verdad en estas páginas. Aquí aprenderás las verdaderas enseñanzas de Cristo, tu propia identidad, la naturaleza y la vida misma. Y durante ese proceso, hallarás ese poder por el cual cada hombre puede convertirse en el dios de su propio universo, rey en su propio reino, sacerdote de su propio templo, respondiendo así al fíat del Logos: «¡Señoread la Tierra!».[2]

Tu recién descubierta libertad no provendrá solamente de lo formado, sino también de lo informe, no solo de lo que se dice, sino de lo que queda sin decir; porque las palabras no son más que cálices en los que la mente debe verter la sustancia de la experiencia y la devoción, las destilaciones del conocimiento del alma, las formulaciones ociosas, apenas bajo superficie de la percepción, esperando a que las energice la mente Crística.

No solo lo escrito con pluma y tinta será la recién descubierta libertad entregada por medio del entendimiento en tu vida, sino

lo que pienses y hagas, mostrándote aprobado ante Dios por la medida viva de tu comprensión activa; ello mejorará de forma práctica el mundo en el que vivimos y servirá como mensaje de vanguardia para todas las eras futuras. Cristo no es Cristo solo de los Andes, de Estados Unidos, de India, de cualquier otro país. Cristo es la emanación de Luz, el Logos Solar, la Palabra viva, por quien todas las cosas fueron creadas, como consta en el Evangelio del Amado Juan. El hombre, en realidad, está destinado a ser un triunfo de logro.

La llave que tienes en la mano puede utilizarse inteligentemente o examinarse de forma crítica. El hombre puede hacer las dos cosas. La elección es suya. Si así lo quiere, puede utilizar las enseñanzas que aquí se exponen y también examinarlas de forma crítica. Y si estuviera dispuesto a abandonar el dogma por Cristo, el odio por el amor y la confusión por la sabiduría, hallará las respuestas que tanto ha buscado. Estas palabras son jeroglíficos cargados de ese significado que puede cambiar tu vida y tu mundo, convirtiéndolo en la hermosura que Dios quiso que el hombre manifestara.

A ti se te da la llave en mano. Si debes juzgarla de forma adversa, pedimos humildemente que primero pongas a un lado todos tus prejuicios y tus opiniones hasta que hayas leído la última palabra del último capítulo de esta serie y hayas intentado comprenderla. Porque aquí está la llave que abrirá la puerta de tu libertad como nada la ha abierto antes. Aquí está la llave que viene del reino superior, un mensaje para todas las edades de verdadera dimensión Crística.

Hombre, conócete a ti mismo. Hombre, acepta el instrumento de tu liberación. Humanidad, sé firme y despierta, porque el día está cerca. La Era de Oro debe postularse primero en el interior antes de manifestarse en el exterior. La rueda giratoria de la vida conspira tan maravillosamente para producir el lino tan fino, como una película, que un día se convertirá en una vestidura

de brillo solar, una vestidura de logro, un vestido de boda que entonces llevarás como devoción viva y perfecto escudo de amor contra el engaño, toda confusión y los malentendidos. Abre la puerta de tu corazón sin parcialidad, fanatismo ni retraso de renovación de tu vida en el horno alquímico de Él, que te ama más que nadie. Puedan los ángeles de los reinos de gloria sentarse sobre tu hombro mientras tú sigues estas palabras y te guían hacia la Verdad que buscas.

Atentamente, al servicio de la humanidad,

Mark L. Prophet

Elizabeth Clare Prophet

MARK Y ELIZABETH PROPHET
Mensajeros de los Maestros

El misterio del Cristo

Nadie puede llamar a Jesús Señor,
sino por el Espíritu Santo.[1]

Reconocer a Jesús como Hijo de Dios, como el Cristo, es un requisito previo a la comprensión del Cristo. Porque si el hombre no puede ver y reconocer al Cristo en aquel a quien Dios envió como perfecto ejemplo en la era del Hijo unigénito del Padre,[2] no será capaz de reconocer al Cristo como su propia identidad y su propio potencial. Y si no puede reconocer al Cristo como su propio potencial, jamás podrá salvarse. Así comenzamos el estudio del misterio del *Christos,* de la Luz inefable que ilumina a todo hombre que viene al mundo.[3]

El apóstol Pablo dice que «no hay diferencia entre judío y griego, pues el mismo que es Señor de todos, es rico para con todos los que le invocan; porque todo aquel que invocare el nombre del Señor, será salvo».[4] Este Señor ante cuya Presencia hincamos la rodilla fue personificado en el hombre llamado Jesús, que ocupaba el cargo del Cristo en la Jerarquía para el ciclo de dos mil años que se inició con su ministerio en Galilea.

Al invocar el nombre de Jesús como la encarnación del Cristo, el hombre se salva a través del poder del Cristo que Dios

ya ha puesto en él. Cuando el hombre invoca el nombre del Señor, libera todo el potencial del Cristo dentro de su propio ser, lo cual le da la capacidad y le permite elevarse hasta la victoria del Cristo que Jesús demostró en su ministerio de tres años.

El mundo moderno está inundado de más organizaciones religiosas que nunca, en ningún otro siglo. Algunas han durado miles de años. Los hombres creen que los misterios del Cristo son fáciles de determinar. Muchos ni siquiera se dan cuenta de que exista misterio alguno en el concepto del Cristo. Sin embargo, el concepto del Cristo sigue siendo en la actualidad el misterio más grande que jamás ha desafiado la mente del hombre.

En años recientes, la ciencia (especialmente las ciencias de la conducta) han puesto énfasis en la mente subconsciente y sus patrones de conducta, investigando el id, el ego y el superego, como algo aparte de cualquier concepto del Cristo. Es cada vez más obvio que la religión no comprende completamente todos los misterios de la mente del hombre y de la naturaleza. La ciencia tiene muchas respuestas y, en muchos casos, decide ignorar los viejos hitos religiosos. La religión también tiene muchas respuestas y, en muchos casos, decide ignorar las señales de la ciencia. La síntesis de religión y ciencia produce profundas revelaciones en el pensar. En ningún otro ámbito esto es tan patente, cuando se lo entiende correctamente, como en el misterio de Cristo.

El Cristo, en todas las razas, en todos los países y pueblos, es quien establece una congruencia con el Todopoderoso y una unidad por la cual no existen diferencias. Todas las diferencias se eliminan en el Cristo. Porque el mismo Señor está dentro de todos y sobre todos, «rico», es decir, fluyendo con abundantes bendiciones hacia todos los que le invocan.

Quienes no reconocen al Cristo en Jesús —por orgullo, sofisticación intelectual, arrogancia o rebelión contra Dios— no pueden elevarse hacia su propia identidad Crística, hacia el potencial de la Cristeidad en sí mismos. Y así, retrasan su progreso

en el Sendero y su salvación (su autorrealización a través de la autoelevación). Y así, el acto de reconocer al Hijo de Dios, Jesús, es el primer paso en la comprensión de la verdadera naturaleza del Cristo.

El Jesús histórico: Cristo, el hombre

Hace dos mil años Jesús vivió en este planeta como persona histórica. Nacido en Belén de Judea y criado en la comunidad de Nazaret, Jesús, el hombre, era bien conocido entre sus contemporáneos. Su ministerio estuvo lleno de dinamismo y servicio, y creó un impacto que ha perdurado hasta el día de hoy. Aunque muchas otras figuras también han dejado su marca sobre la pantalla de la historia del mundo, ninguna nos ha inspirado tanto como la hermosa figura del Maestro-Instructor, Jesús.

Todas las figuras históricas reciben un trato subjetivo por parte de historiadores, escritores y evaluadores del pasado. Jesús no fue una excepción y no hace falta decir que los primeros apóstoles e instructores de la Iglesia expresaron los conceptos que tenían del Maestro con la palabra hablada y escrita. San Pablo, el gran teólogo y apóstol, reveló la misteriosa figura de Jesucristo a la humanidad en la Iglesia primitiva de una forma algo distinta a los que lo reconocieron anteriormente. Los patrones mentales y emocionales de los primeros líderes de la Iglesia hicieron que tuvieran opiniones distintas sobre la misión y los propósitos del Maestro.

En ninguna parte hay constancia de las palabras de Jesús que él mismo transcribiera y escribiera, pero por todas partes encontramos interpretaciones del Cristo y sus propósitos. Por ello, es esencial que examinemos su vida con el fin a determinar sus propósitos y su intención, el significado de su vida para nosotros y para todos los hombres.

María, la madre de Jesús, viene a dar su perspectiva sobre su vida y misión:

Las perspectivas opuestas que tienen los hombres sobre la vida y el ministerio de mi hijo son legión. Por tanto, como una madre cósmica, hoy os ofrezco la lámpara del conocimiento que contiene el valioso aceite del misterio de la Cristeidad para que quienes anhelan identificarse más íntimamente con el Cristo aquí y ahora puedan entender mejor ese rol que él exteriorizó...

Dios no diseñó una casa para construirla sobre las arenas del equívoco humano y otra para construirla sobre la roca de la Verdad Crística. Desde el principio Dios quiso que todos expresaran la gran pureza, verdad y victoria del Cristo que mi hijo Jesús demostró en su encarnación en Galilea.

Sé muy bien que las interpretaciones ortodoxas, aunque provienen de un esfuerzo bien intencionado por parte de muchos que han servido a nuestra causa noblemente, no transmiten la comprensión correcta de la misión y la enseñanza de mi hijo. Este problema ha surgido como resultado de debilidades inherentes, eliminaciones e inexactitudes en la estructura semántica de ciertos pasajes bíblicos y a través de conceptos tradicionales tejidos como un cascarón de ignorancia alrededor de la verdad encarnada. Para disipar la ilusión, por tanto, vengo lámpara en mano para volver a formular la antigua historia de «en la tierra paz, buena voluntad para con los hombres».

Los ángeles cantaron, no solo por el bebé al que tan tiernamente tenía en mis brazos mientras lo reverenciaba en mi corazón, sino también por todos los hijos jamás nacidos, que siempre fueron y que siempre serán benditos y engendrados por el Padre. Porque Dios, el Espíritu celestial, el Progenitor de todos los corazones de identidad radiante, con su gran corazón de amor, misericordia y justicia, no podía negarle a ninguno de sus hijos los tesoros que hay encarnados en el concepto del Cristo. El nacimiento en el establo reveló, para sorpresa de los mortales, que la enormidad del Cristo Cósmico, el diseño inmortal del Hijo de Dios, podía descender con apariencia humilde aun entre la vida elemental animal

mientras huestes angélicas y cósmicas lo atendían. El milagro de Jesús no yacía en su condición como ser humano, sino en la divinidad del Cristo, que se manifestó a través del ser humano. Los hombres no solo lo han convertido en una personalidad, alguien semejante a su propia imagen, sino que se han obsesionado con la idea de que este bendito Hijo llevó a cabo una misión exclusivamente suya y única para siempre. No niego la singularidad de su mensaje y servicio, pero afirmo que es una manifestación única que cualquiera tiene la oportunidad de exteriorizar, pero solo unos pocos realizan.

No quiero decir que cada individuo tenga el mismo plan o patrón, pero deseo transmitir a todos que la gran esperanza que el Padre tiene en cada uno de sus amados hijos e hijas es de igualdad mutua, y que este destino contiene en sí el patrón esencial y los santos filamentos del Cristo, el unigénito del Padre, lleno de gracia y verdad. El Cristo es la piedra angular principal sobre la que se construye todo el templo. El Cristo de cada hombre es el mediador único entre la personalidad que debe evolucionar en el mundo de la forma, a la que nos referimos como el «yo inferior», y el «foco individualizado del Padre», la Presencia YO SOY que surgió del centro de la gran llama del Ser Divino.

Los hombres han pronunciado el nombre de Dios y lo han encubierto con vanidad humana. Han usado el nombre YO SOY para reclamar todas las nimiedades de la vida. Sin embargo, el Ser, el Ser Divino, la vida eterna, se les ha escapado. Por tanto, se le ha negado a la Palabra sagrada, YO SOY, la plena expresión de su poder y realidad inherentes en su mundo y conciencia.

Así, quiero transmitir a todos los hijos del cielo la gran realidad de la vida que les pertenece. Soy una madre cósmica y lo soy tanto de vosotros como del amado Jesús. Algunos adeptos a la fe cristiana me llaman Madre de Dios. A la rama del cristianismo ortodoxo protestante esto le parece un sacrilegio, pues los hombres bien pueden preguntar: «¿Quién es

digno de ser la Madre de Dios?». Pero este concepto, cuando se entiende que significa la madre de la encarnación del Espíritu Divino, revela la gloriosa verdad de que cada madre que entiende lo que se pronunció —«y aquel Verbo fue hecho carne, y habitó entre nosotros»— puede ser «la Madre de Dios».[5]

Jesús, el Mesías

El concepto de un Mesías no era algo nuevo para los Israelitas ni para el pueblo hebreo. Llevaban años, antes del nacimiento de Jesús, esperando un acontecimiento de esa importancia que cumpliera las antiguas profecías y trajera nuevas esperanzas a su nación, así como a los gentiles.

Jesús era el Mesías encarnado, aquel que vaticinaron los profetas de Israel. Él vino a restablecer la verdadera enseñanza de los profetas del pueblo de Israel. Los principales sacerdotes y escribas, los fariseos y saduceos, estaban muy concernidos porque Jesús estaba restableciendo esas enseñanzas para el pueblo. Al principio de su misión, se puso en la sinagoga a citar las profecías de su propia venida, y dijo: «Hoy se ha cumplido esta Escritura».[6]

Jesús vino a darle al pueblo de Israel la clave de la encarnación de Dios. Cuando lo acusaron de decir que él mismo era el Hijo de Dios, él citó sus propias escrituras, el Salmo 82:* «Yo dije: Vosotros sois dioses».

Sin embargo, la misión de Jesús no solo era para los judíos. San Pablo se consideraba apóstol de los gentiles (los no judíos) porque así fue designado y realizó el máximo esfuerzo para declarar este fenómeno de Dios a los gentiles en todas partes en la Tierra. El éxito del servicio de Pablo se atestigua en la expansión del cristianismo. Él, junto con San Pedro, fue uno de quienes tuvieron éxito en transmitir las buenas nuevas de la venida del

---

*Jesús fue quien escribió los Salmos en su anterior encarnación como David.

Maestro a la Tierra y en establecer la base para el cristianismo primitivo.

Sin embargo, en algún sitio entre todos los escritos y conceptos sobre Jesús, falta un eslabón, quizás sería mejor decir que hay un concepto incorrecto acerca del Maestro Jesús. Quizás uno de los motivos por el que ese concepto incorrecto no ha sido desmentido en nuestra época es que la mayoría de las personas han temido tratar un concepto tan universalmente reconocido por los cristianos. Pocos se atreven a tan solo especular sobre ello de manera pública por temor a los tabús religiosos o el ostracismo.

La divinidad del Cristo:
El Hijo unigénito

UCHOS CRISTIANOS, HOMBRES Y mujeres, sienten que todas sus esperanzas de supervivencia en el mundo venidero o quizá incluso en el actual yacen en lo que han denominado la divinidad de Jesucristo. Sin Cristo, a su vida le falta algo. Con Cristo, su vida se llena de significado. Buscan a un Salvador del Mundo, tienen esperanza en él y lo esperan, alguien con el poder de alcanzarlos y tocar su vida, cambiándola para mejor y de forma permanente. En la presentación de Jesucristo ven así a un hombre de Dios, a un Hijo de Dios; de hecho, alguien a quien Juan declaró ser nada menos que el unigénito del Padre: «Porque de tal manera amó Dios al mundo, que ha dado a su Hijo unigénito, para que todo aquel que en él cree, no se pierda, mas tenga vida eterna».[1]

Pero ¿quién es el Hijo unigénito de Dios? El único Hijo de Dios es el Cristo Universal, el Cristo Cósmico (los términos son sinónimos). *Christos* es una palabra griega que significa «ungido por la Luz». El Hijo de Dios, que es el unigénito, es la emanación de Luz del Dios Padre-Madre individualizado.

El Hijo de Dios es un Hijo, un descenso de la única Luz Universal, pero de este cuerpo universal de Luz, Jesús dijo en la

Última Cena sosteniendo la hogaza de pan: «Este es mi cuerpo universal de Luz que es partido por vosotros». Ahí volvió a revelar el misterio de la Ley del Uno, la Luz Universal que es un Hijo de Dios. Pero parte el pan y a cada uno de nosotros nos da un pedazo. En ese mismo acto nos está diciendo: «Te estoy restableciendo ese mismo Cristo Universal que tú has olvidado y perdido cuando descendiste a este mundo».

Cuando dijo: «Yo soy el pan de vida que descendió del cielo»,[2] afirmó que él era ese pan, el cual es el Cristo Cósmico. Habló como la persona de ese Hijo unigénito, el Cristo, porque ese Cristo estaba integrado plenamente en el ser humano de Jesús. Era uno solo. Estaban fundidos. No existía ninguna diferencia entre Jesús como ser humano y Jesucristo, por lo cual es nuestro Salvador. Ese es el ejemplo que estableció.

Cuando Jesús sirvió la Sagrada Comunión a los apóstoles, dijo: «Tomad, comed: esto es mi cuerpo que por vosotros es partido». Si ese cuerpo se partiera en un millón de pedazos, tal como cada gota del océano contiene la totalidad del océano, ese pedazo de pan seguirá siendo la plenitud del Cristo Universal. Y a ese Cristo Universal lo llamamos nuestro amado Ser Crístico. También puedes llamar a ese Ser Crístico tu Yo Superior o tu Conciencia Superior.

El vino que Jesús da es la esencia del Espíritu de la Presencia YO SOY. Él dice: «Haced esto todas las veces que la bebiereis, en memoria de mí»,[3] en memoria de que vine y estuve con vosotros y fui la encarnación de ese Cristo Universal. Cada vez que celebramos la Sagrada Comunión participamos del Cuerpo de Luz.

La divinidad de cada hijo e hija

El concepto de la divinidad de Cristo no resta valor a la filiación de cualquier hombre bajo la tutela divina, más bien contribuye a la totalidad. Pero, de algún modo, la idea de que el pecado que con tanta facilidad nos asola está siempre cerca ha

llenado a la humanidad de un espíritu de condenación hacia sí misma. El hombre se considera indigno de recibir el preciado don de la Filiación divina si no es a través de la persona del hombre llamado Jesús.

Nosotros creemos que el Maestro Jesús era divino. Creemos que era el Hijo unigénito del Padre, pero también creemos que tú y yo somos divinos, que nosotros también somos, en realidad, el unigénito del Padre.

Se explicará con claridad cómo esto puede ser posible, porque ello es una postulación y afirmación de las revelaciones interiores que Dios nos ha dado. Esperamos que esto no sea profanado por la condena, criticando o juzgando hasta que el lector haya examinado la estructura del pensamiento en su totalidad y no solo una parte. No decimos esto debido a un temor por nosotros mismos, sino debido a la alegría que esta revelación verdadera aporta a quienes son capaces de recibirla y, con su capacidad de recibirla, expandir su propia conciencia sobre la Presencia de Dios y lograr una mayor comprensión de la gran esperanza que existe para todos los hombres, todas las mujeres y todos los niños de este planeta.

Cuando comprendas completamente esta revelación, entenderás perfectamente que el mayor temor, si se pudiera decir que algún temor poseyó la mente de Jesús, fue el temor a que los hombres le rindieran culto, que lo convirtieran, a él y a su persona, en un objeto de su afecto sin seguir el mensaje de regeneración que dejó.

«En el principio era la Palabra...»

El rol, el título, la investidura de Mesías, Salvador o Hijo de Dios, no es algo personal como sí universal. Cuando Dios creó al hombre a su propia imagen, no pudo formarlo de una manera más grande, porque no existe imagen más grande que la Imagen de Dios. San Juan declara: «En el principio era la Palabra, y la

Palabra era con Dios, y la Palabra era Dios». San Juan también declara que «sin ella [la Palabra] nada de lo que ha sido hecho, fue hecho».[4]

En general, los hombres han aceptado que a través del Cristo los mundos fueron forjados por la Palabra de Dios —que el Cristo era, en efecto, la Palabra encarnada—, la Palabra que se hizo carne. Esto, por tanto, precede a la existencia del hombre llamado Jesús, quien dijo haciendo referencia a este Cristo de su ser: «Antes que Abraham fuese, YO SOY».[5]

En verdad, por tanto, el patrón o don original de la filiación divina no solo se le confirió a Jesús en el principio, sino a todos los hombres creados según la Imagen de Dios. Por tanto, el don que recibió el hombre de ser el Hijo unigénito de Dios es un don espiritual para todos, que todos han de recibir, en el cual todos deben creer para poseerlo y ser poseídos por él. El único salvador que el hombre tiene en realidad es Dios a través de Cristo. Así, el Hijo unigénito de Dios se contempla como una elevada imagen a la que todos pueden ser exaltados y con la que todos pueden identificarse totalmente.

Al principio esto puede parecer casi una profanación, hasta que uno se para a pensar que en el principio Dios creó al hombre a su propia imagen. Puesto que no existe nadie más grande que Dios, estar hechos a imagen del Cristo o del unigénito ciertamente está de acuerdo con la intención del Padre de darse a sí mismo al hombre.

El Logos Universal

Una de las grandes falacias del pensamiento y la razón humanas es que, debido a que no hay más que un Dios, solo puede haber un Hijo de Dios. Esto nunca fue el propósito divino. El Cristo no es Jesús de por sí, aunque Jesús ciertamente llegó a ser el Cristo. El Cristo es la Palabra o el Logos. El Logos era la Palabra por la que todas las cosas fueron creadas. Y cuando el Logos

habló «a través de» Jesús, dijo: «Antes que Abraham fuera, YO SOY». Tú puedes decir lo mismo. Y también será cierto en tu caso, porque el YO SOY, el Ser Divino, existía mucho antes que nuestra forma de carne en cualquiera de nuestras encarnaciones; y el YO SOY continuará existiendo.

El Espíritu del Cristo Universal, el Logos, esta segunda persona de la Trinidad, existió en la conciencia de Dios desde el Principio. Porque Dios es un Espíritu y el Espíritu de Dios envió, con el poder de su propia cognición y majestuosidad, al Hijo —o radiación de sí mismo—, el Logos Solar, el Logos Universal, la Palabra que salió y, con su acción vibratoria, agitó todas las cosas hacia la manifestación. Y, por tanto, todas las cosas son una manifestación del «tejido mental» de Dios.

Esta conciencia universal, esta Luz, esta *emanación —manifestación* energética de Dios— es la única Realidad en el universo, el unigénito del Padre. Esta gran Realidad existe en cada corazón humano y es el Santo Ser Crístico, el Mediador entre el hombre terrenal y el celestial, que está por encima de cada individuo. Porque Dios ha dicho: «Me acercaré a vosotros y os acercareis a mí»[6]. Si entendemos esto, debemos ser receptivos a la gran inteligencia creativa que nos hizo nacer.

Olas sobre el mar

Debemos darnos cuenta de que se ha fomentado una mentira en el hombre con mala intención para crear la ilusión de que existe y solo puede existir un solo hijo del Padre.

Solo existe un Hijo unigénito, que es el Cristo Universal. Jesús fue una manifestación de eso y demostró para siempre la resurrección que él tan capazmente representó en su misión de Palestina. Sin embargo, hoy nosotros tenemos la misma oportunidad que él tuvo y en sus propias palabras podemos reconocer esta verdad, porque él ha hablado, diciendo: «El que en mí cree,

las obras que yo hago, él las hará también; y aún mayores hará, porque yo voy al Padre».⁷ Debemos comprender que cada vez que un alma universal, que ha alcanzado su talla Crística, vuelve al corazón de Dios, con ella lleva el enriquecimiento de sus experiencias terrenales. Y así, la Divinidad gana trascendencia y poder trascendente. Y el poder del infinito se multiplica, porque el hombre ha servido a su causa divina.

Los hijos de Dios son como las olas sobre el mar, como la arena en la orilla, como las estrellas innumerables del cielo. Todos existimos en la conciencia de Dios según la imagen Divina. Si el hombre está hecho Imagen de Dios y su semejanza, no hay nada más grande. Entonces, ¿cómo podría haber un hijo por encima de otro? Cómo podría un individuo, en sí mismo, ser superior a otro excepto por el uso que haga de la oportunidad.

Porque Dios es un Dios de justicia y, cuando los hombres le sirven y se dedican a Él, Él honra sus esfuerzos. Porque está escrito que cada jota y tilde de la Ley permanecerán en efecto. También está escrito que aquello que hiciera el hombre, este recibirá su justa recompensa.⁸

Tercer capítulo

El Cristo Universal
La Gráfica de tu Yo Divino

LAS FUNCIONES ESPECÍFICAS DEL CRISTO Universal individualizado son 1. mediar entre la perfección absoluta de Dios, la Presencia YO SOY, y los estados inferiores de manifestación que aún están evolucionando hacia la perfección, y 2. transformar aquello que no ha logrado del todo ese bendito estado de perfección.

La mediación y la transformación se logran de muchas formas. El Cristo Universal aísla el paraíso de absoluta pureza Divina de los rasgos negativos de la conciencia humana que no poseen ninguna realidad permanente. También conecta al hombre con su divinidad y le transmite la elevada acción vibratoria de esa Santa Presencia, volviéndola inteligible a la manifestación inferior.

El Cristo actúa como Mediador entre Dios y el hombre y, por tanto, el Cristo Universal se identifica con el punto entre Dios y el hombre. Esto es necesario porque los ojos de Dios son demasiado puros para contemplar la iniquidad[1] y, por tanto, la Presencia YO SOY ignora totalmente cualquier mal en cualquier parte. El Cristo posee el poder simultáneo de conocer la perfección de Dios y conocer las necesidades del hombre.

Existe un solo Dios que está individualizado una y otra vez, uno a uno a uno, en la Presencia Divina que está sobre nosotros.

Existe un solo Cristo Universal, un solo Hijo unigénito de Dios, una individualización de ese Cristo en Jesús multiplicada muchas veces como el Santo Ser Cristo de cada uno de nosotros, la figura media de la Gráfica (véase Gráfica de tu Yo Divino, en la página 17). Jeremías previó y predijo a este Mediador, llamando a ese Ser Crístico «Señor, Justicia Nuestra».[2]

La Trinidad individualizada

Ante nosotros tenemos un gran ministerio de presentar al mundo la verdadera comprensión de quién es Padre, quién es Hijo y quién es Espíritu Santo. Vemos a estos tres aspectos de la Trinidad representados en la Gráfica de tu Yo Divino. Las tres figuras son los signos correspondientes a los niveles de nuestra divinidad interior que estamos destinados a realizar en la Nueva Era.

Varias religiones se han desarrollado alrededor de cada uno de estos componentes. Por eso, se ha generado una discusión sobre qué es Dios. La gente dice que Dios es Krishna o que Dios es Padre o que Dios es Hijo o que Dios es Espíritu Santo, aunque también han existido cultos a la Madre. La discusión existe porque no comprendemos que Dios es una gran esfera de conciencia. Este diagrama del Ser es un retrato, una representación sobre el lienzo de la flamígera esfera de conciencia que es en realidad el Yo permanente, la vida permanente.

Esta Gráfica es real. Tiene tres y cuatro dimensiones del Ser. Muestra que hay una esfera pulsante de conciencia Divina vibrando justo por encima de ti, en este momento, y una corriente de conciencia clara como el cristal que fluye hacia ti.

Verás tres personas: el Padre, el Hijo y el Espíritu Santo. El tres es el verdadero poder místico de Dios. A través de las Enseñanzas de los Maestros Ascendidos vemos que la verdadera revelación de la vida es que todas las manifestaciones de los hijos

y las hijas de Dios son esta Trinidad.

Todos creemos en un Dios Universal y, quizás, en un Cristo Universal y, quizás, en un alma universal. Pero el conocimiento de la identidad como la individualización que Dios produce de sí mismo y como la Trinidad donde nos encontramos nos ofrece un contacto muy personal. Nos da un poder personal, una sabiduría y un amor personal. La Gráfica es una Trinidad de ti mismo en manifestación y tú la ves como una acción triple en tu vida. (Véase página 17). Esta Trinidad está separada solo en tiempo y espacio. De hecho, Dios Padre, Hijo y Espíritu Santo* en nosotros es algo que está destinado a realizarse como una única Luz esencial mediante la maestría del tiempo y el espacio.

La figura superior de la Gráfica de tu Yo Divino es el YO SOY EL QUE YO SOY, la figura central es el Ser Crístico individualizado y la inferior es el alma en un estado de evolución hacia Dios. Esta Trinidad del Ser es más que una repetición religiosa de palabras. Es una de las claves más grandes para el conocimiento. Es la simple frase: *Dios está dentro de ti.*

Pero ¿cómo está él dentro de ti? ¿Por qué está dentro de ti? Y, ¿cómo descubriremos este magnífico punto focal de energía como medio de liberar esa energía de la Palabra?

El YO SOY EL QUE YO SOY

Allá donde está Dios, él siempre es Principio y Persona, energía impersonal y persona personal. El YO SOY EL QUE YO SOY es un fuego vivo y ese fuego vivo desciende al recipiente de barro. Está escrito que «la luz brilla en la oscuridad; y la oscuridad no la comprendió». Pero «la Palabra fue hecha carne, y habitó entre nosotros (y vimos su gloria, gloria como del unigénito del Padre), llena de gracia y de verdad».[3]

Así, cuando la Luz se hizo persona, comprendimos la Luz. Era una persona viva que caminó entre nosotros, que necesitaba

---

*La misma Trinidad se encuentra en Oriente como Brahma, Vishnú y Shiva.

Gráfica de tu Yo Divino

comer, dormir, descansar, que necesitaba evadirse de las cargas del mundo e irse a la barca o a la montaña a rezar, que sentía dolor, agonía, que murió en la cruz y que demostró la llama del espíritu de la resurrección. Cuando Dios desciende a la forma asume características que podamos entender, porque nosotros también las tenemos. Y debido a que esa persona es real, debido a su realidad, a su humanidad, descubrimos cómo funciona esa Luz en nosotros.

Debemos saber que Dios nos amó, que Dios nos amó tanto que nos dio la individualización de sí mismo. Y si no comprendemos esa Trinidad, esa vida, esa energía, esa polarización de Dios como núcleo de nuestro ser, estaremos de hecho negando la existencia de ese Dios y nos estaremos privando del poder, de la sabiduría y del amor, vida, determinación y de la Palabra misma para desafiar a la oscuridad en esta era.

La primera revelación del YO SOY EL QUE YO SOY de la que tenemos constancia es la de Moisés. Dios le dijo: «Este es mi nombre para siempre; con él se me recordará por todos los siglos».[4] Ese nombre no solamente se le entrego a Moisés, no solo fue una experiencia personal, no porque debamos adorarlo, sino porque debemos convertirnos en ese YO SOY EL QUE YO SOY. Esa revelación se convierte en un arquetipo, se convierte en un patrón del desarrollo y la evolución de Dios donde tú estás y donde yo estoy.

Ese nombre no es simplemente la repetición de un apellido. YO SOY EL QUE YO SOY es la declaración del Ser eterno. ¿El ser de quién? En primer lugar, el ser de Moisés, porque fue la corriente en movimiento de la conciencia Divina de Moisés. En segundo lugar, fue tu ser, mi ser. Fue la Luz Universal. Fue esa Presencia YO SOY que es la percepción Divina individual tuya y mía y de todo hijo y toda hija de Dios.

El gran legado de Aries, en Oriente y Occidente, es que tenemos el nombre YO SOY, y ese nombre es poder. (En Oriente el nombre de Dios es «OM»). Cuando dices YO SOY y quieres

decir «Dios», todo lo que sigue se cumple por el poder de tu Presencia YO SOY. No se trata solo del poder del pensamiento positivo o la afirmación positiva. El propio nombre de Dios *es* su presencia. Cuando lo pronuncias, la Luz de Dios está donde tú estás, porque el sonido del nombre es equivalente al Ser.

El Cristo Universal

La segunda figura de esta Gráfica, la figura media, es el Cristo Universal. Juan escribió: «Dios envió a su Hijo unigénito al mundo, para que vivamos por él».[5] La vida eterna que trae el Hijo significa que la chispa que se ha apagado, o casi, que hemos dejado de sentir en nuestro corazón, se vuelve a encender.

¿Quién es este Cristo? Es Cristo Jesús y es el Cristo Universal. Juan habló de esta Luz y dijo: «Aquella luz verdadera, que alumbra a todo hombre que viene a este mundo».[6] Todos somos encendidos por Cristo, por la Luz Crística. Esta figura personal de Cristo es la manifestación de Cristo en nosotros como Mediador entre nosotros y el Padre, la Presencia YO SOY.

Un Cristo, *Christos,* un «ungido», es alguien que está ungido con la Luz de su Presencia YO SOY y el Hijo de Dios Universal. Jesús nos dijo que todos tienen acceso a su unción: «El que me ama, mi palabra guardará; y mi Padre le amará, y vendremos a él, y haremos morada con él».[7]

El Cristo se nos ha manifestado de muchas maneras. Hemos tenido vislumbres de ese Cristo en Melquisedec, Rey de Salem y sacerdote del Dios Altísimo. Hemos tenido vislumbres de ese Cristo en la virtud y el amor de nuestros amigos y seres queridos. Hallamos esa Luz de Cristo, como a través de un prisma, reflejada y refractada por todos nosotros en alguna medida. Todos somos una manifestación de ese Uno y, por tanto, tenemos derecho a vestir el manto total de esa Filiación. Porque ese fue el propósito de su venida.

El Mediador

El Ser Crístico es una Presencia muy personal. Cuando oigas a Dios hablar dentro de ti como conciencia, advirtiéndote de un peligro o pidiéndote hacer algo, se trata de tu Ser Crístico personal. A veces no haces lo que te dice y después descubres que te has equivocado.

El Ser Crístico individual, la figura media de la Gráfica, es el Mediador entre el Espíritu y la Materia, entre el cielo y la tierra. El Ser Crístico es tu instructor, tu ministro, rabí, sacerdote, psiquiatra, amigo, hermano en el Sendero. Puedes visualizar un patrón en forma de ocho que va desde la figura superior hasta la inferior de la Gráfica. En el nexo de esa figura en forma de ocho está la Palabra, la personificación del Cristo, el Salvador eterno. Mediando entre el yo exterior y el átomo permanente del ser está ese Gurú Interior, esa Luz Interior, esa Segunda Persona de la Trinidad, el defensor ante el Padre, ante esa fuente de vida, conciencia y energía.

Dios nos dio esta Luz, ese Mediador, ese Hijo, porque ya no podíamos acercarnos a la Divinidad, la poderosa Presencia YO SOY. Nos encontramos en un estado kármico de imperfección. Dios es lo Absoluto, totalmente perfecto. Si nos fundiéramos con ese Dios en nuestro estado de imperfección, quedaríamos aniquilados. Por tanto, debemos unirnos a nuestra Cristeidad, realizarnos verdaderamente en la Luz, pero conscientes de la condición humana como lo era Jesús. Debemos convertirnos en mediadores.

Al vestirnos con nuestra Cristeidad la Luz continúa aumentando más y más, hasta que el cincuenta y uno por ciento de nuestro ser se convierte en Luz. Esa cantidad de Luz es suficiente para que el alma ascienda a Dios. Vestida con ese manto de Cristeidad, el alma viste el cuerpo solar imperecedero, el vestido de boda, y no será aniquilada cuando entre en el reino de Dios. El reino de Dios es el YO SOY EL QUE YO SOY.

Dios dio este Cristo Cósmico para que quienquiera que en él cree, no perezca, sino que tenga vida eterna.[8] Ese Cristo Cósmico está manifiesto en Jesús. Dios nos ha prometido que podemos ser herederos con Jesús del Cristo que él portó, pero nosotros somos quienes debemos hacerlo, debemos hacer sus obras y seguir sus pasos.

Tu Ser Crístico personal es tu Yo Real, la energía o núcleo en el que te debes convertir. Cuando te cubres con la vibración y la conciencia del Cristo vivo, ese Cristo vivo desciende como un manto, como lo ha hecho con todos los santos y místicos de Oriente y Occidente. Entonces, sea cual sea tu nombre, te conviertes en aquel que es conocido como el Cristo.

En relación con el misterio sabemos que, con respecto al origen de los nombres, un hombre que fuera herrero podía llamarse Juan. Si su trabajo y su servicio a la vida era el de un herrero en la antigua Inglaterra, se lo conocería como «Juan, el Herrero»; o dependiendo de su vocación, «Juan, el Panadero», «Pedro, el Zapatero» y así sucesivamente. Después, con el uso del lenguaje, se abandonó el artículo («el») como algo superfluo y la persona llegó a ser conocida simplemente como «Juan Herrero», «Juan Panadero» o «Pedro Zapatero». Del mismo modo, Jesús, que llegó a ser el Cristo, fue conocido como Jesús el Cristo.

La persona del Cristo

Jesús, por su renuncia («no se haga mi voluntad, sino la tuya»[9]), permitió que la Segunda Persona de la Trinidad ocupara totalmente su templo. Por consiguiente, caminó por la Tierra con la totalidad de la Persona del Cristo, lo cual es la verdadera individualización de la llama Divina, la Persona detrás de la persona, tal como el YO SOY es en todos nosotros el Principio detrás del principio.

Cuando te conviertes en ese Yo, tu alma se funde finalmente con el átomo permanente del ser, la Presencia YO SOY, en el

sendero de la ascensión. Así, Jesús, el hombre representado en la figura inferior de la Gráfica, se puso las vestiduras y la plenitud del Cristo Interior, como la figura central de la Gráfica, y ascendió a la Presencia de la Luz blanca y el YO SOY EL QUE YO SOY.

Una codificación de la doctrina

Jesús develó y nos dio la gran enseñanza del Cristo Universal, pero los concilios de la Iglesia, careciendo del verdadero Espíritu Santo y del fervor de su revelación, han tratado de codificar como doctrina y dogma las cosas que Jesús nunca enseñó.

Los primeros Padres de la Iglesia decidieron permitir solamente una estrecha perspectiva de lo que él enseño, la cual elimina el conocimiento de que *tú* eres el hijo del hombre, que cada uno de nosotros es el hijo del hombre, lo cual significa simplemente el «hijo de la manifestación».[10] *Tú* eres la Luz de la manifestación de tu Presencia YO SOY en este mismo momento. Ese hijo de la manifestación es un alma que ha descendido a estos cuerpos densos y a este mundo físico y concreto. El alma tiene libre albedrío, pero el alma no es permanente. Esta se vuelve permanente cuando se hace novia del Cristo Universal. Esa fusión del alma con la Luz Universal se llama matrimonio alquímico.

Jesús, el Hijo del hombre, fue la encarnación total del Hijo de Dios. Esto lo sabemos. En esto creemos. El Consejo de Nicea y otros consejos eclesiásticos, confundiendo al Hijo Universal de Dios con el Hijo del hombre (la cuestión de la divinidad de Jesús y su Filiación divina), decidió que el Jesús humano, de carne y hueso, era el Hijo unigénito de Dios. Se decidió que el resto de nosotros somos pecadores, que Dios creó un solo Hijo y que la única forma en que nos podemos salvar es simplemente creer en él. Esto no es lo que Jesús enseñó, pero ellos lo convirtieron en doctrina eclesiástica.

Codificaron una doctrina de pecado original, una mancha

que no se puede quitar, por lo cual el resto de los miles de millones de almas que Dios envió jamás podrían elevase de nuevo por el acto de una persona descrito en la alegoría de Adán y Eva. En ninguna parte encontramos escrito que Jesús dijo que él era el único Hijo de Dios, que era el Hijo de Dios de forma exclusiva. El apóstol dijo: «Haya, pues, en vosotros esa mente que hubo también en Cristo Jesús».[11] Es lícito que busquemos encarnar la Mente Universal, la cual es el Hijo de Dios.

El Señor, Justicia Nuestra

Jeremías llamó al Hijo Universal «Señor, Justicia Nuestra», y profetizó su venida.[12] El Señor, Justicia Nuestra, la figura media de la Gráfica, es el Hijo de Dios que está con nosotros. Es la venida del Maestro Interior o Gurú Interior.

La profecía de Jeremías no es la venida del Salvador. El Señor, Justicia Nuestra llega dos mil años después del nacimiento de Jesucristo, en la actual era de Acuario. Esta profecía se refiere a cómo cada cual llegará a ser consciente de su Ser Crístico, su Yo Real, y esa es la Segunda Venida de Jesucristo. La Primera Venida es la del avatar de la era. La Segunda Venida es la vivificación dentro de tu corazón.

Nosotros saludamos a este Cristo Universal en todas las eras y con muchos nombres. Esa Luz Interior y ese Ser Interior, el Christos, el Ungido dentro de nosotros, también es conocido en Oriente como «Krishna». Sea cual sea su nombre, sea cual sea su máscara, seguirá siendo la misma Luz eterna.

Cuando estamos dispuestos a ponernos ante la presencia de ese Ser Único descubrimos que, ante la presencia de la Luz real, la verdadera Luz, y no su sombra, ese Señor, Justicia Nuestra, nuestra justicia interior, comienza a enseñarnos, comienza a realinear nuestro ser con el diseño original interior, comienza a enseñarnos el camino. Y el Señor, Justicia Nuestra nos da un conocimiento del cargo del Cristo.

El cargo del Cristo consiste en ser continuamente la voz de la conciencia, que nos dice lo que es Real diferenciándolo de lo que es irreal, lo que es Verdad de lo que no es verdad, lo que es lícito de lo que no lo es; cuál es el uso correcto de la Luz de Dios, su Ley, su amor, su sabiduría, su poder. El Santo Ser Crístico es nuestro instructor y nuestro salvador.

La figura inferior de la Gráfica

La figura inferior de la Gráfica es un recipiente para el Espíritu Santo. Tú estás representado ahí, dentro de la llama violeta del Espíritu Santo, invocando esa llama. Nos encontramos en la era en que comprendemos a nuestro Dios como un fuego consumidor.[13] Moisés lo dijo, Pablo lo dijo y Jesús lo enseñó.

Esta energía del Espíritu Santo es una llama violeta pulsante, el espectro más alto de la gama de colores. Es el fuego sagrado y la Tercera Persona de la Trinidad, la plenitud del amor manifiesto, que sirve para limpiar el templo.

Jesús, el hombre, es la figura inferior de la Gráfica. Jesús fue un ser humano como tú y como yo. Tenía un cuerpo como nosotros. Encarnó como lo hicimos nosotros, a través de su madre, María. Cuando encarnó, era la plena encarnación del Cristo. Era la Palabra encarnada, la plena manifestación de aquello que nosotros debemos llegar a ser. Fue nuestro gran ejemplo para que sigamos sus pasos en este período de dos mil años.

El Hijo del hombre

En varios momentos de su misión, Jesús preguntó a sus allegados cercanos quién creían ellos que era él, queriendo diferenciar entre su humanidad y su divinidad. Cuando se refirió a sí mismo como Jesús, el hombre, se llamó a sí mismo Hijo del hombre, por ello dijo a sus discípulos: «¿Quién dicen los hombres que es el Hijo del Hombre?». Ellos contestaron: «Unos,

Juan el Bautista; otros, Elías, y otros, Jeremías o alguno de los profetas». Por tanto, al haber escuchado el testimonio de quienes solo observaban su personalidad humana, Jesús puso a prueba el discernimiento espiritual de Pedro: «Él les dijo: Y vosotros, ¿quién decís que soy yo?». Pedro reconoció la Realidad del Hijo de Dios manifiesta en el Hijo del hombre. Por eso declaró con la autoridad del Unigénito, que también vivía en él: «Tú eres el Cristo, el Hijo del Dios viviente».[14]

Entonces Jesús bendijo a Pedro, porque sabía que para poder discernir al Cristo en Jesús (el Hijo del hombre) Pedro debía estar sintonizado con el Cristo interior: «Porque no te lo reveló carne ni sangre, sino mi Padre [la Presencia YO SOY a través del Mediador divino] que está en los cielos. Y yo también te digo, que tú eres Pedro, y sobre esta roca edificaré mi iglesia».[15] Sobre este principio científico, este conocimiento del Cristo, que vive en todo hombre y toda mujer a quien Dios ha hecho, Jesús puso los cimientos de su Iglesia.

Está escrito que Jesús encargó a sus discípulos «que a nadie dijesen que él era Jesús el Cristo». Él tenía este título porque la percepción que tenía de sí mismo como Cristo envolvió completamente su conciencia humana, hasta que el Hijo de Dios y el Hijo del hombre dejaron de estar separados, como la figura media y la inferior que aparece en la Gráfica. Ya no más dos, sino uno solo, lo humano se transformó y transfiguró hasta que llegó a ser la plena realización del potencial Crístico en una conciencia viva y real. Jesús, como hombre, se convirtió en Jesús el Cristo y su misión fue la de mostrar a todos los hombres cómo ellos también podían llegar a ser el Cristo. Debido a que sabía de la tribulación que había de llegar y la persecución por parte de la mente carnal a todos lo que se reúnen con el Cristo, Jesús les encargó que permanecieran callados sobre el tema de su logro. Ya llegaría el momento en que todos sabrían que era el Hijo de Dios y entonces todo se cumpliría.

En ocasión de la muerte de Lázaro, Jesús le preguntó a Marta qué creía de él y de su poder de resucitar a su hermano de los muertos. Respondiendo según la fe que su Señor le había enseñado, Marta dijo: «Yo he creído que tú eres el Cristo, el Hijo de Dios, que has venido al mundo».[16] Así, Marta también reconoció la divinidad del Cristo como la identidad real de Jesús como hombre. Su fe en el Cristo era un requisito necesario para la resurrección de Lázaro. A través de su conciencia del Cristo, Jesús afianzó la llama de la resurrección que revivió el cuerpo del que había muerto.

Clarifiquemos aún más los términos «Hijo de Dios» e «Hijo del hombre». El Hijo de Dios es el Santo Ser Crístico, el Cristo Cósmico. El Hijo del hombre es el alma que se ha unido al Cristo al pasar las iniciaciones. El Hijo del hombre, por tanto, es quien lleva sobre sí las iniquidades, las cargas y el karma, y tiene el merecimiento por el cual somos sanados. El Hijo del hombre es aquel que, en esencia, es Cristo encarnado, quizá no totalmente perfeccionado, sin haber saldado totalmente el cien por cien del karma. Sin embargo, el Cristo está instalado firmemente en el templo.

Cuando el individuo, aún en un estado incompleto y alcanzando la plenitud, permite que entre el Cristo en su ser y atienda las necesidades de todos, la misericordia de Dios dispensada por la mano del Mediador se vuelve tangible ante las almas de todos en la Tierra. En ese momento, el yo inferior se convierte en mediador entre el Yo Crístico y las demás partes de la vida que están evolucionando hacia Dios. A través de quien consagra el tabernáculo de sus cuatro cuerpos inferiores como morada de Dios y foco del Cristo, la luz toca a innumerables millones de personas: «Y yo [Jesús], si [el Cristo] fuere levantado de la tierra, a todos atraeré a mí mismo [a Jesús el Cristo, porque, a través de la maestría sobre uno mismo, el Hijo del hombre y del Hijo de Dios se vuelven uno solo]».[17]

El mayor deseo del Maestro era que no confundieran al Hijo

del hombre (Jesús) con el Hijo de Dios (el Cristo). Si la confusión surgiera acerca del origen de su humanidad (en Cristo) y el de su divinidad (en Dios), el Salvador sabía que las generaciones futuras no rendirían culto al Cristo, sino al hombre llamado Jesús en quien contemplaron la «gloria *como* del unigénito» del Dios Padre-Madre, a quien él personificó con tanta perfección, gracia y verdad.

Por eso «Jesús clamó y dijo: El que cree en mí, no cree en mí, sino en el que me envió; y el que me ve, ve al que me envió».[18] No podemos dejar de mencionar esta súplica final y desesperada hacia todos los que le oyeran: «Vosotros que creéis en mí, aquel a quien habéis conocido como Jesús, aunque no lo sepáis, creéis en el Cristo, el Mediador Divino. Vosotros que me habéis visto, habéis visto la Luz Crística del Hijo unigénito, de la que he sido portador en el nombre del Padre».

El Maestro Ascendido Jesús resume toda esta cuestión cuando dice: «YO SOY vuestro Jesús, Hijo de Dios, Hijo del hombre. YO SOY vuestro gemelo en el camino de la vida, y caminaremos y hablaremos juntos hasta que consigáis vuestra victoria».[19]

El cordón cristalino

El cordón cristalino es la cuerda que conecta la figura superior de la Gráfica, la Presencia YO SOY, con el Santo Ser Crístico y la figura inferior. Se lo denomina «hilo de contacto». El cordón cristalino ha sido reducido en muchas personas hasta ser un simple hilo. Sin embargo, por él, tan pequeño como es actualmente, fluye el poder de tu Presencia YO SOY.

Ese poder proviene del Gran Sol Central, el Sol espiritual detrás del sol, a través de la Presencia de Dios individualizada, a través del Ser Crístico y, finalmente, ese cordón pasa por el chakra de la coronilla y se afianza en el corazón. La Luz que pasa por el cordón cristalino mantiene ardiendo la llama trina, la chispa divina en el corazón. Nosotros podemos cualificar la Luz de

Dios que nos llega a través de este hilo de contacto mediante los decretos y oraciones que recitemos y todo lo que emitamos hacia el mundo.

Tanto la llama trina como la dimensión del cordón cristalino deben expandirse. Este, en contraste con el actual hilo de contacto, superaba los treinta centímetros de diámetro en las antiguas civilizaciones de las eras doradas. Imagínate cuánta más Luz se derramaba desde la Fuente Divina, qué grande era el fuego de la mente, cuánta era la Luz de los chakras. Ello explica por qué la gente podía precipitar sus alimentos y hacer levitar objetos. *Lo que el hombre ha hecho, el hombre puede hacerlo*. Esta es la ley de la Hermandad. Lo que hemos hecho una vez, podemos repetirlo. Esta es la gran esperanza que hoy tenemos en nuestro sendero.

La piedra clave del arco

Según nuestro conocimiento de la Jerarquía, Jesús fue precedido por muchos otros hijos de Dios en todas las eras y sistemas planetarios desde que nacieron los mundos. Sabemos que existen grandes Seres Cósmicos y que también hay seres llamados Dioses y Diosas cuya existencia en el cielo se mide en eones. A pesar de eso, ¿por qué Jesús es el principal y de él decimos que es nuestro Señor y Salvador? ¿Por qué Jesús es la piedra clave del arco del ser?

Hoy día, todas las personas de la Tierra, al no haber realizado la plenitud de nuestra Cristeidad, debemos entrar en esta hora. Y Dios ha abierto la puerta para que entremos al sendero del regreso a nuestra Filiación a través de un individuo, ese individuo es Jesucristo.

Por eso él dice: «YO SOY la puerta. YO SOY el pastor del redil».[20] Él nos dice que «nadie viene al Padre, sino por mí».[21] Ese «mí» al que se refiere es el Cristo que él encarna. Es el Cristo Universal. Cada uno de nosotros llegamos al corazón de nuestra Presencia YO SOY a través de nuestro Santo Ser Crístico, pero no antes de hincar la rodilla y confesar que Jesucristo es la plena

encarnación de la Palabra, la plena encarnación de Cristo.

Jesucristo es único porque vino, elegido por Dios Padre y los demás hijos del cielo, y se ofreció como respuesta al llamamiento de encarnar al avatar, lo cual significa la manifestación Divina, el Dios encarnado o la Palabra encarnada. Jesús se ofreció a ser la Palabra encarnada y a establecer el ejemplo de lo que toda la gente de la Tierra debe realizar en la era de Piscis, que es la interiorización de la llama trina, la llama Crística, la interiorización del Santo Ser Crístico que camina por la Tierra, que encarna al Cristo de verdad.

Mucha gente en el mundo actual es incapaz de reconocer a Jesucristo excepto como un buen rabino, un buen maestro o un buen profeta, sin estar dispuesta a ver o a hincar la rodilla o a inclinarse ante el Cristo de él para poder recibir el Cristo en sí mismo. Pero esto es lo que el Padre nos dice. «Si no reconoces al Cristo en mi Hijo al que he enviado, que ha vivido por ti, que ha dado su vida por ti, que ha sostenido el equilibrio del karma de 25.800 años que vence al final de la era de Piscis, que ha sido el portador de tu karma durante dos mil años, si no puedes ver al Cristo en él, entonces no verás al Cristo en ti mismo». Porque él fue el gran ejemplo de la encarnación de la Palabra. El testimonio está ahí. La vida está ahí. Él fue el ejemplo perfecto (o digamos casi perfecto, puesto que la condición humana no lo es).

La evolución de este planeta va tan atrasada con respecto a la manifestación de Jesucristo que Dios ha dicho: «Le habéis dado la espalda a los seres Crísticos, a vuestro propio Ser Crístico y a vuestro sendero Crístico durante tanto tiempo, que esta es la iniciación que debéis pasar. Debéis estar dispuestos a hincar la rodilla ante un Hijo de carne y hueso que podría no haberle parecido perfecto a la gente de su época, pero era la perfección de la encarnación del Cristo».

Hay personas y pueblos en el cuerpo planetario que no han oído hablar de Jesucristo, que tienen su religión y su fe y no podrían entender por qué él debe ser mejor que cualquier

otro. Nosotros no negamos que hay almas en el cielo, santos y Maestros Ascendidos, que han logrado ese nivel y que pudieran no haber oído hablar nunca de Jesucristo en lo externo. Pero todo aquel que ha ascendido debe llegar a ese amor perfecto del Hijo de Dios, del Cristo Universal. En un punto determinado del Sendero, cuando llegues a estar tan cerca de Dios, verás al Maestro Ascendido Jesucristo, lo verás como el Señor y Salvador. Y reconocerás que él es la piedra clave del arco de la era de Piscis y ninguno de nosotros podría pasar por esta era sin su intercesión. El Santo Ser Crístico de cada hijo y cada hija de Dios en este planeta está unido a Jesucristo. Para ascender, todo hindú, todo budista y la gente de las demás religiones debe hacer las paces con su Santo Ser Crístico. Durante ese proceso, conocerán el amor de este Hijo de Dios.

Cristo en ti, esperanza de gloria

El amor universal, a través de la persona del Cristo Universal, que se manifestó en Jesús de una forma tan efectiva hizo que él pareciera ser el Hijo unigénito del Padre. Porque en la época en la que vivió y la que debía venir después, había poquísimos que estuvieran a la altura del estándar de filiación que él manifestó, aunque él declarara tan amable y proféticamente: «Mayores cosas haréis, porque yo voy al Padre».[22]

Su voluntad ha querido, como lo ha querido la del Creador, ayudar a todos los hombres a manifestar la intención y el propósito que él, el Cristo, el propio Logos Divino, ideó para el hombre en el momento de la creación. Porque «por él [el Cristo Universal] fueron hechas todas las cosas», y con el advenimiento de la creación, la esperanza del Padre no apareció para sacar del cautiverio solo a un hijo. La hermosa imaginación de su corazón y su amor en perfecta manifestación no se limitó al Logos, sino que debía llevar a toda la gente a la perfecta manifestación. Por tanto, ¿no sería un gran fracaso por parte de Dios si solo un hijo pudiera ser el unigénito

del Padre, si solo una manifestación pudiera expresar esa verdad?

Toda la esperanza de Dios, por tanto, es que la perfecta expresión del hombre divino perfecto aparezca en todos los hijos de su corazón y se manifieste en cada hijo de su intención. «Sed, pues, vosotros perfectos, como vuestro Padre que está en los cielos es perfecto».[23] Dios no ha levantado un obstáculo tan alto que el hombre no pueda superarlo.

Por consiguiente, esto es el verdadero perdón de los pecados: la aceptación y el reconocimiento de que el Cristo en ti es la esperanza de gloria, que el Cristo en cada hombre es la esperanza de gloria; esa Cristeidad, en verdad, se puede lograr. Esto es posible no tanto por aceptar a la persona del salvador del mundo en la figura del Jesús histórico o incluso a Jesús como el gran Maestro-Instructor, sino más bien por aceptar la figura de Cristo, el ejemplo, para uno mismo como afirmación de la gran manifestación del Cristo Universal que vivió en Jesús.

El misterio del Cristo es el misterio de la realidad, la realidad de cada hombre. No existe realidad más grande que esta realidad del Cristo. A través de ella, la vida entera asume su propia dimensión, la vida entera es trasladada y transfigurada la significación hacia la regeneración y hacia la plenitud del propósito universal.

Este concepto trae alegría no solo a Dios, sino también al hombre Cristo Jesús, porque ¿cómo podría un Maestro e Instructor tan grande y sabio, alguien que fue llamado Hijo unigénito de Dios, dejar de regocijarse, igual que los ángeles del cielo se regocijan, por cada persona que abandone la oscuridad y acepte la plenitud de esa Luz que Dios es en realidad?

Si tú fueras el único pecador del planeta, el único individuo con karma, Dios habría enviado a su Hijo unigénito, el Cristo Cósmico, el Cristo Universal, a encarnar a través del Hijo Jesús para que tu alma pudiera salvarse para el sendero de la superación victoriosa. Y tú serías salvado, no en el sentido de una absolución de tu karma o pecado, sino en el sentido de que Jesús te ha tomado, te ha apoyado. Él vive la expiación de tu karma,

así como tú has de solventar ese karma, cada jota y tilde de la Ley. Jesús habría encarnado por ti y solo por ti, porque Dios lo ha ungido para ese cargo.

Por tanto, en la Persona de Jesucristo contemplamos el amor del Padre, el Principio y la Persona del Padre, el amor del Hijo Universal, el Principio y la Persona.

Puedes llegar a ser el Cristo

¿**Q**UÉ SIGNIFICA «SER EL CRISTO»? Cualquier hombre o mujer puede ser el Cristo, todo el mundo está destinado a ser Cristo. Jesús llegó a ser Cristo del mismo modo en que tú y yo podemos llegar a serlo, del mismo modo en que todos los Maestros Ascendidos ha llegado a serlo, porque Dios espera que todos nosotros lleguemos a ser Cristo.

El sendero que Jesús recorrió

El Maestro Ascendido El Morya explica parte del sendero que Jesús recorrió como preparación para su misión con el fin de mostrar el ejemplo del Cristo al mundo:

Muchos de vosotros comprendéis el viaje de Jesús nuestro Señor hacia el Lejano Oriente y entendéis el propósito del viaje que emprendió cuando era un adolescente, como muchos de vosotros que os encontráis hoy aquí. Lo hizo como búsqueda de los instructores del Lejano Oriente y la enseñanza, lo cual supuso una preparación para sus últimos años en Palestina.*

---

*La historia del viaje de Jesús a Oriente, desde los 12 a los 30 años sobre los cuales la Biblia guarda silencio, se cuenta en unos antiguos manuscritos budistas hallados en Leh (Ladakh). Para obtener más información sobre la vida de Jesús durante esos años, véase *Los años perdidos de Jesús,* de Elizabeth Clare Prophet.

Y en efecto conoció a las grandes lumbreras de la India y tomó las enseñanzas del hinduismo y el budismo y las llenó de vida. Por consiguiente, desafió al sacerdocio, las clases que negaban a los pobres el pleno florecimiento de ese Espíritu. Predicó a los pobres y les devolvió la dignidad de la vida. Por eso ellos, que tenían las riendas del poder en la religión, quisieron quitarle la vida como más tarde harían en Palestina.

Amados, os apunto uno de los errores más perniciosos de la ortodoxia actual, que es la mentira de que Jesús es el único Hijo de Dios y, además, que Jesús encarnó con la total maestría de la Cristeidad y que no tuvo que recorrer el Sendero ni realizar su potencial divino interior antes de comenzar su misión.

Estas cosas constan en las escrituras con claridad, pero se han leído y releído tantas veces, que el alma ya no escucha el verdadero propósito. Las capas de interpretaciones erróneas y después la eliminación de las claves mismas han dado al cristianismo actual una religión diluida que no posee el fervor ni el fuego para enfrentar a los que desafían a la civilización, ya sea en el comunismo mundial, la pornografía o las perversiones e inmoralidades de todas clases que roban la Luz del alma.

Amados, os digo que nada puede avanzar en esta vida a no ser que el individuo tenga el verdadero conocimiento de Dios y de ese Espíritu eterno. Por tanto, comprended que Jesús no salió de Dios como un alma nueva, nacido por primera vez en su encarnación en Nazaret. ¡Os digo que no! Él estuvo encarnado como Josué, el héroe militar del pueblo hebreo.[1] Estuvo encarnado como José y llevó su túnica de diversos colores como hijo preferido, y paso por tribulaciones y persecuciones de todas clases a manos de sus hermanos, que sentían celos de él y, sin embargo, encontró la simpatía del Faraón.[2]

Amados corazones de Luz, conocéis al alma de Jesús en Eliseo, discípulo del profeta Elías.[3] Y sabréis que Elías volvió en la persona de Juan el Bautista como estaba profetizado y

como está escrito.[4] Jesús dio a sus discípulos la confirmación de que Juan el Bautista era Elías que había vuelto,[5] ratificando así la enseñanza de la reencarnación. Aun así, esos cristianos que gustan de citar la Biblia lo siguen negando y han decidido decir que no es así. Y os diré *por qué* dicen que no es así: ¡porque no quieren aceptar la responsabilidad por su karma del pasado!

Uno no puede creer en la reencarnación a menos que también se plante, afronte y conquiste los actos del pasado. Así, la falta de responsabilidad, debido a la actual crianza de los hijos en Occidente, no prepara a guerreros del Espíritu para que afronten las incursiones que realizan todas las fuerzas de la lujuria y la avaricia en busca de la luz de esta nación y en busca de esta ciudadela de la libertad.

Por tanto, comprended que vuestro conocimiento sobre el Dios único y el Cristo único os capacita para ver que ese Dios único y Cristo único os ha legado la Presencia YO SOY y el Ser Crístico como la manifestación de la divinidad pura; no muchos dioses, sino un solo Dios. Y el Hijo de Dios puro es el Cristo Universal, cuyo cuerpo y pan son partidos por vosotros. Y, por tanto, como partícipes de la Luz, estando unidos al Santo Ser Crístico, vosotros también podéis pasar por las iniciaciones del discipulado como hizo Jesús. Y deberíais mirar adelante y esperar la plenitud de ese Cristo habitando en vosotros corporalmente.

Lo que uno puede hacer, pueden hacerlo todos

¿Por qué existe la evolución de naturaleza espiritual? ¿Por qué han venido los profetas? ¿Por qué han aparecido los avatares? ¿Porque son hijos favoritos y el resto son pecadores? ¡Os digo que *no!* Y es la mentira más perniciosa, como he dicho, porque detiene a *todos* antes de que lleguen al objetivo de ese llamamiento superior en Jesucristo del que habló el apóstol.[6] Y nadie se atreve a ser un héroe, un líder o un ejemplo. ¡Y a los que se atreven los ponen en un pedestal

idólatra en vez de verlos como un ejemplo!

Lo que uno puede hacer, pueden hacerlo todos. Y esta es la filosofía del Consejo de Darjeeling que deseamos impartir.

Deseamos vivificaros y avivaros, tal como Dios ha facultado a que hagan los santos, abrir ese potencial de vuestro corazón, esa chispa divina, y enseñaros que, vida tras vida, habéis ido acercándoos a ese punto en el que tenéis el valor de *ser* quien realmente sois y no aceptar la filosofía de que habéis evolucionado a partir de los animales y que no podéis superar la matriz de la creación animal.

Amados, ¿qué quedará del planeta, un humanismo científico? ¿Qué quedará, el socialismo mundial donde todos se convertirán en esclavos de un movimiento planetario controlado por magnates de poder en Oriente y Occidente?

Amados corazones, esa es la meta de las fuerzas siniestras. Y que nadie niegue que existe un Anticristo.[7] Porque el Anticristo es cualquier fuerza dentro o fuera de la psique del hombre que quiere derrocar a ese Dios vivo y verdadero dentro de vosotros. Comprended que no tiene por qué ser una persona que vaya a aparecer en un determinado momento, sino que es la decisión por parte de muchos de encarnar las fuerzas destructivas del universo para apagar la Luz de la libertad, país a país.

Sin la comprensión de la ecuación de Armagedón, sin la comprensión del libre albedrío, es imposible entender que algunas personas han escogido el sendero de la izquierda de la destrucción, de la Mentira y del Asesino. Y sin aceptar esto, es imposible comprender el denominado comportamiento humano, que no es humano en absoluto, sino que es un comportamiento *diabólico* y un comportamiento de los demonios encarnados.

¿Sueno como un cristiano fundamentalista? *¡Pues lo soy!* [aplauso] Recordad bien: Yo llegué primero a adorarle.[8] Fui transformado. Fui transfigurado. Yo fui, si hace falta decirlo, el primer «cristiano nacido de nuevo».

Amados corazones, lo digo solo para que os deis cuenta de que los santos de Oriente y Occidente, tanto si en su vida han entrado en contacto con Jesús como hombre o si lo han hecho desde entonces como si no, han vivido la conversión a Cristo. Y han percibido a ese Cristo en Buda. Han percibido a ese Cristo en Krishna. Y que nadie lo niegue, porque cuando negáis al Hijo del Dios en alguien que haya exteriorizado esa virtud y ese amor, le cerráis la puerta a esa Luz que viene a vuestro templo.

Por ello, una enseñanza religiosa que niegue el llamamiento del individuo a encarnar el Cristo vivo es, de hecho, algo calculado por las fuerzas oscuras para negarle la puerta abierta hacia la divinidad a todos los hijos de Dios. Juan dijo: «Amados, ahora somos hijos de Dios...»,[9] y esto lo aprendió recostado sobre el pecho de Jesús.[10]

Por tanto, comprended el significado del viaje a pie a los Himalayas que hizo Jesús como adolescente. Esos años perdidos —que son dieciocho— muestran la gran preparación de su alma de Luz, este Hijo del hombre, que verdaderamente encarnó el pleno resplandor de nuestro Dios, lo cual muestra que con su ejemplo dejó constancia del sendero del discipulado para vosotros, que es verdad, que es legítimo.

Y en los textos antiguos de los Vedas y los instructores de la India, guardados en los Himalayas y contenidos en el corazón de los maestros no ascendidos, existe un registro vivo, la ley escrita en el mismísimo templo corporal de quienes han guardado la vigilia de lo que se guardaba en los antiguos templos de Lemuria. Porque aquellas enseñanzas de la Ley de Dios que allí existían fueron transportadas a las cuevas y los retiros de los Himalayas antes de que se hundiera aquel continente. Así, retrocediendo hasta muchísimo antes de toda la historia escrita, encontraréis el linaje directo de quienes han venido a la Tierra con un único propósito: buscar y encontrar el hilo de contacto con el Dios Todopoderoso y demostrar con su vida una Verdad viva...

El discipulado de Jesús

Os encomiendo la búsqueda de la presencia que os acompaña del Espíritu Santo. Os encomiendo un sendero de devoción. Os encomiendo el Sendero que siempre les ha funcionado a quienes verdadera y sinceramente lo han aplicado como Jesús lo enseñó: oración y ayuno, sacrificio y devociones, oraciones a Dios y servicio a los pobres y los humildes. Este es el sendero para saldar el karma, asumiendo la conciencia de Dios día a día, siendo el instrumento del flujo del gran Río de la Vida.

Este es el mensaje del discipulado del Jesús adolescente, que fue a encontrar a su maestro Maitreya, que fue a sentarse a los pies de Buda que había venido y marchado quinientos años antes de su viaje. Vino a sentarse a los pies de aquellos Maestros que le habían precedido. Y se detuvo en Lúxor para ser iniciado en las primeras etapas del templo de iniciación, cuando podría haber recibido la totalidad del manto del Maestro de ese templo.[11]

Jesús dio reverencia y respeto al orden de la Jerarquía. Y eso está bien claro en las escrituras, en el momento de la transfiguración: el Padre y el Hijo ordenando la presencia del Maestro Ascendido Moisés, la presencia del Maestro Ascendido Elías. Ellos hablaron con Jesús, ¡hablaron con él! Los Maestros Ascendidos hablaron con el Hijo de Dios no ascendido; y los discípulos Pedro, Santiago y Juan fueron testigos y lo dejaron escrito.[12] Y está escrito en los Evangelios.[13]

Este es el ejemplo que no deja dudas sobre la cadena de la Jerarquía. Ello ilustra que, antes de Jesús, algunos ascendieron y estaban en el cielo con Dios, como Enoc, que caminó con Dios, y desapareció, porque le llevó Dios.[14]

Así, los antiguos que lo precedieron fueron llevados por Dios. Así comprendéis que el sendero que siguió Jesús nunca fue una excepción, no fue algo único y excepcional por el cual una vida debiera expiar los pecados de muchos,[15] sino el ejemplo de lo que se había hecho una y otra y otra vez,

siempre con el avatar viniendo para dar a los discípulos de
la Tierra el ejemplo de que existe un camino para salir de la
Muerte y el Infierno y la ronda de sufrimiento. Existe un camino de autotrascendencia. La muerte no es el fin de la vida.
Y al correr el velo en ese momento, conviene estar preparados, haber tejido el cuerpo solar imperecedero, al que Jesús
se refirió como el «vestido de boda». Y él le dijo al que vino
a la fiesta de boda: «Amigo, ¿cómo entraste aquí, sin estar
vestido de boda? ¡Atadle de pies y manos, y echadle en las
tinieblas de afuera; allí será el lloro y el crujir de dientes!».[16]
El vestido de boda es el cuerpo espiritual que se teje con
la Palabra y la Obra de Dios. Es el aura de fuego de los santos
y es el medio de transportar al alma a las octavas de Luz de
las que descendisteis a este modesto estado de carne, como se
suele decir, y a las cuales regresaréis.

Amados, la oración «venga a nosotros tu reino en la tierra como en el cielo» es la oración de los santos que desean
traer esa Luz enrarecida de la octava etérica a la física, que
desean traer a este plano de la tierra una Utopía, quizá, un
nuevo mundo, una Nueva Atlántida, una forma de vida que
pueda superar a esta, en la que la gente pueda verse libre del
dolor y las enfermedades terminales, causadas no solo por su
karma, sino por los agentes químicos, los alimentos impuros,
las sustancias que ingieren; un mundo libre de guerras y la
erupción de violencia desde las entrañas de aquellos cuyo
libre albedrío ha sido utilizado para comprometerlos con un
sendero erróneo.

Y el error conduce a la irrealidad. Y la irrealidad conduce
a la locura. Así, los locos acechan en la Tierra llevándose la
vida inocente. Los locos le quitan la vida al no nacido y a eso
lo llaman «derechos de la mujer». ¡El derecho de la mujer de
asesinar a su hijo! ¿Está ella liberada? ¡No! Está esclavizada
a un dolor que le corroe el interior el resto de su vida y encarnaciones futuras, hasta que eso se resuelva.

Ofreciendo libertad, siembran corrupción; corrupción
del espíritu y del alma y no del cuerpo. Y por eso los peligros

de esta época son tan grandes. Y por eso digo que este es el momento más grande de toda la historia para que todos y cada uno de vosotros dejéis bien claro vuestro mensaje y establezcáis ese contacto con Dios que han establecido todos los que os han precedido, convirtiéndoos así en instrumentos de Luz y poder espiritual y curación y el mantenimiento del equilibrio de las naciones.

La prueba irrefutable está del lado del sendero del discipulado. Ha demostrado una regularidad durante decenas de miles de años. No hallaréis ninguna diferencia, excepto quizá levemente en la forma o el ritual, entre los senderos de Oriente y Occidente. No hay diferencia alguna en la Luz de los ojos, el brillo del aura, el poder de los chakras, la capacidad inicial de transmutación y alquimia que entra en vuestra vida cuando comenzáis a invocar la llama violeta.

La regularidad de este sendero, comparada con la absoluta irregularidad de las facciones del protestantismo, el catolicismo, el judaísmo o de los musulmanes, que discuten perpetuamente entre sí y siguen separados y divididos ¡porque no se ponen de acuerdo sobre la letra! Y se han apartado del verdadero Espíritu. Incluso en ese espíritu ecuménico, amados, vemos que no han llegado a la resolución de su doctrina ni han dado a sus rebaños el poder de Dios para revertir la marea de las condiciones en el mundo.

Entienda todo el mundo la gran alegría cuando el niño se regocija al dar sus primeros pasos, con la primera palabra que puede escribir, leer o identificar en una señal la primera pieza que puede tocar al piano o una corona de laurel recibida en la ceremonia de graduación. Comprended que el sendero del logro —esforzarse, participar en la carrera, ganar la copa de oro— es un sendero que refleja el sendero del discipulado para todos. Es la sensación interior: «He trabajado, he dominado lo que tenía que hacer, acompañado por Dios y por su gracia. Y puesto que sé quién YO SOY y Dios está conmigo, puedo hacer estas cosas».

Es como tenerlo en el bolsillo. Es algo que has realizado.

Si se diera el caso de que un Maestro hiciera por el discípulo lo que este solo puede hacer por sí mismo, el discípulo será como un niño o como cualquiera de vosotros. La persona por la que se da algo sin que haya responsabilidad, sin esfuerzo ni trabajo, sin un logro interior, sentirá rencor hacia la persona que le dio esa recompensa que no requirió esfuerzo.

Así, los falsos pastores que predican crean de hecho una relación servil entre pecadores y un hijo preferido; e interior y subconscientemente lo que hay es un odio hacia Cristo... Comprended esto: muchos pastores indoctrinados de esta forma no tienen tendencias malvadas, sino que sencillamente han ido por donde les han dicho que hay que ir, lo cual ha sido así durante generaciones.[17]

El desarrollo de la conciencia Crística

El Maestro tibetano Djwal Kul explica cómo el estudiante de los misterios puede desarrollar minuciosamente la conciencia Crística a través de la meditación y la visualización:

Ahora, al leer mis palabras, sentados en meditación, quizá ante una estatua del Buda, la imagen del Cristo o la Gráfica de tu Yo Divino, visualizad anillos concéntricos de Luz emanando desde el centro de vuestro corazón y comprended que cada logro sucesivo en conciencia cósmica afianza la Luz del Cristo Cósmico como una capa permanente de Luz dentro de vuestra aura.

Las capas del aura que están llenas de Luz marcan los niveles iniciáticos: neófito, postulante, acólito, discípulo, adepto y así, sucesivamente, en la escala jerárquica. Cuando cada capa se llena de Luz y el alma se mueve en la percepción expansiva que tiene de sí misma hasta el punto en que atrae más Luz de lo que las capas pueden contener, el aura se traslada de lo humano a lo divino; y no mucho después, el alma es elevada en su expresión desde los planos de la Materia a los del Espíritu, porque el mundo ya no puede contenerla.

Al aumentar la intensidad del aura con la meditación y la aplicación del fuego sagrado, recitando mantras del Espíritu, como las Afirmaciones Transfiguradoras de Jesucristo* que él enseñó a sus discípulos, no solo aumentaréis la dimensión de vuestra aura en el tiempo y el espacio, sino que ésta se convertirá en un medio de comunicación con las nuevas dimensiones del Espíritu, incluso cuando transporta a vuestra alma hacia frecuencias superiores de la Materia.

El aura, pues, sirve como el campo energético de Luz que ha sido denominado «vestidura sin costuras». Esta vestidura adorna el cuerpo etérico a medida que ese cuerpo se convierte en el vehículo del alma en sus viajes a otras octavas de la Materia.

Desarrollar el aura, por tanto, es preparar el lugar de la conciencia en el cual, por la ley de la congruencia, podréis recibir aquí y ahora, en los planos de la Materia, a aquellos Maestros Ascendidos y seres Crísticos cuyos cuerpos de Luz se acoplarán al vuestro debido a que vuestra aura habrá asumido y se ha convertido en la frecuencia del Espíritu Santo que es individualizada por varios miembros de la Gran Hermandad Blanca. Lo cierto es que el logro de vuestra conciencia cósmica se mide según las dimensiones de la vida con las que os identifiquéis.

¡La acción de la ley de congruencia es, efectivamente, algo maravilloso de contemplar! Así como el imán del corazón en su acción ascendente es el triángulo equilátero que obliga el descenso del triángulo del Espíritu, esa misma estrella de seis puntas atraerá a vuestro corazón un impulso acumulado de Luz idéntico al que contiene el corazón de uno o más de los Seres Ascendidos.

Con vuestro libre albedrío podéis cualificar los triángulos entrelazados del corazón con cualquiera de las frecuencias de los siete rayos o del Espíritu Santo, que es el Espíritu unificador de la Gran Hermandad Blanca. Por ejemplo, cuando dedicáis los fuegos de vuestro corazón a la Madre Divina y

---

*Véase página 243.

con diligencia ofrecéis las salutaciones a María, vuestro corazón se convierte en un orificio del amor de la Madre, vuestra aura contiene los patrones que fluyen desde la Reina Virgen hacia los vuestros a lo largo del arco de vuestra adoración.

Llegados a cierto punto de vuestras devociones y de la evolución de vuestra percepción solar de la Madre Divina, el imán del aura y el corazón alcanza, como si dijéramos, una masa crítica, es decir, un impulso acumulado de energía suficiente para magnetizar la mismísima Presencia viva de la propia Madre Divina. Y por la ley de la congruencia, vuestra aura se convierte entonces en el aura de la Virgen María.

Entonces, al recitar el Ave María, estaréis diciendo la salutación a la llama de la Madre Divina que ahora arde en vuestro propio corazón. Y al haber pedido ser sus manos y sus pies, su cuerpo y su mente, el llamado ha obligado a la respuesta. Y la respuesta no ha llegado como un milagro, como una excepción a la ley natural, sino como cumplimiento de esa ley.

Así, al aumentar la intensidad y la frecuencia de la Luz del corazón, que a su vez alimenta con energía a todos los chakras en la Materia y expande los anillos del aura, llegaréis al punto en el que, a través de la unión del aura de los Maestros Ascendidos y la vuestra, podréis proclamar la alegría de la geometría de Dios: «¡He aquí, yo y el Padre somos uno! ¡Yo y la Madre somos uno! Y, ¡he aquí, la estrella de Arriba se ha convertido en la estrella de abajo!

Allá donde estés en conciencia en este momento, sabe, oh chela de la Luz, que estás unido a las demás almas, ya sea en la Materia o en el Espíritu, que estén es este momento viviendo ese nivel, esa frecuencia, del Ser de Dios. Si estás meditando en Jesús el Cristo y su gran ejemplo en la vida, entonces estás unido a todos quienes tengan una apreciación idéntica de su ministerio. Y si por tu meditación en Jesús te conviertes en ese Cristo, tú también estarás unido a cada alma que se haya convertido en el Cristo, tanto en el pasado, en el presente o en el futuro.[18]

La individualización de la Llama Divina

Los primeros gnósticos cristianos entendieron que la meta de las enseñanzas de Jesús era llegar a ser el Cristo. En *El libro secreto de Santiago (The Secret Book of James)* (también llamado «*Apócrifo de Santiago*»), un texto gnóstico, leemos que el Señor le dice a Santiago: «Si te sientes afligido y perseguido por Satanás y haces la voluntad del Padre, te digo esto: el Padre te amará y te convertirá en alguien igual que yo».[19]

¿Cómo te puedes convertir en alguien igual que Jesucristo? La Presencia Crística, el Hijo unigénito del Padre, es exactamente tu Santo Ser Crístico. Si haces la voluntad del Padre, el Padre te dará la capacidad de unirte a ese Cristo. Cuando te unas a ese Cristo, serás alguien igual que Jesús puesto que él estaba unido a ese Cristo. Ello no te convierte en un avatar en manifestación, pero te devuelve tu natural derecho de nacimiento y tu herencia en Cristo. Es una igualdad de oportunidad.

La gran Verdad de los Maestros Ascendidos es que tenemos el mismo derecho que Jesús de llegar a ser el Cristo. Con frecuencia hoy día se produce una reacción violenta entre los teólogos hacia cualquiera que proponga esto y por eso esta enseñanza no se puede llevar a las iglesias. A la gente le asusta considerar que haya más de un Hijo de Dios.

Pero¿hay más de un Hijo de Dios? Debemos considerar este gran misterio. El unigénito del Padre, el Cristo, la Segunda Persona de la Trinidad, es el principio de la identidad y es Uno. No nos hemos apartado de la Ley del Uno, de la enseñanza de Jesús: «Oye, Israel; el Señor nuestro Dios, el Señor uno es».[20]

Hay un Padre, un Hijo y un Espíritu Santo que forman la Trinidad. El gran misterio es que la manifestación de la Trinidad, como una llama, como un fuego, se puede multiplicar, se puede experimentar una y otra vez. Una y otra vez por todo el cosmos, podemos experimentar a Dios. Esto no le resta nada a la unidad esencial de Dios. En el tiempo y el espacio es que este uno parece ser muchos.

Todos tenemos la Trinidad como una llama que arde dentro de nuestro corazón. ¿Eso significa que hay muchos dioses? No, ello simplemente expresa la infinitud de Dios para ser él mismo allá donde desee ser Él mismo una y otra vez. Por tanto, quienes niegan ese elemento esencial de la Divinidad interior, niegan la capacidad de Dios de ser infinito; circunscriben a Dios a las leyes que ha hecho el hombre.

Somos coherederos con Cristo[21] porque tenemos la herencia de la Trinidad como la llama trina de la vida, que es la chispa de la Realidad. Cuando comprendamos esta ley, verás cómo nos veremos libres de expresar nuestro libre albedrío como confirmación de esa llama interior. Por tanto, el Hijo unigénito, el Ser Crístico lleno de gracia y verdad, la Palabra que se hizo carne, es la Segunda Persona de la Trinidad que se puede experimentar en cualquier lugar y en todo lugar que Dios elija. *Y Dios ha elegido exteriorizar ese Cristo dentro de ti.*

Tú puedes reclamar la totalidad de ese Cristo y esa manifestación sin restárselo a la persona que tienes a tu lado, sin restarle nada al esplendor del Salvador Jesús el Cristo. El hecho de tomar la Luz que Dios es y convertirte en ella no se la quitará a ningún avatar, no le quitará nada a esa gloria, sino que la realzará. Cuando nos convertimos en Cristo realzamos la vida y la misión de Jesucristo.

Cuando se entiende el gran círculo del Uno se entiende que en Dios no existe ninguna competición. Simplemente pertenecemos al Uno, somos parte del Uno y damos nuestra aportación a la gran conflagración, el gran fuego sagrado de la vida entera que es el Ser. Y cuanto más exterioricemos esa vida y ese fuego, más aportaremos a la presencia del Cristo en la Tierra.

La gran mentira de todos los tiempos es la que dice que, en realidad, no eres el Cristo. Esa mentira debe ser destruida, porque de otro modo no podremos ejercer el libre albedrío. No podremos trascender ese punto de la ley del pecado que nos dice que todos somos pecadores. Si aceptamos esa ley, estaremos

aceptando nuestra muerte, porque el profeta dijo: El alma que pecare, esa morirá ;[22] y Pablo dijo: La paga del pecado es muerte.[23] Debido a que los hombres han aceptado esa creencia, vivimos en una sociedad marcada por el culto a la muerte.

El regreso al Gran Sol Central

Sanat Kumara dice:

YO SOY el Anciano de Días. He gastado mi Luz en la Tierra, y esta me ha regresado. Ahora, exijo la multiplicación de esa Luz, el incremento de mi Árbol de la Vida como fruto. Cada uno de vosotros, como ese fruto, debe volver al Hogar después de haberos marchado de nuestra estrella. Debéis venir al Hogar como triunfadores sobre la Muerte y el Infierno, como lo fue y lo es Jesús. Como os dijo mi Hijo: Si no os volvéis como el Cristo, no entraréis.

Fructificad y multiplicad la Luz, porque todo lo demás es superfluo; todo lo demás es vanidad. Sean vuestras idas y venidas, pues, para el aumento de la llama.[24]

El nacimiento en la Materia debe ser el aniversario en que el alma decide ser libre. Los cristianos lo llaman volver a nacer en Cristo. Ello es la vivificación y el despertar, el encender el alma, con lo cual el alma decide regresar al Gran Sol Central. Hemos sido electrones en órbita, planetas en órbita. Ha llegado el momento de la gran aspiración. Es la hora de nuestro regreso. Si tu alma no fuera del todo consciente de este hecho, no estarías leyendo este libro. El renacimiento, por tanto, es el despertar y la vivificación del alma que tiene lugar gracias a la llama del Cristo eterno, el Cristo Jesús como alguien muy personal, tu Ser Crístico personal y el Cristo Cósmico cuya conciencia está concentrada para nosotros en el Señor Maitreya.

A veces la palabra *Cristo* supone una piedra de tropiezo. No hace falta que utilices ese término. Puedes llamarlo tu «Yo Real». Llámalo «fuego», «Luz», «chispa».

Los profetas del Antiguo Testamento eran Cristo tanto como lo era Jesús, y los grandes instructores de Oriente también eran Cristo tanto como Jesús. Cristo es el Cristo de todos los tiempos y siempre lo será. En la Atlántida había Cristos mucho antes de que Jesús naciera. Cristo es la Jerarquía eterna de Luz, el gran Mediador. Y así, hemos de comprender que Jesús era el alma del hombre que se convirtió en el Cristo. Pronuncia tu nombre en tu corazón ahora, y di: «YO SOY María, Juan, Roberto o Antonio. YO SOY ese a quien Dios ha designado para convertirse en el Cristo». Cuando el alma elige correctamente, converge sobre el punto de la percepción Crística de sí misma; y así, esto ocurrió en la vida de Jesús y lo llamaron Jesús el Cristo.

Todo el sendero de la libertad, de la iniciación, del camino de regreso a Dios, está basado en la comunión del alma con su propia Realidad Interior, con el Mediador; asumir y convertirse en la Realidad.

Jesús y vuestro Santo Ser Crístico

Serapis Bey explica la relación entre el Cristo de Jesús y nuestro Ser Crístico:

Oh, tú que estás afligido, no dejes que tu corazón se aflija. Porque los problemas y las quejas por los problemas seguramente se deben a que piensas que todos los problemas del mundo deben resolverse hoy mismo. Y cuando se lo exiges al cosmos, este no te responde, porque el cosmos sabe que Dios ya ha resuelto todos los problemas de todo el mundo, y ha establecido la mente de Cristo para que la resolución llegue con su ciclo.

A vosotros no os corresponde resolver los problemas, sino subir por la espiral del primer solucionador de problemas, el Cristo Cósmico; simplemente, poneos en sintonía con esa mente que siempre sabed todo lo que hay que hacer,

decir y ser, y sabed estar activos cuando es tiempo de estarlo y sabed estar quietos cuando es espacio para la quietud. Escuchad, pues. Los problemas aparecerán con regularidad como espectros de la profundidad astral en vuestra vida. Desfilarán por la pantalla de vuestra mente, tentándoos a que sintáis ansiedad, preocupación y os sintáis sobrecargados. Pero veréis que Dios ya ha puesto la imagen del hombre dorado del corazón en la misma pantalla. Y esos espectros, debido al imán del Cristo, están en el proceso de disolución, ¡si simplemente los soltáis para que se disuelvan! Pero si los energizáis con vuestra preocupación, se activarán con un aumento de energía que emitís en los estados de confusión y alteración emocional.

Yo os digo, *¡Dios ya ha solucionado todos los problemas que aparecerán en toda vuestra vida!* Y cada problema es karma, vuestro o de otro, que vosotros permitís que se interponga en vuestro camino. Dios ha conocido desde el principio los ciclos de vuestro karma, porque él es el que hace la Ley y el que la toma. Por tanto, sabed que *sí* existe un Cristo. ¡Él vive! Él es el Enviado.[25]

Está la Palabra. Está Maitreya. Están todos los Maestros Ascendidos que podáis nombrar. ¡Pero el nombre más importante que podéis pronunciar es el vuestro! Por tanto, ¡decidlo y exclamadlo en esta hora!

Ese es el nombre más importante que podáis pronunciar, porque declararlo como vuestro significa reclamar vuestra oportunidad de ser Cristo. El Cristo más importante que puede llegar a ser donde estáis es *vuestro* Cristo. Porque, al final, no podéis beneficiaros realmente de la conciencia y la increíble maestría propia que otro posea a través del Cristo.

Ahora bien, os han enseñado a creer que Jesús es el Cristo más importante. Y, a veces, habéis creído que Saint Germain, Gautama Buda, Maitreya o, incluso, Sanat Kumara es el Cristo más importante. Cuando esta mentira de falta de reconocimiento del Dios interior apareció, también apareció el gran Instructor Gautama, que enseñó la autodefinición de

Cristeidad y, por tanto, ha sido condenado desde entonces por los que están adoctrinados con la ortodoxia de Roma y otras ortodoxias materialistas.

Por tanto, daos cuenta de que el Dios que importa es el Dios que está donde vosotros estáis. Y debido a que estáis tan acostumbrados a creer que Jesús es el único que importa, os olvidáis de proteger al Cristo donde vosotros estáis. Jesús es compasivo. Cuando lo llamáis, él responde. ¡Pero su respuesta siempre supone la activación del Cristo en vosotros! ¿Lo sabíais, amados corazones? Cuando los cristianos le rezan, él actúa por compasión para acelerar, con su Luz, la percepción que ellos tienen de sí mismos como Cristo. Y muchos han tenido la visión de Cristo, y han dicho, «estoy bien porque Jesús me hizo esto», cuando, en realidad, están bien porque Jesús les conectó el alma de su ser con su Ser Crístico. Y en el momento en que recibieron la Luz, todos han sabido y comprendido en el corazón la relación con el Ser Crístico...

Vosotros sois el Cristo vivo. Vengo a mostraros cómo la enseñanza viva, pronunciada ante la conciencia que despierta y la mente consciente iluminada por Cristo, cambia el mundo entero, ¡el *mundo entero* de vuestro ser!²⁶

Es posible fracasar

Serapis también explica que, aunque la Cristeidad es nuestro destino, lo que determina el resultado es nuestra aplicación al Sendero y que solo hay una manera en la que podemos fracasar.

Podéis fracasar si soltáis la mano del hombre dorado del corazón, si os apartáis del amor y olvidáis qué os hace ganar y qué os hace volver a ganar. Si os olvidáis de mirar al cielo antes de bendecir, servir y curar a la vida, podéis fracasar. Y si no miráis a la tierra —cada paso que dais, dónde poner el pie con cuidado— podéis caer en la trampa, pudierais no percataros de las sutiles conspiraciones que hay a lo largo del camino.

Solo hay una persona en el universo que puede fracasar: *tú*. Solo hay una persona en el universo que puede llegar a ser el Cristo: *tú*. Gautama Buda enseñó que en el universo no hay nadie más que tú. Todo depende de vosotros. Nadie puede haceros fallar. *¡Nadie* puede hacer que os convirtáis en el Cristo![27]

Y Jesús dice:

No temáis convertiros en el Cristo, mas temed tomar la Luz del Cristo para mejorar la imagen del yo irreal. Por tanto, no perfeccionéis lo humano; no es perfeccionable. Mas dejad que el alma sea perfeccionada con el desprendimiento de la irrealidad.[28]

Oh amados míos, la esencia de mi enseñanza ha sido y siempre será: *¡Podéis* llegar a ser el Cristo![29]

El sendero de Cristeidad personal

Q UIENES HACEN EL TRABAJO DEL SEÑOR son los que han percibido el sendero de karma yoga en la ética del trabajo. Ellos han considerado el trabajo como un medio de saldar karma y también como un medio para conseguir el logro espiritual mediante el desarrollo de la maestría en la octava física que registra, graba y engrandece el logro de los niveles espirituales.

El peligro de este sendero es que realicemos el trabajo por el simple hecho de trabajar y perdamos de vista la meta y el propósito del trabajo, que es la victoria de la ascensión. Aún peor sería que pensáramos que, al haber trabajado tantísimo y haber hecho tantos sacrificios, eso cuente para saldar una multitud de infracciones de la Ley o indulgencias; o que consideráramos que Dios vaya a pasar por alto otras manifestaciones que merecen nuestra atención.

De hecho, esto no es así. La razón por la que nos hace falta un instructor y por la que necesitamos a los Maestros Ascendidos es que lo que se nos ha de enseñar es precisamente lo que no vemos, porque eso representa las espesuras de nuestra conciencia que nos ciegan.

Cuando no vemos nuestro estado de espesura, simplemente continuamos en ese estado. Lo humano puede hacer bondad o maldad humana, pero seguirá siendo humano y no tendrá el medio de trascenderse a sí mismo. Por consiguiente, el alma que está en ese templo estará totalmente limitada por lo mortal y por la conciencia mortal, hasta que pueda entrar en contacto con su Ser Crístico. Pero debido al gran golfo que separa al alma del Ser Crístico, tal cosa resultará difícil de hacer.

Por ello, Dios ha enviado instructores, avatares, grandes profetas, grandes seres de otros planetas y octavas, para que estuvieran presentes en la Tierra, para que declararan el mensaje, para que señalaran el camino con el ejemplo y predicando. De no haber sido por todos esos hermanos y hermanas, no sabríamos por qué camino ir y no comprenderíamos la sutileza o la naturaleza mortífera de la irrealidad de maya, de la ilusión. No comprenderíamos la sutileza de la antítesis del Ser Crístico, a la que llamamos mente carnal o imagen sintética.

Autotrascendencia

Serapis Bey y los Instructores del Mundo han dicho que, en el Sendero, según se va escalando la montaña, se llega un punto en el que, repentinamente, hay que dar un giro de noventa grados y hay que subir en línea recta. Todas tus asociaciones y relaciones del pasado cambiarán. En tu vida ocurrirán cosas de una forma casi catastrófica. Si aceptas esto y estás dispuesto a seguir adelante, y si puedes soportar ese período de ajuste para superar las viejas costumbres de asociación y relaciones humanas, te encontrarás con los iniciados y los Maestros en ese sendero. Te verás a ti mismo entrar en contacto con la Hermandad, estación a estación, y la experiencia personal que tuvieron los Grandes será tuya.

Esto no es una experiencia colectiva, sino individual; por tanto, cada cual debe ajustar las cuentas con su propio Ser

Crístico y su Presencia YO SOY. Cada cual debe descubrir qué es aceptable y qué no lo es. Esto no es una condenación. Dios no nos condena. Pero cuando tenemos sensibilidad, sabemos lo que debemos hacer y sabemos cuándo no estamos funcionando al nivel al que nuestro Ser Crístico nos empuja a funcionar. Nos daremos cuenta interiormente y no debemos dejar que nuestro campo energético, nuestra propia atmósfera de condenación hacia nosotros mismos, interprete la reprimenda del Señor o su enseñanza como una condenación del Señor.

El Señor no nos condena; Morya no nos condena ni lo hace Serapis Bey. Pero una vibración de la Ley muy firme nos comunica, si estamos dispuestos a escucharla, una cierta severidad que dice: «No puedes permitirte esta vibración y realizar tu vocación o conseguir la victoria». Esto no se ha de justificar. A esto no hay que temer. No debemos descarrilarnos pensando que no nos aman o no nos felicitan, o algo semejante. Pero debemos hacer caso de ese llamado. Rechaza cualquier vibración de condenación, ve al centro del amor y comprende que el amor es severo porque concentra sobre ti y sobre mí la energía necesaria para que salgamos del cascarón, para que nos deshagamos de la piel de serpiente, para que siempre nos trascendamos día a día.

El amado Helios una vez dijo: «Quiero deciros que, dentro de un millón de años, no estrecharíais vuestra propia mano, por no querer contaminaros».[1] Date cuenta de que siempre existirá el sentimiento de insatisfacción hacia un estado anterior propio. Aunque no haya nada malo en ello, nada que tenga mala intención, es simplemente que el estado anterior es más limitado que el que tenemos cada vez que volvemos a nacer y a cada nuevo día.

Los Maestros Ascendidos y los Elohim están ante ti personalmente. Eres un amado chela de los Maestros Ascendidos. Si te pones en el lugar de Dios, con su amor profundo hacia los discípulos y los niños de la Luz de la Tierra, ¿no crees que, si la Ley lo permitiera, él derramaría sobre el chela todas las bendiciones y dones posibles de todo el universo? Si pudieras ver a

los Maestros Ascendidos comprenderías que se ven obligados a guardarse la recompensa porque no pueden dártela, no pueden dar la iniciación porque, en alguna parte de tu ser, hay algo que no cumple con la Ley.

El cumplimiento de la Ley

Los judíos ortodoxos dan gran importancia al cumplimiento de la ley de Moisés y a la del Talmud. Ellos entienden que, cuando Dios da su Ley como alianza, es importante que la obedezcamos, porque la obediencia a la Ley es la clave de nuestra liberación.

Los apóstoles enseñaron, tal como lo hizo Jesús, que la gracia se convierte en el cumplimiento de la Ley y que existe una ley superior de autotrascendencia, que no es necesario observar en un sentido materialista todas las proscripciones y leyes alimenticias del Antiguo Testamento. Sin embargo, hay una ley básica y fundamental cuyo hilo pasa por la ley de Moisés, de Sanat Kumara y de todas las religiones. Cuando violamos la ley, sufrimos una pérdida.

La ley fundamental que debemos obedecer es la ley de la armonía, lo cual significa armonía en todos nuestros miembros. Ello también incluye la armonía alimenticia. Comenzando desde esta premisa, desde este sol central de la armonía, salimos a descubrir las demás leyes. La armonía es amor, la armonía es unidad.

Te animamos a que te consideres como uno de los solitarios, un individuo único y aparte del grupo con el fin de realizar el ejercicio de determinar tu sendero, tu sendero de maestría individual sobre ti mismo, tu sendero de Cristeidad. Después, vuelve y siente la unidad de la comunidad. No permitas que ningún sentimiento de colectivismo u organización diluya tu intensidad ni el énfasis allá donde hayas encontrado esa enseñanza en particular, en la cual sabes que debes trabajar, o ese Maestro ante el cual sabes que debes responder.

Ponte a trabajar en eso. Conviértete en una estrella en ese

sendero. Conviértete en un experto. Y con tu ejemplo de Luz, pureza y amor, que los demás también se inspiren, no a seguir tu sendero, sino a encontrar el suyo, a encontrar a su Maestro y su clave para la aceleración.

El sendero de Cristeidad representado por Isaías

La Biblia y las escrituras de Oriente y Occidente caracterizan el sendero del Bodisatva, del discípulo que se está convirtiendo en Cristo. Pero, a menos que comprendas la revelación progresiva de los Maestros Ascendidos en esta época, no apreciarás los detalles y las maravillosas joyas que esas escrituras contienen. El sendero de tu Cristeidad está perfectamente delineado en el libro de Isaías. El capítulo 53 es un testamento maravilloso acerca de la percepción del profeta sobre la venida de Cristo. Debemos leerlo entendiendo que el evento más crucial que acontece hoy día en nuestra vida y en el planeta es cuando el individuo llega a ser el Cristo. Porque el alma que encarna ese Cristo en su templo, que hace todo lo necesario para que ese Cristo esté cómodo en su templo, es la que, a la hora de elevar esa Luz, puede mantener el equilibrio por el mundo.

Este testamento es la interpretación de Isaías de la vivencia de cualquiera que haya cumplido la misión de la Palabra encarnada:

¿Quién ha creído a nuestro anuncio? ¿y sobre quién se ha manifestado el brazo del SEÑOR, la Presencia YO SOY?

Subirá cual renuevo delante de él, y como raíz de tierra seca; no hay parecer en él, ni hermosura; le veremos, mas sin atractivo para que le deseemos. Esta es la descripción del alma uniéndose a Cristo.

Despreciado y desechado entre los hombres, varón de dolores, experimentado en quebranto; y como que escondimos de él el rostro, fue menospreciado, y no lo estimamos. Este es aquel que se ha convertido en el Cristo entre nosotros.

Ciertamente llevó él nuestras enfermedades, y sufrió

nuestros dolores; y nosotros le tuvimos por azotado, por herido de Dios y abatido.

Mas él herido fue por nuestras rebeliones —este es Jesús, este es Gautama, este es el Hijo del hombre— molido por nuestros pecados —recibió la carga de nuestro karma, de nuestra falta de renuncia, falta de transmutación, falta de esfuerzo por ser nuestra Cristeidad— el castigo de nuestra paz fue sobre él, y por su llaga fuimos nosotros curados. Le permitimos a ese Cristo que llevara nuestra carga y, por ello, fuimos sanados gracias a sus aflicciones.

Todos nosotros nos descarriamos como ovejas de nuestro Ser Crístico, cada cual se apartó por su camino; mas el SEÑOR cargó en él el pecado de todos nosotros. La gran enseñanza es que el Cristo y el que se ha convertido en el Cristo encarnado carga con el karma de quienes no quieren hacerlo y no lo hacen, porque todos los hombres tienen la opción de hacerlo.

Angustiado él, y afligido, no abrió su boca; como cordero fue llevado al matadero; y como oveja delante de sus trasquiladores, enmudeció, y no abrió su boca.

Por cárcel y por juicio fue quitado; y su generación, ¿quién la contará? ¿Quién declarará que la generación Crística de la progenie de Luz será nuestra generación con todas sus cargas y sus infortunios? Porque fue cortado de la tierra de los vivientes, y por la rebelión de mi pueblo fue herido.

Y se dispuso con los impíos su sepultura, mas con los ricos fue en su muerte; aunque nunca hizo maldad, ni hubo engaño en su boca.

Con todo eso, el SEÑOR quiso quebrantarlo —el permitir que ese Cristo sea quebrantado es el testimonio que debemos ver. Debemos ver a ese Cristo quebrantado en los que no tienen casa, los desposeídos, los oprimidos de todos los países. Debemos mirar a la cara al portador de Luz de Afganistán y decir: «Ahí está Cristo. Y está quebrantado porque yo no he llegado a ser el Cristo». Dios usa a gente de todas clases en esta tierra para dar el mensaje de que no podemos darnos el lujo de presumir d la espiritualidad y del espíritu que Dios

nos da, que hay obligaciones y un precio a pagar por este sendero— sujetándole a padecimiento. **Cuando haya puesto su vida en expiación por el pecado, verá linaje, vivirá por largos días, y la voluntad del SEÑOR será en su mano prosperada.** Verá el fruto de la aflicción de su alma, y quedará satisfecho; por su conocimiento justificará mi siervo justo a muchos, y llevará las iniquidades de ellos.

Por tanto, yo le daré parte con los grandes, y con los fuertes repartirá despojos; por cuanto derramó su vida hasta la muerte, y fue contado con los pecadores, habiendo él llevado el pecado de muchos, y orado por los transgresores.

Etapas del Sendero

Esta enseñanza nos ayuda a entender la naturaleza del Sendero y la psicología de la personalidad del alma que aún está atada por ciertas cuerdas de su propia mortalidad y las leyes de la mortalidad que ha aceptado.

Cuando el alma recibe la enseñanza por primera vez, el gozo y la alegría de la llama violeta y el deleite del fruto del árbol de Maitreya, la experiencia es como una niñez perenne que hemos anhelado, estar en la mismísima presencia de nuestro Dios Padre-Madre, esos días gozosos de luz sobreabundante y la perpetua sonrisa y el corazón infantil. Esto es como la novedad del contacto con las Enseñanzas de los Maestros Ascendidos. Hay muy poca responsabilidad u obligación, pero nuestros cálices están llenos del nuevo vino, el vino del Espíritu. Nuestros decretos nos permiten la liberación de nuestras cargas más grandes.

Entonces, pasamos a una etapa de adolescencia con las habituales rebeliones: «Pues en realidad no quiero estar atado a esta ley. Quiero estar aparte por un tiempo. Quiero disfrutar del universo sin obligaciones». Si tenemos unos padres inteligentes, ellos no nos dejarán salirnos con la nuestra. Si escuchamos a nuestros gurús, sabremos que nos dirán que no podemos permitirnos esta indulgencia.

Entonces llega un punto de madurez y mayoría de edad espiritual que está marcado por el momento en que la Hermandad decide que el discípulo individual ha recibido toda la conciencia, toda la educación, el conocimiento, la oportunidad y los dones del Espíritu en abundancia. Llega un momento en que, después de haber dado inmensamente, se produce un movimiento en el peso. Ahora el alma contiene el impulso acumulado de Dios que ha recibido. ¿Qué hará el alma con ello ahora? ¿Se lo devolverá a Dios por medio del servicio hacia los suyos? ¿Volverá a despilfarrar toda esa luz y energía en divertimento, haciendo todas las cosas que siempre quiso hacer, pero nunca pudo por las limitaciones de su karma, con el que ahora carga este siervo que lleva nuestras iniquidades?

Llega un punto de madurez total en el que el adulto se encuentra ante la Y y debe elegir el sendero de la izquierda o el de la derecha. El sendero de la izquierda es una destreza de toda esa energía y Luz para el autoengrandecimiento, para construir un reino temporal, acompañando a las falsas jerarquías de los siglos. El sendero de la derecha es el del adepto, en el que uno va con la Luz recibida, y reconoce este principio: que para recibir más Luz cada nuevo día, la cual es necesaria simplemente para mantener la nueva posición, uno debe dar renunciar a más.

Ahora bien, algunos han dicho en su corazón: «No elegiré el sendero de la izquierda, porque veo sus peligros», pero, de hecho y en la práctica, tampoco han elegido el sendero de la derecha. Estos intentan evitar ambas elecciones, apartarse de ese lugar en el que pudieran recibir algún mensaje de su Maestro; o ensordecen el mensaje de su Ser Crístico que con certeza les dice que no pueden simplemente quedarse en un nicho. Esta elección tiene serias consecuencias, porque uno retrocederá. Uno puede engañarse a sí mismo y creer que puede permanecer en cierto punto, pero en realidad no puede.

El siguiente episodio extraído de la vida de Elizabeth ilustra un principio parecido.

Una lección de la vida

Recuerdo la gran lección que tuve cuando era joven. Mi padre tenía un varadero sobre el río de Nueva Jersey, con salida al mar. Yo disfrutaba yendo a remar por el río y cuando hacía buen tiempo, remaba muy lejos y amarraba la barca a una boya, me relajaba y leía un libro o saltaba al agua a nadar. A veces me llevaba el almuerzo para comer en la barca.

Un día me llevé a una amiga y nos aventuramos, alejándonos mucho, hasta que llegó una tormenta que nos alejó aún más y más del varadero de mi padre. Yo remaba con todas mis fuerzas y al hacerlo, conseguía mantener la barca en el sitio. No podía avanzar, pero tampoco me alejaba más.

Entonces, al darme cuenta de que me estaba cansando, decidí darle los remos a mi amiga, que no tenía mucha experiencia remando. Ella no tenía la misma fuerza remando que yo, que lo había hecho durante tantos años. Cuando se puso a remar me di cuenta de que nos íbamos alejando despacio por el río, cada vez más, lo que parecían ser varias millas. Así, en cuanto pude, me volví a sentar a los remos y empecé a remar para cubrir la distancia perdida.

Esto me dio una increíble lección, porque comprendí que al salir con la barca al río de samsara, por el plano astral, todo dependía de mí. Yo no podía depender de nadie. Tendía que reunir toda mi fuerza interior, mis fuerzas espirituales y el impulso acumulado en el plano físico. Y si por tan solo un momento lo dejara y confiara mi vida a otra persona, mi sendero, el trabajo que he de realizar, perdería terreno, porque estaría abdicando mi Cristeidad personal.

La siguiente lección que aprendí de esta experiencia fue que, al poner todas las fuerzas contra la tormenta de la vida y hacer todo lo posible con todos los recursos que uno posee, llega el Ayudante Divino en la persona del Gurú.

Yo no podía hacer más, dado el conocimiento que tenía entonces. Por tanto, en la persona de alguien que llegó con una lancha motorizada (un extraño), el Ayudante Divino

apareció, ató una cuerda a nuestra barca y nos remolcó, fue la única forma en que pudimos volver. Parece ser una lección arquetípica, porque de vez en cuando me acuerdo de esa imagen. El Morya pone la escena y me enseña a interpretar la lección que tiene. Yo era muy joven y las lecciones que aprendemos cuando somos jóvenes pasan al subconsciente y ahí quedan; y muchas decisiones que tomamos se basan en las lecciones que hemos aprendido en la vida.

El Sendero exige esfuerzo

Aquí nos encontramos en un sendero parecido. No es menos esforzado. Al fin y al cabo, Dios está a punto de transferirte y recompensarte con la plenitud de tu Presencia YO SOY, con esa Divinidad que habita en ti corporalmente. Él lo exigirá todo de ti y más, todo lo que puedas reunir más allá de ti mismo. Tu Ser Crístico y tu alma, unida a ese Ser Crístico, tiene un período en el cual pasa por lo que se describe en el capítulo 53 de Isaías.

Serapis Bey ha dado el mensaje de que Jesucristo es bajado de la cruz y que nosotros también somos bajados de la cruz.[2] Ya no estamos disponibles para la crucifixión. Esto es verdad. Pero cada cual debe proclamarlo por sí mismo. La libertad de la crucifixión no lo es con respecto a cargar con el karma personal y del mundo. Estamos llamados a cargar con ello; y cuanta más Cristeidad asumamos, más grande será el peso kármico que llevaremos.

Tú puedes permitir que el período de carga kármica sea como la crucifixión o una fuerte persecución. También puedes establecer la maestría sobre ello con el maravilloso período del sendero del Bodisatva que cae en la línea de las tres del reloj* de ese ser

---

*Los Maestros Ascendidos representan gráficamente las distintas manifestaciones de Dios sobre las líneas del reloj cósmico. La línea de las tres es donde realizamos a Dios como Cristo, como la Persona del Hijo; la línea de las doce es la línea de Dios como Padre; la de las seis, como Madre, y la de las nueve, como Espíritu Santo. Para encontrar más información sobre el reloj cósmico, véase el capítulo 15 del libro *The Great White Brotherhood in the Culture, History and Religion of America (La Gran Hermandad Blanca en la cultura, historia y religión de los Estados Unidos)*.

gozoso, el santo, el que realiza el YO SOY EL QUE YO SOY. No Dios, sino tú decides vivir la vida como una crucifixión, como una carga, una persecución o como la inmensidad de la Luz. Hay un punto en el que aceleras, en el que vas a la carga, donde tomas la decisión de entrar en ese sendero de la derecha con todas las fuerzas del ser y comienzas a vivir algunos de esos síntomas que se describen en Isaías sobre ese Cristo, el Hijo del hombre.

Hay un período en el que hay que esforzarse. Te has bañado en tu Cristeidad y te has vestido con cierto impulso acumulado de tu Cristeidad. Y ahora llegan las cargas. Ahora llegan los requisitos mayores de la Ley. Ahora llega la tensión. Y el alma, cuya psicología está programada por la mente mortal y la ley de la mortalidad, dice: «Esto es demasiado para mí. Voy a retroceder un poquito. Me lo voy a tomar con calma. No me voy a meter en todas esas cosas que me estresan tanto».

Así, para evitar tensiones psicológicas, estrés y cosas con las que podemos transigir o a las que podemos vencer de una forma práctica, retrocedemos. Probamos nuestra Cristeidad y decimos: «No voy a ser un mártir. Voy a vivir mi vida con cordura. No voy a ser fanático en el Sendero».

Tienes que comprender que la Realidad de tu Cristeidad no contiene todo ese estrés; no contiene toda esa carga. Si puedes soportar *toda* tu Cristeidad, esta tiene la Luz necesaria para anular la carga. La parte que tenemos que sufre es la parte que no renuncia, la parte que no da, la parte que quiere lo mejor de ambos mundos.

Si quieres lo mejor del plano astral y lo mejor del cielo, no podrás tenerlo. Te volverás loco. Y así, justo antes de volverte loco, anunciarás a todo el mundo que, en vez de volverte loco, vas a distanciarte bastante de esa situación, porque no puedes, no estás hecho para eso, no puedes hacer todas esas cosas. Bien, eso es la voluntad humana. Eso es la mente carnal. Eso es la mente mortal que limita al alma, la cual quiere de verdad nacer

en Cristo. La gente se inventa los motivos más complejos, aunque lógicos y aparentemente prácticos, por los que no puede estar en el lugar de servicio a Dios que le corresponde *ahora*, lo cual significa estar en tu Cristeidad y en la plenitud de la gloria de Dios ahí donde te encuentras.

No hay razón para el martirio. La Gran Hermandad Blanca no defiende que ninguno de sus chelas deba ser un mártir. Eso se acabó con la era de Piscis y la malinterpretación de la doctrina de Jesús. Jesús no fue ningún mártir. Nada puede hacer que no realices tu Cristeidad excepto tú mismo. Nada más en el mundo puede impedir que consigas esa meta excepto tú mismo.

Discipulado y Cristeidad

La definición que da El Morya de un discípulo o chela es «alguien que está esforzándose por llegar a ser el Cristo».[3] El sendero del discipulado hacia la Cristeidad ha sido bien delineado por quienes ya lo han recorrido. Ellos han trazado en este sendero los siguientes pasos iniciáticos hacia la Palabra Viva:

1) **Estudiante.** En esta fase, el individuo estudia, se convierte en un estudiante de los escritos y las enseñanzas del Maestro. Es libre de ir y venir y no ha declarado ninguna responsabilidad hacia la persona del Maestro. No ha hecho ningún voto, ningún compromiso, pero puede estudiar para «presentarse a Dios aprobado»[4] con el fin de ser aceptado como siervo (también conocido como «chela») del Maestro.

2) **Siervo o chela, es decir, discípulo.** El individuo desea establecer un lazo con el Maestro, que este le enseñe directamente en vez de aprender solo a través de sus escritos. El siervo o chela recibe iniciaciones durante el curso de su servicio al Maestro. Su corazón, mente y alma han comenzado a desplegar un amor más grande como aprecio y gratitud por las enseñanzas recibidas en el anterior nivel de estudiante. Este amor se traduce en acción como sacrificio, abnegación, servicio y entrega al Cristo. Cuando este

paso ha sido acelerado hasta el nivel de la «ofrenda aceptable» y el chela está equilibrando su llama trina y saldando su karma, este puede ser considerado para el siguiente paso.

3) **Amigo.** Quienes están considerados como amigos del Maestro entran con invitación —«Ya no os llamaré siervos, sino amigos» (véase Juan 15)— a una relación como acompañantes y compañeros de trabajo en el sendero para la salvación del mundo. El amigo carga con la cruz, así como con la carga de Luz del Maestro; demuestra las cualidades propias de la amistad como representadas en la vida de Abraham y otros chelas que se han elevado al nivel en el que se comprende el corazón y la experiencia del Maestro, proporcionando consuelo, sosiego, consejo y apoyo por lealtad tanto a los propósitos como a la persona del Maestro.

4) **Hermano.** El grado de hermano es el nivel en el que la unión de la relación Gurú-chela, Alfa-Omega, se completa mediante el intercambio horizontal en forma de ocho de corazón a corazón; el Gurú en efecto ha hecho a su discípulo parte de su propia carne y sangre y le ha ofrecido todo el impulso acumulado de su logro y partes de su manto y autoridad como preparación para la ascensión del Maestro y para que el discípulo asuma parte o la totalidad del cargo del Maestro. Esta es la relación de amor ejemplificada entre Jesús y Juan y, quizá, su hermano de sangre (o primo) Santiago.

5) **Cristo.** La plena encarnación de la Palabra.

La hora de la Cristeidad

«La hora de la Cristeidad en ti —dice el Señor Sanat Kumara— es más importante que cualquier otro evento que este aconteciendo en el planeta».[5] Cuando el Cristo nace en el cáliz preparado del corazón, entonces es cuando la Luz del Gran Sol Central desciende para iluminar al mundo. Si este evento es más importante que cualquier otro en el planeta, entonces debemos

tomarnos este llamamiento muy en serio. Debemos comprender que jamás podremos hacer más por este mundo que el día y la fecha en que decidamos caminar siguiendo las huellas de nuestro Señor y Salvador e interiorizar la Palabra que él nos dio, bocado a bocado, gota a gota de su valiosa sangre.

Jesús nos ha dicho: «He venido a daros la Palabra de nuestro Padre, que es esta: Ha llegado la hora de que entiendas que, como cumplimiento o requisito de la Ley, nada bastará excepto que llegues a ser el Cristo. Este es el día en que el sendero de tu Cristeidad debe comenzar en serio».[6]

Actualmente, es probable que tengas una serie de metas en tu vida y una meta principal que te absorbe. Te instamos a que reces para saber cómo puedes hacer que todas tus metas converjan en el punto del sendero de Cristeidad. Para ti, llegar a ser Cristo puede consistir en cuidar de la casa, tener una familia con hijos, ser un profesional o cualquier cosa que sea necesaria para realizar los impulsos acumulados kármicos positivos y saldar el karma negativo.

Todas esas cosas pueden converger. No tienes por qué abandonar nada, a no ser que entre en la categoría de cosas como una forma de vida incorrecta u otras actividades incompatibles con el Sendero Óctuple del Buda.

Todo lo que sea legítimo en la pureza del Cristo y el Santo Ser Crístico, todo lo que sea lícito para la manifestación Búdica dentro de ti —que es amor, alegría y la entrega del yo—, sea lo que sea, eso puede formar parte de tu Cristeidad. Y cualquier cosa que seas o que estés haciendo que no sea parte de tu Cristeidad, déjalo. Simplemente, suéltalo.

Ser el Cristo no es un sacrificio. Es la mayor alegría y el don más grande que Dios nos da. Es la alegría del amor divino. Cuando hablamos de un sendero de entrega, sacrificio, abnegación y servicio, no se trata de un sendero de autonegación. Es un sendero en el que se afirma el Verdadero Ser y se deja todo lo que es irreal en nosotros. Deja para siempre las cosas que te distraen y

que no puedes soltar, cuando todo lo que realmente importa en la vida ya lo tienes en abundancia, la alegría, la felicidad, la gloria. El sendero de Cristeidad no es una vía dolorosa.

La vocación más grande

El Arcángel Gabriel dice que la persona «que reclame su Cristeidad e invoque al Padre y el Hijo para que hagan su morada en su templo, puede desplazar la oscuridad de diez mil veces diez mil individuos».[7]

Comprende cuál es la vocación más grande en la vida. Comprende el poder de Jesucristo y lo que él te ofrece con la transmisión del impulso acumulado de su Cristeidad cuando estás dispuesto a seguir sus pasos por el sendero que él nos ha delineado. La definición de Cristo es la encarnación de la Palabra, la Palabra que estaba con Brahman en el Principio. Tú puedes encender y aumentar esa Palabra. Se puede dar inicio al punto de la Cristeidad con el punto de Luz en el corazón, que puede aumentarse día a día con buenas obras, con amor, oración, enseñanza, entregándose uno mismo hasta dar cada día todo el cáliz lleno de la vida de uno mismo.

El Elohim del Quinto Rayo, Ciclopea, enseña que «una persona que conoce su Cristeidad es más valiosa en la Tierra, en este momento, que cualquier otra persona en cualquier otra ocupación. Debéis valorar supremamente vuestra Cristeidad emergente. Tratadla como un diamante que ha de ser tallado, pulido y valorado, amados».[8] Tallar y pulir el diamante de tu Cristeidad personal requiere trabajo, mucho trabajo. Pero ¿no requiere mucho trabajo cualquier cosa que uno desea en este mundo?

La Maestra Ascendida Porcia dice: «No aceptéis el hecho de que se necesitan muchos años o vidas enteras para lograr vuestra Cristeidad ni os creáis la estupidez de que lograr la Cristeidad es fácil de conseguir. No es fácil de conseguir, amados, de lo contrario ya la habríais conseguido hace mucho».[9]

La imitación de Cristo

El Morya dice que, antes de convertirse en el Cristo, el discípulo se vuelve, en ocasiones o con frecuencia, en el recipiente de su Ser Crístico.[10] Por consiguiente, primero somos un recipiente y, durante el proceso en el que somos un recipiente por el amor de Cristo, por la verdad de Cristo, por las cualidades de Cristo, nos vamos revistiendo de ese aceite de la verdad y del amor, nos vamos saturando de ello y empezamos a asumir sus características. Comenzamos a pensar como Jesús pensaría. Y cuando preguntamos: «¿Qué haría Jesús?», sabemos exactamente lo que él haría y, por tanto, lo que debemos hacer nosotros. Se trata de un proceso muy gradual. No acontece de la noche al día. Por eso hay que prestar atención día tras día, tejiendo la vestidura sin costuras.

El Arcángel Jofiel y Cristina nos dan una clave para evaluar nuestro progreso en el sendero de Cristeidad:

Cuando te escuches a ti mismo decir cosas que tu Santo Ser Crístico no diría, sabrás que ese Santo Ser Crístico se ha elevado muy por encima de ti y que no puede entrar. Cuando digas cosas con un tono de voz condescendiente, lleno de crítica, apesadumbrado o deprimido, con sarcasmo o con la vibración del chismorreo, sabrás que tu Santo Ser Crístico no puede entrar; porque esa es la Ley de Dios.

Por tanto, busca el sendero de la imitación de Cristo. Habla como sabes o crees que lo haría Cristo, con amor, pero con firmeza, severidad donde haga falta, misericordia cuando se deba, suavemente cuando sea necesario, con la intensidad del fuego sagrado cuando quieras despertar a un alma que no quiere despertar. Benditos, hablad como lo haría Cristo y Cristo hablará a través de vosotros...

Pensad como lo haría Cristo y Cristo pensará a través de vosotros; y la mente de Dios entrará en congruencia con el recipiente físico... Cuando tengáis pensamientos impuros, poco amables, críticos, intolerantes, la mente de Cristo no estará en

vosotros.[11] Y cuando os deis cuenta de que lo estáis haciendo, haced llamados a la llama violeta, pedid perdón si fuera necesario, poned todo en orden y volved a comulgar con Dios con un estado de alerta aún mayor para tener el control de los pensamientos, los sentimientos y la palabra hablada.

Cuando tengáis sentimientos que no son del Cristo compasivo, sabréis que Cristo no está con vosotros. ¡Apresuraos, apresuraos hacia el altar! Llamad, pues. Afirmad. Sustituid. Practicad los dulces pensamientos, los dulces sentimientos, las dulces palabras; y pronto surgirán de manera natural...

Finalmente, amados, realizad los actos que vuestro Cristo realizaría y evitad aquellos que Cristo no haría.[12]

Claves para el sendero de Cristeidad personal

Obediencia

La obediencia a la voz interior de Dios es el primer precepto de la Cristeidad. Jesús dijo a sus apóstoles: «Si me amáis, guardad mis mandamientos».[13] El Maestro Ascendido Jesús dice: «Escuchad la voz interior que os guía. Antes de hablar de forma poco piadosa, la Presencia advierte: "Contén tus palabras; no complacen al Señor". Cada acto, cada deseo, cada contemplación de engaño o ambición, viniendo del tentador, es reprendida por el Cristo. Escuchad la voz interior y obedeced, y todo os irá bien».[14]

Confianza

No puedes obedecer de verdad a la voz interior de tu Ser Crístico o a los mandamientos de tu Maestro si no confías. ¿De dónde viene la confianza? En esta vida y en vidas anteriores, aprendimos a confiar en nuestros padres. Si pudimos contar con ellos, si nos respaldaron, comenzamos a sentir que podíamos confiar en las personas más importantes de nuestra vida.

¿Pero qué ocurre si te abandonaron de pequeño? ¿Qué ocurre si fuiste de hogar en hogar y todos los que cuidaban de ti te maltrataron? Estas cosas acumulan una desconfianza muy difícil de

vencer. La confianza no es algo automático. O bien la tenemos o bien no la tenemos. Por eso debemos tener mucho cuidado con la gente, especialmente con los niños. Si damos nuestra palabra, debemos cumplirla. La confianza va antes que la fe. La confianza es ser capaz de decir: Señor, puedo contar contigo. Papá y mamá, puedo contar con vosotros. Amigo, sacerdote, pastor, chela compañero del Sendero, puedo contar contigo. Cuando no tienes esa confianza, es realmente una maldición. Si no has aprendido a confiar en Dios en los demás, no tienes la confianza en Dios que será tu ancla al pasar por las tormentas de la vida.

La vida nos trae buenos y malos tiempos. Tú has de saber que ni lo bueno ni lo malo, en el sentido humano, es real. Lo que está mal en el sentido humano, lo que está bien en el sentido humano, no es la Realidad suprema. En el sendero de Cristeidad personal, tienes que confiar en Dios, en el Gurú y en ti mismo.

Fiabilidad

La siguiente cualidad más importante en el Sendero después de la confianza es la fiabilidad: ser dignos de que confíen en nosotros. Si no has tenido a tu alrededor a gente en quien confiar, la mejor forma de saldar ese karma es tomar una decisión: «Voy a ser fiable, aunque mis padres y la gente más importante en mi vida no lo hayan sido».

Conocimiento de uno mismo

El conocimiento de uno mismo es una de las claves de la Cristeidad personal. Gautama explica que «el primer conocimiento sobre ti mismo que debes tener es el de tu Realidad». Debes conocer tu Realidad Divina, tu Realidad suprema. Tanto si lo sabes gracias a la meditación como si lo sabes porque así lo percibes, debes saber que estás cimentado en la roca de Cristo, estás imbuido en el cimiento de la Realidad. Eres parte de lo que es Real y fundamental en el universo. Eres parte del Gran Sol Central. Saliste de tu Dios Padre-Madre. Tienes la esencia de

Dios en ti. La parte principal de ti mismo es Real; la parte más pequeña no lo es.

Gautama Buda dice: «Cuando tenéis un buen autoconocimiento de vuestra Realidad, comenzáis a estudiar vuestro yo irreal. Entonces vuestro autoconocimiento debe serlo de ese yo irreal y de esa irrealidad. El que conoce las dos cosas y permanece sereno entre ambas, el que sabe cómo afirmar a diario su Realidad, que engullirá su irrealidad, ese es un sabio, esa es una sabia, ese niño es un sabio»[15].

Jesús enseña: «El ver las causas, amados, supone la mayor parte de la victoria. Lo primero es ver las causas. Lo segundo es desear deshacerse de ellas y sus efectos. Y lo tercero es la voluntad, la absoluta voluntad Divina en vosotros que dice: ¡Lo haré! ¡Lo haré *ahora*! Porque nada me es imposible en Dios».[16]

La palabra del Maestro

Otra herramienta para el sendero de Cristeidad personal es recitar los dictados de los Maestros Ascendidos. Jesús dice: «Nuestros dictados son rituales en sí mismos. La entrega verbal solo sirve para afianzar en vuestro corazón el significado de la gran Luz que llueve sobre vosotros. Estos dictados son rituales, son servicios, son rosarios, aun hasta el punto en que llegáis a sabéroslos de memoria y los recitáis. En nuestros dictados tenéis valiosos cálices de Luz. Conviértanse esos dictados en recitaciones. Conviértanse en vuestros salmos».[17]

Omri-Tas dice: «Cada dictado de los Maestros Ascendidos que se ha dado a través de nuestros Dos Testigos* en la Tierra contiene en sí el poder de los Elohim para la recreación de uno mismo». Tú eres recreado por el poder entregado en los cálices que son las palabras. «No sin premeditación os hemos entregado

---

*Apocalipsis 11:3-12. Los Dos Testigos del Apocalipsis son figuras arquetípicas correspondientes a las llamas gemelas que entregan la Palabra del Señor en todas las épocas. En esta dispensación en la que se entregan las Enseñanzas de los Maestros Ascendidos, el cargo de los Dos Testigos ha sido ocupado por los Mensajeros Mark y Elizabeth Prophet.

la serie *Only Mark.** No sin consideración hemos puesto a vuestra disposición año tras año los audios y videocasetes de nuestros dictados».[18]

La llama violeta

Una clave de máxima importancia en el sendero de Cristeidad personal es la llama violeta. La Maestra Ascendida Leto dice que la llama violeta facilita tu fusión con tu Santo Ser Crístico.[19]

Omri-Tas dice: «La llama violeta puede penetrar la propia sustancia ósea y volver todo vuestro cuerpo ágil y que el Ser Interior sea moldeado de nuevo según la totalidad de la talla de Cristo. No sois simples criaturas, prisioneras de las costumbres, pero debéis saber esto. Debéis mirar vuestros impulsos acumulados. Debéis estudiar las enseñanzas sobre los impulsos acumulados que se os han dado en *Las enseñanzas perdidas de Jesús*[20] así como las *Lecciones de la clase de la Corona*[21] sobre el tema de las costumbres. ¡Debéis abandonar esos impulsos acumulados impropios y recrear un nuevo impulso! Cuando existe un surco en la conciencia, llenadlo de Luz y volved a empezar tal como queráis ser, como es vuestro Ser Crístico. No esperéis a que se rompa el molde de esta vida para recrearos a vosotros mismos en Dios. Es un regocijo diario el saber que uno es un cocreador con Dios y que con la llama violeta ¡todas las cosas son posibles en Dios!».[22]

Vigilia de las Horas de Jesús

En 1964 Jesús inauguró un servicio especial dedicado a la protección de la conciencia Crística de todo portador de Luz de la Tierra; se llama *Velad conmigo, Vigilia de las Horas de Jesús*. Es un servicio de oraciones, afirmaciones e himnos que los estudiantes de los Maestros Ascendidos realizan cada semana por todo el mundo.[23]

---

*La serie de audiocasetes *Only Mark* (*Solo Mark*) se inauguró para entregar en orden cronológico todos los dictados dados a través del Mensajero Mark L. Prophet.

Jesús promete estar entre quienes realicen este servicio de oración semanalmente y que pondrá su Presencia sobre ti, en la sala donde recites las oraciones, durante la duración del servicio.

«Os prometo —dice Jesús— que todos los que se comprometan a ser mis discípulos como Guardianes de la Llama tendrán mi Sagrado Corazón sobre ellos durante esta Vigilia cada semana. La Vigilia es para abrir el corazón de forma que yo pueda entrar y entregar a la Tierra una Luz y Presencia renovadas. A través de vosotros deseo aumentar la conciencia Crística en la Tierra».[24]

Llevar nuestra propia carga

La definición de *Cristeidad* es que tú debes llevar tu propia carga kármica. Jesús nos ha pedido que volvamos a cargar con el karma que él ha llevado por nosotros durante estos dos mil años.[25] Jesús ha cargado con los pecados del mundo, pero no los ha expiado. Él ha llevado por nosotros ese karma, ese pecado, hasta que alcancemos la madurez y conozcamos su enseñanza, nos encontremos en el sendero de Cristeidad personal, tengamos el don de la llama violeta y trasmutemos ese karma. Jesús dice que, al saldar este karma por nosotros mismos, creceremos hasta alcanzar la talla de nuestra Cristeidad y entonces él se verá libre de ayudar a otras almas que lo necesitan para llevar sus cargas. Jesús señaló que también podemos invocar la llama violeta y al Maestro Ascendido Hércules para que nos ayude a cargar con nuestro karma.

Algunas veces los devotos que están en el Sendero creen que, debido a que recitan mantras o realizan buenas acciones, su karma no les desciende. Una vez que las personas se acostumbran a un beneficio, con frecuencia comienzan a considerar que les corresponde por derecho y cuanto más reciben, más exigen. La mente carnal y el morador del umbral se vuelven muy exigentes. Esa mente carnal y quienes la albergan podrán golpear el puño y decirle a los Maestros: «¡Tenéis que hacer esto por mí!».

Los chelas a veces olvidan el principio básico de que debemos

llevar nuestra propia carga: carga kármica, carga económica, carga psicológica. Pablo escribió: «Así que, cada uno someta a prueba su propia obra, y entonces tendrá motivo de gloriarse sólo respecto de sí mismo, y no en otro; porque cada uno llevará su propia carga».²⁶

Los Llamados de Jesús

A lo largo de los años Jesús ha dado una serie de dictados en los que nos ha ido llamando a que respondamos a unas peticiones determinadas. Estos Llamados de Jesús delinean un sendero de discipulado con el Maestro Ascendido Jesucristo que conduce a la meta de la Cristeidad personal.*

1. **«¡Venid, dejad vuestras redes! Os haré pescadores de hombres.»** Llamados a dejar sus ocupaciones y preocupaciones, los doce decidieron convertirse en extensiones de Jesús. Ellos fueron sus apóstoles. Él los enviaba delante de él a todas las aldeas y ciudades a donde iban. Se harían pescadores de hombres. Tú no tienes por qué dejar tus negocios, tu trabajo o cualquier otra cosa para dedicar cierta cantidad de tiempo a dar a los demás las enseñanzas que tienes.

2. **«Tomad la espada del Espíritu y luchad por mis ovejas antes de que se pierdan en las garras de los vendedores de drogas y los que venden engaño y aniquilación.»** Defended a los niños.

3. El llamado al sendero de la ascensión.

4. **«Os llamo a ser instructores del mundo».**

5. Jesús nos llamó a reunir a «diez mil que se llamen a sí mismos Guardianes de la Llama de la Vida».

6. **«Os llamo a que seáis mis discípulos».**

7. **«Os pido que renovéis vuestro compromiso a hacer mi Vigilia, mi *Vigilia de las Horas*».** Jesús ha dicho que esta vigilia

---

*Los Llamados de Jesús, con extensos extractos de los dictados originales de Jesús, comentarios añadidos y enseñanzas de Elizabeth Clare Prophet y el personal de Summit University, se pueden estudiar en el libro *Caminando con el Maestro: cómo responder a los Llamados de Jesús*.

tiene mucha fuerza y produce un gran y poderoso impacto en el mundo. Además, como grupo nos fortalece y nosotros salimos fortalecidos en lo individual al hacer esta vigilia.

8. **«Este es el día en que el sendero de vuestra Cristeidad debe comenzar en serio... ¡Convertíos en ese Cristo!... Es hora de que seáis verdaderos pastores y ministros».**

9. **El llamado a ser verdaderos pastores de los niños de Dios.** Pastoréalos, búscalos, cuida de ellos. Cuando des a conocer a alguien el Sendero y las Enseñanzas de los Maestros Ascendidos, acude a tu Ser Crístico y sé un pastor. No los dejes solos. Necesitan tu ayuda. Necesitan tu conocimiento. Necesitan que les enseñes.

10. **«Os llamo a la Casa del Señor, vuestra Poderosa Presencia YO SOY».**

11. **«Os *ordeno* que permitáis que Cristo descienda a vuestro templo».**

12. **«Volved a tomar el karma que he llevado por vosotros estos dos mil años».**

13. **«Os llamo a una vida del Espíritu Santo»,** en la que caminéis y habléis con el Espíritu Santo y busquéis las iniciaciones del Espíritu Santo.

14. **«Os llamo a mi templo de iniciación».** Jesús tiene un retiro etérico sobre Tierra Santa. Él te llevará a ese templo si aceptas su llamado de ser iniciado por él.

15. **«Más allá y por encima de todo a lo que os he llamado, convertíos totalmente en amor».**

16. **«Haceos agentes del Cristo Cósmico para que los niños de la Luz puedan entrar en este redil».** Conoce al Cristo Cósmico, el Señor Maitreya, Gurú de Jesús. Lee las enseñanzas de Maitreya. Conócelo bien. Conoce la victoria de la llama Divina y lleva esa victoria a la manifestación para que los niños de la Luz puedan entrar. No guardes este conocimiento debajo de un almud. No guardes la Luz debajo de un almud. Compártela.

17. **«Os llamo al perfeccionamiento del alma como apóstoles míos».**

18. «He venido a llamaros a que seáis mis pastores».
19. «Bebed este cáliz de mi Cristeidad». Sed instrumentos de mi Luz para los jóvenes de todo el mundo, para los niños lastimados y maltratados».
20. «Ved el gran llamado de encarnar esa Luz, ese YO SOY EL QUE YO SOY, esa parte de Christos la cual os corresponde reclamar».
21. «Salvad a los que no tienen hogar y a la gente de la calle de ese sentimiento de autonegación abyecta. Sed convertidos para servir a quienes sienten que son pobres de espíritu».

    Elige un día al mes o cada dos meses para ayudar a la gente que trabaja con las personas sin hogar y los que están en la calle. Experimenta la vida en todos los niveles y aprende cómo alcanzar la vida en todos los niveles. Entiende que, cuando se trata de gente de la calle, estás con gente con una enorme depresión y una ausencia de voluntad para vivir en la sociedad.

    Para ayudar de verdad, al ofrecer consuelo personalmente, has de ir a casa, meterte en ti mismo, rezar y llamar a Astrea para que libere a esas personas de las entidades de la depresión y las cargas de su alma. No se puede salvar a la gente solo con bondad humana y física. Hace falta la oración eficaz y fervorosa.

22. Jesús nos llama a que «sigamos una vocación superior en Dios» y que «defendamos la vida».
23. «Os llamo al arrepentimiento», arrepentimiento de todas las acciones, pensamientos, palabras y actos que ya no quieres que formen parte de ti.
24. «El Llamado del Amor»; «extended vuestro corazón y vuestra mano y pronunciad mi Verdad a todos los que han sido parte de mí y de mi vida».
25. Jesús nos llama a que nos preparemos para la iniciación del descenso a los infiernos, tal como él descendió al infierno desde la cruz el Viernes Santo y el Sábado Santo. Jesús fue a predicar a los espíritus rebeldes. No hace falta buscar muy lejos para encontrar espíritus rebeldes encarnados. Ve

y predícales. Ponte tu armadura y ten la determinación de que, si Dios quiere salvar a un alma, lo hará. No pienses que nunca podrás salvar a un alma. Podemos aportar amor, consuelo y enseñanza y, si Dios lo quiere, esa alma se convertirá, el Espíritu Santo la convertirá.

26. **«Os llamo al corazón de Dios».** Con un corazón en paz con Dios, no existe ninguna distancia entre tú y Dios. Llegada la hora de la muerte o transición, no irás a ninguna parte. Ya estarás ahí, en el corazón de Dios.

27. **«Os llamo a que seáis los poderosos electrodos de vuestro Santo Ser Crístico y vuestra Poderosa Presencia YO SOY para que la Tierra pueda recibir la Luz».**

28. El último llamado que Jesús nos ha dado tuvo lugar el 12 de octubre de 1992, cuando dijo: **«Os hago saber que, cuando todo esté listo en vuestro mundo y sintáis la fuerza del equilibrio en vuestro cuerpo y en vuestro espíritu y estéis listos para que yo entre, el llamado que podéis hacerme, al final de los numerosos llamados y llamamientos que os he dado, es el llamado a caminar por la Tierra como mis gemelos».**

«Caminad por la Tierra como mis gemelos»

El concepto de ser gemelos de Jesús se encuentra en el evangelio de Tomás, un escrito del cristianismo primitivo que los Padres de la Iglesia no incluyeron en la Biblia. Este evangelio habla del apóstol Tomás como gemelo de Jesús. Algunas personas lo han interpretado erróneamente como si significara que Jesús tuvo un hermano gemelo de sangre. Pero los gnósticos comprendían que, con nuestras aspiraciones de llegar a ser nuestro Yo Real y convertirnos en él, nos vamos uniendo a ese Ser Crístico.

Nuestro Ser Crístico es el Cristo de Jesús. Los dos son una misma cosa. Por eso, cuando llegamos a ser como nuestro Santo Ser Crístico —o su reflejo— también nos convertimos en gemelos de Jesús.

Jesús es nuestro modelo. Cuando cumplamos sus dichos, su
Palabra y su Luz, nuestra vibración, nuestro semblante, nuestro
amor, debería ser como él. Hemos de entender y saber qué haría
Jesús y, por tanto, hacer también las mismas obras.
En el siguiente dictado, Jesús dijo:

Sí, amados, vuestro Cristo, mi Cristo. Efectivamente solo
hay un Cristo, un Hijo unigénito del Dios Padre-Madre; y
él es la eterna Luz personificada y manifiesta allá donde el
rayo de Luz de un hijo o una hija de Dios haya salido del Sol
Central. Es vuestra vocación, amados.

En mis dictados de años pasados os he dado los pasos y
las etapas para que podáis buscar el logro y la unión conmigo
como gemelos míos. Yo os lo doy todo, amados, pero a veces
vosotros no os entregáis y, por tanto, os perdéis todo lo que
podríais recibir de mí.

Mi deseo, con un profundo desear de Dios que llena
todo mi ser —y mi ser manifiesto ahora, que llena el cosmos
de la Materia—, mi deseo es caminar y hablar con vosotros
para que vuestro Cristo pueda saludar al mío y podamos
abrazarnos y esa Presencia en los dos pueda ser como un solo
corazón: vuestro corazón, mi corazón...

Amados corazones, mi llamado a que caminéis por la
Tierra como mis gemelos es una dispensación abierta. Es la
dispensación que podéis invocar, puesto que yo os he llamado. Os sugiero que repaséis los llamados que os he dado en
anteriores dictados para que podáis implementar esos llamados como una base. Sugiero que os deis tiempo, si queréis,
para decidir. Pero sabed, amados, que os estáis preparando
para la unión con mi corazón y yo me estoy preparando para
recibir a mis novias.[27]

La Llama Crística del corazón

Sellada en la cámara secreta de tu corazón está la llama trina de la vida. La llama trina es tu chispa divina, el don de vida, conciencia y libre albedrío proveniente de tu amada Presencia YO SOY. A través del amor, la sabiduría y el poder de la Divinidad afianzados en tu llama trina, tu alma puede cumplir su razón de ser. Conocida también como «llama Crística» y «llama de la libertad», o «flor de lis», la llama trina es la chispa de la divinidad del alma, su potencial Crístico.

Saint Germain habla de la importancia de esta llama Crística dentro de nosotros:

> Vuestro corazón es, en efecto, uno de los mejores dones de Dios. En él hay una cámara central rodeada de tal Luz y protección que podemos llamarlo un «intervalo cósmico». Es una cámara separada de la Materia y ningún sondeo podría descubrirla jamás. Ocupa simultáneamente no solo la tercera y cuarta dimensión, sino también otras que el hombre desconoce. Por ello es el punto de conexión con el poderoso cordón de plata de Luz, que desciende desde vuestra Presencia Divina para mantener el latido de vuestro corazón físico, dándoos vida, propósito e integración cósmica.

Insto a todos los hombres a que valoren este punto de contacto que poseen con la vida dándole reconocimiento consciente. No hace falta que comprendáis con un sofisticado lenguaje o postulaciones científicas el cómo y el porqué de esta actividad. Contentaos con saber que Dios está ahí y que en vosotros existe un punto de contacto con lo divino, una chispa de fuego procedente del corazón del Creador, que se denomina «llama trina de la vida». Ahí arde, como la esencia trina del amor, la sabiduría y el poder.

Cada reconocimiento diario hacia la llama dentro de vuestro corazón amplificará el poder y la iluminación del amor dentro de vuestro ser. Cada atención tal producirá un nuevo sentido de la dimensión en vosotros que, si no fuera aparente en lo exterior, en el subconsciente se manifestará dentro de los pliegues de vuestros pensamientos interiores.

No descuidéis, pues, vuestro corazón como altar de Dios. No lo descuidéis como sol de vuestro ser manifiesto. Extraed de Dios el poder del amor y amplificadlo dentro de vuestro corazón. Luego enviadlo al mundo como baluarte de aquello que vencerá la oscuridad del planeta.[1]

La llama sobre el altar

Jesús explica la importancia de esta chispa divina:

La ley de la llama trina de amor, sabiduría y poder debe comprenderse. Esta llama está afianzada en el Sanctasanctórum, el templo de vuestro corazón. Ahí, como en el arca de la alianza, la gloria Shekinah* de la llama trina resplandece entre los querubines de adoración y servicio. La pluma azul del poder enfatiza con majestuosidad que no existe poder

---

*Nota de los Mensajeros: La definición de «Shekinah», que consta en *The Oxford Universal Dictionary* será de interés para el estudiante: "La manifestación visible de la Majestad Divina, especialmente cuando descansa entre los querubines sobre el propiciatorio o en el templo de Salomón; una gloria o luz refulgente que simboliza la Presencia Divina".

alguno aparte de Dios que pueda actuar en vuestro mundo. La llama dorada de la iluminación satura vuestra forma y se eleva por encima del templo de vuestra frente con la plenitud de la sabiduría y el discernimiento Crístico. La maravillosa llama rosa del amor manifiesta el consuelo y la belleza de la vida en acción y completa el poder del «tres por tres», dándoos la capacidad de entrar, como hacían los sacerdotes de antaño, en el Sanctasanctórum, cumpliendo así la visión de Jeremías de la nueva alianza.[2]

Hace mucho, en el tabernáculo del desierto, solo el sumo sacerdote podía entrar; todos los demás estaban excluidos. Hoy día el conocimiento se publica para que todos los hombres, gracias al poder de su Presencia, se conviertan en sumos sacerdotes de sí mismos. Dentro del tabernáculo, el lugar santo de vuestro corazón, purificado por el fuego sagrado, la llama trina inmortal se eleva y pulsa. Su resplandor destella como una estrella por la noche silenciosa de la conciencia durmiente del mundo, cambiándolo todo en la ilimitable Luz de la Estrella del Día en lo alto.

Queridos, soy radiantemente consciente del significado de la Santa Llama Crística, porque llevé a cabo mi misión en Palestina en el constante resplandor de su gloria. ¿Qué creéis que hizo posible que consiguiera mi victoria, además del poder de mi Presencia YO SOY, las oraciones de mi bendita Madre, el Señor Maha Chohán y otros de la Hermandad? ¿Acaso no fue la magnificencia de mi Santo Ser Crístico?

Lo que se hizo por mí se puede hacer por todos quienes realicen la aplicación y visualización necesarias. Solo se necesitan unos minutos todos los días para poner la atención en la llama del corazón, espiritualmente tangible, para derramar sobre ella vuestra adoración y pedir su magnificación. Al visualizar su expansión como la flor de lis de Saint Germain —la flor de llama trina, una flor inmortal— y sentir su poder, sabiduría y amor emanando de esa fuente espiritual trina, podéis aprender a bañaros en su resplandor a lo largo del día, como yo lo hacía. Benditos, a su debido tiempo, tras una

aplicación persistente, esto se vuelve en algo un poco automático y vuestro poderoso Yo Divino continuará manteniendo aquello que ya habréis atraído con vuestra atención.

Mucha gente o bien ha malentendido o bien ha desconocido el significado de la vida y ha pensado, debido a la demostración pública que le hice al mundo, que soy especial y que soy el único Hijo de Dios, gracias al cual todos serían elevados y salvados automáticamente de todo vestigio de discordia o daño. Amados, ¡ojalá fuera así! ¡Ojalá fuera así! Cuando lloré por Jerusalén, ¿os dais cuenta de que este «sentimiento de reunión» llenó mi corazón?[3] Si fuera posible, habría atraído al mundo hacia mí, como hizo Noé cuando metió a los niños de dos en dos en el arca y reunió a todos en el Sanctasanctórum del gran templo de Dios de la vida. Sí, habría llevado a todos a la plenitud de la salvación y la victoria que yo ya conocía entonces. Sin embargo, la Ley no lo permitió, aunque yo había sido iniciado en el Sumo Sacerdocio de Melquisedec. De ahí que mi corazón tuviera la necesidad de expresarse con un lamento por quienes anhelaba llevar a Dios, acortar los días de su afán. Es necesario que todos quienes quieran ser libres escuchen la verdad de su propio ser y comprendan que el Cristo de todo hombre es la Luz que lo trajo al mundo y esa Luz es la poderosa iluminación que lo exaltará hacia la plenitud de su victoria Crística y ascensión en la Luz.[4]

El YO SOY de todos los hombres, su propio Ser Divino inmortal, es lo que ha de reconocerse como Padre-Madre, no el simple ser físico. Si el hombre reconoce al Padre-Madre, también debe reconocer a su Santo Ser Crístico como el Hijo y su verdadero Espíritu como el Espíritu Santo, el poder de la vida cuya llama hendida de dualidad le convierte en todo momento en una parte de Dios, caminando o durmiendo, sonriendo o frunciendo el ceño, pecando o comenzando. Porque, aunque el pecado, el sueño o el fruncir el ceño no sean parte de Dios, son las ilusiones temporales de la experiencia de esa parte de la dualidad que ha entrado en el mundo de

la forma. El hombre, al haber sido creado un poquito menor que los ángeles, será coronado con más gloria y honor cuando ascienda hacia la plenitud de la reunión con su Poderosa Presencia YO SOY.[5] Ahí, los gemelos que eran la dualidad se hacen uno solo; las ilusiones sensoriales finalmente son crucificadas, el Hombre Crístico emerge en la resurrección de todo lo que es bueno, puro y hermoso y asciende al corazón de Dios para morar por siempre en la unidad de la santa Tri-Unidad (Trinidad).

La creación de escabel que Dios ha hecho está destinada a ser totalmente celestial mediante el poder de la voluntad de Dios. El destino de los hombres es emplear su libre albedrío como hice yo para mantener la fe en los conceptos universales de pureza Divina y, progresivamente, avanzar utilizando la llama de la vida para exaltar la fe, descubrir la verdad, buscar el entendimiento ¡y mantener la victoria!

Todo el mundo recibe la ayuda de la llama de la vida en el corazón, pero cuando la llama se reconoce conscientemente, esta se magnifica grandiosamente. Al visualizar esta llama, recordad que la parte del poder es de un hermoso resplandor azul palpitante (a vuestra izquierda), el segmento de la iluminación es una creciente y gloriosa llama dorada (en el centro) y la pluma del amor (a vuestra derecha) es de un glorioso resplandor rosa que lo penetra todo, cuya calidez destella de corazón a corazón y enciende al mundo con gracia y amor hacia todos los hombres, todas las mujeres, todos los árboles, todos los elementales, todas las flores y toda la vida por doquier.[6]

La misión de Jesucristo:
Reencender la llama trina, la llama Crística del corazón

Hubo un tiempo en la historia de la Tierra en que no había ni una sola alma encarnada que reconociera o adorara esta llama trina dentro del corazón. Fue el punto más oscuro de la historia de la Tierra, una degradación total de la vida que casi alcanzaba el plano de los animales. En aquel momento, Sanat Kumara, el Anciano de Días, vino a la Tierra.

El Anciano de Días trajo la Luz a la Tierra para reencender la llama trina en el corazón de su gente. Y así, cada año, llegado el Solsticio de Invierno (la estación navideña), el Anciano de Días encendió durante miles de años el tronco de Navidad. En tiempos primitivos ese gran fuego que ardía fue la fuente del fuego físico para la gente, que viajaba hacia esa llama de todas partes para después regresar con el fuego. Fue de uno de los primeros rituales y celebraciones de la Luz.

La celebración del tronco de Navidad es una tradición muy antigua que aún existe en la actualidad en conmemoración de la venida de Sanat Kumara. Al comprender sus orígenes vemos que el verdadero tronco de Navidad es la llama que arde en

Shambala, la ciudad construida por quienes vinieron con Sanat Kumara para guardar esa llama.

Así, esa llama fue enclaustrada, el retiro construido y Sanat Kumara se convirtió en el primer Guardián de la Llama después de la Caída del hombre y la mujer en Terra. Otras almas y otros Maestros Ascendidos también vinieron con Sanat Kumara para guardar la llama. Entre ellos estaba Saint Germain, que porta la llama de la era de Acuario y que ha venido en esta época para fundar una orden llamada «Fraternidad de Guardianes de la Llama», dedicada a guardar la llama de la libertad por la humanidad en memoria del Anciano de Días.[1]

La venida de la Llama de la Madre

Jesús nos revela parte de esta antigua historia de la Tierra:

Oh, eterna Luz de la llama de la Madre, yo, Jesús, me inclino ante la Virgen Cósmica, mi Madre, como aquella que es Madre de la llama de Dios dentro de mí.

Saludo a la Luz de la Madre que arde en la noche oscura de la Materia. Aun así, la Luz es el Todo, el Ser Supremo, y YO SOY Jesús el Cristo *porque* la llama de la Madre arde radiante en el cielo y en la tierra.

Así, mi amado Padre envió al Arcángel, María, Reina de los Ángeles, a encarnar en la Tierra para que la Luz Omega pudiera así ser formada en barro y en el recipiente que debemos llevar. Así, Dios en la tierra, verdaderamente la encarnación de la Arcangelina dio a mi corazón los latidos del Gran Sol Central.

Afortunados sois vosotros, como lo soy yo, de que la madre humana que me dio a luz también fuera la Madre Divina velada en carne. Así, Alfa como mi Padre en el cielo, representado en la tierra por mi amado José, y Omega como María, por tanto, fueron de verdad las coordenadas del fuego vivo por el cual, oh benditos corazones, el cielo y la tierra pudieran volver a unirse en el don del Niño Cristo.

Así, la Trinidad, el equilibrio de fuerzas cósmicas, proporciona la reunión de las esferas, la gran alegría para el mundo de la encarnación de la Palabra *donde vosotros estáis,* que acontece a diario, en la hora del amanecer, celebrada por ángeles de Luz. Ese nacimiento de Cristo en vosotros es la señal de que, de nuevo, Dios y el hombre están unidos y ya no separados por el juicio que fue el edicto del Señor Maitreya, allá en la escuela de misterios [conocida como «Jardín del Edén»], cuando el primer padre y la primera madre fueron expulsados por haber comprometido la Gran Ley del sendero de iniciación a través del falso instructor llamado «Serpiente».

Así, esos miles de años hasta mi nacimiento ofrecieron a las evoluciones de muchas razas que habían admirado a los ángeles caídos experimentar la vida sin el Gran Mediador, sin la persona de vuestro Ser Crístico, aquel al que habéis llegado a conocer y a amar como El Señor, Justicia Nuestra.

Por tanto, comprended, amados, que la unión del cielo y la tierra se produce a través de ese punto que es Cristo y no hay nada de abajo que pueda comulgar con nada de Arriba a no ser que sea por la poderosa llama del corazón. Y como habéis entendido, como se os ha enseñado, es la llama que sostenéis ahora —la llama de la Madre— aquello por lo que Cristo nace.*

Cristo como la Palabra, amados, también es la Madre. La persona de la Palabra que encarna la llama de la Madre se llama Cristo porque el Cristo es el *ungido* con la llama de la Madre o la Palabra del Logos. Al ungido —hombre o mujer— se lo llama entonces «*Hijo* de Dios», y el verdadero significado de ese «Hijo» es el sol. Porque el Hijo de Dios es la manifestación física en la tierra del Alfa-Omega del Gran Sol Central. Y debido a que la tierra es Materia, esa parte del Sol que se manifiesta es la Luz Omega, mientras que el Alfa guarda la plenitud de esa Luz en el cielo.

Así, cuando sois Omega en la Tierra, también contenéis el

Alfa. Y cuando Alfa está en el cielo, contiene la Omega. Pero el uno contiene al otro según el Espíritu, la Materia —el más, el menos— de la fuerza Divina.

Comprended que el fuego físico, aunque sea la representación más alta en la Materia del fuego espiritual, es ese mismo fuego en el potencial femenino del ser. Y ese fuego es la señal de mundos lejanos y el despertar del recuerdo de Sanat Kumara y el portador del antiguo fuego a la Tierra.

Eras oscuras de la historia de la Tierra

Ahora pensad en esos siglos largos y oscuros, la noche oscura del alma de la Tierra, las eras oscuras cuando realmente todos habían perdido el contacto con la poderosa llama trina y, por tanto, se habían vuelto casi como la creación animal, sin la chispa divina, sin conciencia ni consciencia. Amados esa hora de oscuridad, en la que hasta el fuego físico dejó de ser conocido o comprendido, fue realmente la noche más oscura antes de la venida nuevamente de Sanat Kumara.

Comprended, pues, que esta oscuridad en la Tierra precedió incluso a la era de la escuela de misterios de Maitreya y la experiencia de Adán y Eva. Y esa oscuridad tan grande de la Tierra, de antiguos tiempos de hace mucho, esa era que ya no consta como historia ni en las escrituras del mundo, es un período, amados, que también estaba corrompido por ángeles caídos y la Serpiente y su progenie, que habían creado ese hombre mecanizado sin la llama Divina, la chispa divina, como un experimento con una creación animal.

Amados, podéis comprender cómo ese hombre mecanizado sin la llama de la Madre fue, por tanto, a influir en los niños de la Luz que sí tenían esa llama trina. Y, por tanto, amados corazones de Luz, estos últimos imitaron los modos, los modos ruidosos y estridentes, de quienes carecían del Espíritu Santo en su templo.

Así, todo se encontraba en una gran, gran oscuridad. Y la venida del Señor Sanat Kumara, amados corazones de fuego

infinito, fue para reencender la luz física y la Luz espiritual; primero para guardar la llama por ellos hasta que alguien, *uno,* respondiera a la acción de guardar la llama trina de la vida. Y, por tanto, uno a uno, los niños de la Luz volvieron a tener la oportunidad de tener conciencia Divina, la aparición posterior de la persona del Cristo y la oportunidad de vivir la unión con la Divinidad y la unión entre las esferas de la Materia y el Espíritu.

Comprended qué largas han sido esas eras; millones de años según los anales de la historia de la Tierra. Y la comprensión de este período es escasa porque son tantas las cosas que se han excluido de las santas escrituras, y lo que queda en Oriente y Occidente no se comprende en lo que respecta a los siglos y los milenios que han pasado.

Así, en períodos anteriores a las eras de oro y en el amanecer antes de esas Eras de Oro, tiempos antiguos, había poderosos seres de Luz que jamás encarnaron en las dimensiones físicas donde vosotros estáis, pero sí estaban en las esferas de la Materia y consiguieron un logro de la llama de la Madre que precedió a ese ciclo de la temprana Lemuria.

Por tanto, vengo en la plenitud del Cristo Universal para daros una idea de los antecedentes de la Luz original, la progenie de Luz y vuestra alma circulando por el Gran Cuerpo Causal, el posterior descenso, más y más, a las densidades de la Materia, la pérdida de la conciencia Divina y de la conciencia solar del Gran Sol Central y, finalmente, para algunos, el apagarse la chispa divina.

Así, cuando vine hace unos meros dos mil años para restablecer la llama trina, algunos habían vagado por la Tierra sin esa llama durante medio millón de años, reencarnando una y otra vez la simple psique, la conciencia del alma y su percepción física y de los deseos, el cuerpo mental tal como era y una muy pequeña capa del cuerpo etérico o memoria divina.

La Luz en la Tierra debe aumentar

La necesidad de un aumento en la evolución de los niños de la Luz es muy grande. Como comprenderéis, es un momento en que el cosmos exige que los seres Crísticos aviven el fuego y lo expandan, para que al girar los mundos no se produzca ese trastorno y cataclismo que el Señor Dios desea evitar y que así lo haría si la ley cósmica se lo permitiera.

Está ordenado desde el principio que las evoluciones sobre la Tierra en este momento, viendo lo que ha sucedido y lo que ha sido, deben, por consiguiente, sostener la Luz por sí mismas. Porque demasiadas épocas han pasado en las que los avatares han sostenido la Luz y han vuelto a traer y han renovado la chispa divina; y quienes presenciaron su venida abandonaron su culto a la Luz en la ausencia del Enviado.

Así, entenderéis cómo vuestra evolución está al final no solo de la era de Piscis, sino al final de muchas eras y muchas dispensaciones en las que la Luz llegó, fue rechazada y desdeñada y sus portadores fueron crucificados, denegados y asesinados.

Así, amados corazones, Dios ha dicho ante los Veinticuatro Ancianos, los consejos de sus Hijos y ante los Vigilantes Silenciosos, que existe un registro en esta hora en quienes son de Dios en la Tierra de todo lo que ha ocurrido antes. Los portadores de Luz conocen la voz del pastor verdadero y conocen la voz de Serpiente. Por tanto, pueden elegir vivir en la Luz eterna de Dios y salvar al mundo; de lo contrario, el mundo no se puede salvar.

Así, toda la intercesión por parte del Señor Dios, toda interferencia, como si dijéramos, en la Ley debe manifestarse a través del Cristo individual de cada hijo de Dios, cuya Luz *es* esa llama de la Madre Omega. Por esa llama que portáis, estáis entre la Gran Ley del Legislador, el Poderoso del Gran Sol Central, y la humanidad en evolución. Este Cristo y solo él puede salvar al mundo.[2]

Evoluciones de Luz y de oscuridad

Por tanto, en los largos milenios desde que la oscuridad llegó por primera vez al planeta vemos que la Tierra ha albergado a muchas evoluciones distintas, y no todas ellas descendieron de Dios. Jesús lo deja claro en los Evangelios cuando dice de los fariseos: «Vosotros sois de vuestro padre el diablo, yo soy de arriba, vosotros sois de abajo».[3] Jesús dejó constancia de esas evoluciones distintas en la parábola de la cizaña y el trigo. Jesús explicó a sus discípulos que la buena semilla eran los niños de Dios y que la cizaña la sembraba el enemigo, el demonio, y que esos eran la semilla, la progenie del malvado.[4] Jesús solo dio una lección de la que hay constancia, pero dio muchas que no constan sobre dos evoluciones aparte que existieron en la Tierra y que existen en el presente, lado a lado.

Vemos que los ángeles caídos fueron echados a la tierra después de haber sido juzgados por no hincar la rodilla ante Cristo, el Señor. Hubo guerra en el cielo. El Arcángel Miguel los echó del cielo porque violaron el principio Crístico.[5] Los ángeles caídos encarnaron.

Una clase de ángeles caídos se denomina Vigilantes, sobre los cuales escribió Enoc.[6] Otro grupo es conocido como los Nefilín[7]. Estos ángeles caídos y las razas rezagadas[8] que vinieron a este planeta tenían un gran conocimiento científico. Conocían los misterios de la creación y, mediante la ingeniería genética, fueron capaces de crear cuerpos humanos. Y así es que su creación se ha multiplicado, conociéndosela como «hombre mecanizado» (para distinguirlo de quienes tienen chispa divina, una Presencia YO SOY y un Santo Ser Crístico). También existen en este planeta evoluciones que han llegado en naves espaciales de todo el universo. Estos individuos, muchos de ellos, nunca tuvieron su origen en Dios, pero son altamente sofisticados y están muy desarrollados.

Por tanto, existe todo un orden de seres que no descendieron de Dios. También los hay que una vez *tuvieron* una llama trina,

pero la perdieron al abusar continuamente de la llama; por ejemplo, pasándose vidas enteras manifestando una ira y unos abusos incontrolados del fuego sagrado en sus chakras. Sin embargo, hoy en día la ausencia de una llama trina no excluye a nadie del Sendero, siempre que se satisfagan los requisitos de la relación Gurú-chela.

Cualquiera de esos seres, desde el Vigilante hasta el Nefilín, pasando por el rezagado y el hombre mecanizado, hasta el niño de Dios que ha perdido la llama trina, tienen la oportunidad, a través de Jesucristo, de aceptarlo como su Salvador, hincar la rodilla, caminar por un sendero de discipulado, responsabilizarse de su karma y, en algún punto del Sendero, recibir el don de una llama trina y también que se le imparta la sustancia gracias a la cual el alma entra en ese templo y reencarna. Podrán necesitarse vidas enteras para que esto ocurra o que, gracias a actos heroicos por Dios y los seres Crísticos, haciéndose siervo de Dios, un individuo pueda recibir ese don en una sola vida.

Reencender la llama trina

Al mirar a todas esas evoluciones en la Tierra, la procedencia de uno no es lo que determina el resultado; no importa de quién hayan descendido o cuál sea su evolución. La puerta abierta de Jesucristo a lo largo de esta era de Piscis ha permitido que cualquiera, sin que importe su origen, pueda recibir una chispa divina y, por consiguiente, la oportunidad de tener vida eterna.

La historia de Pinocho ejemplifica la elección que uno ha de hacer de tener o no tener una llama trina. Al principio Pinocho era muy travieso. A propósito, deliberadamente, no escuchaba a Pepito Grillo, que representaba la conciencia de Pinocho. Cuando este decidió finalmente seguir con diligencia el sendero de la imitación de Cristo, la chispa divina se restableció. Tuvo que demostrar que era valiente, honesto y altruista para ser un niño de verdad. Le recompensaron con un corazón verdadero, símbolo

de recibir una llama trina y llegar a ser un verdadero hijo de Dios. Tú no debes preocuparte de si tienes o no tienes una llama trina. Si la has perdido, puedes recuperarla con un sacrificio diario, una renuncia diaria, una abnegación y un servicio diarios. Esto es lo que nos devuelve a los pies de nuestro Señor.

Desde la venida de Jesucristo, la Luz y la opción de Filiación Divina ha sido transmitida a través de Mensajeros ordenados por Dios a lo largo de la dispensación de Piscis. Con la venida de nuestro Señor llegó el acceso al Santo Ser Crístico, así como la oportunidad de que la llama trina fuera reencendida y que el individuo fuera dotado de nuevo del Espíritu Santo.

Jesús nos ha enseñado que, «a los que creen en el nombre del Hijo de Dios, Jesucristo, y el Sol detrás del Hijo y el Mensajero de ese Sol, se les da "potestad de ser hechos hijos de Dios"»[9]. Se da la potestad de encender en ellos la llama trina. Y esto es lo que se le dio a Pedro. Las llaves del reino[10] son las llaves del Cuerpo Causal y la llama trina[11] de todos y cada uno de los Hijos e Hijas de Dios.

La vida a través del Hijo

Juan el Amado, el apóstol tan cercano a Jesús, nos habla de su ministerio y misión:

Amados, la enseñanza del Hijo de Dios, Jesucristo, sobre su misión es que ha venido a reencender la llama trina en aquellos en los que esta se ha apagado y a reconectar con su Santo Ser Crístico a aquellos que se han desconectado. Esta vida del Hijo es tanto la vida del Hijo Jesús como la del Santo Ser Crístico. Sin esta conexión no hay vida verdadera.

Por consiguiente, os daréis cuenta de la inmensidad del don de Dios al enviar al mundo al Hijo, Jesucristo. Porque sin Jesús como iniciador, como Gurú de la era de Piscis, la mayoría de quienes están en este planeta no podrían entrar en su Santo Ser Crístico. Esta, por tanto, es la gran promesa del intercesor. Y esta es la promesa que Dios os hace puesto que deseáis

asumir el papel de intercesores para muchos: que recibáis a Jesucristo y así le permitáis que actúe a través de vosotros para ayudar a muchos a conocer su propia llama trina.[12]

«YO SOY la resurrección y la vida»

Jesús hace la afirmación más profunda sobre esta misión del Hijo de Dios con su declaración: «YO SOY la resurrección y la vida; el que cree en mí, aunque esté muerto, vivirá».[13] Los muertos son los que están muertos para Cristo, muertos para su Santo Ser Crístico, muertos para su Presencia YO SOY, porque no adoran, no rinden culto, no reconocen a Dios. No tienen amor en su corazón. Ciertamente la definición de vida y muerte no se basa en que tengamos un corazón que late, en que respiremos o en que pensemos. Cuando miramos al mundo, vemos a muchos muertos vivientes.

Durante un largo período no ha habido un Salvador encarnado, desde las últimas eras en que el Cristo Cósmico pudo ofrecer ese don (el Señor Maitreya). Jesús dice a los muchos millones que han vivido en la Tierra desde aquella época, a todos los que perdieron su llama trina, su chispa divina, aquellos en quienes no habita el Espíritu Santo, estos muertos, «aunque estuvieran muertos, vivirán». Y lo harán por creer que Jesús es la encarnación del Cristo y por estar dispuestos a hincar la rodilla ante él y reconocer que Dios le ungió para que salvara su alma, reencendiera la llama trina, les volviera a dotar del Espíritu Santo, los restableciera en ese punto en que al menos pudieran empezar a ser sus discípulos e iniciaran el sendero de regreso al Gran Sol Central.

Él dijo: «Y todo aquel que vive y cree en mí, no morirá eternamente».[14] Una vez que tenemos una llama trina, no hay muerte. Reencarnar una y otra vez no es morir. No morimos cada vez que ponemos a un lado este abrigo que llevamos puesto; simplemente, se hace a un lado para el siguiente episodio. Pero los que abandonan la pantalla de la vida sin haber reencendido

esa llama pueden ser arrojados a las tinieblas de afuera, porque no son más que una cáscara; no hay nada que perdure más allá de los cuatro cuerpos inferiores.

Jesús, el Avatar de Piscis

¿Qué hizo Jesús, por tanto, al declararse Hijo de Dios? ¿Por qué dijo: «Nadie viene al Padre, sino por mí».[15] ¿Y por qué oímos decir a los de fe cristiana esto que encontramos escrito en la Biblia: «Cree en el Señor Jesucristo, y serás salvo»?[16] Hay una razón específica: Jesús fue el Avatar de la dispensación de Piscis. Él fue el Avatar que vino a dar un único mensaje: YO SOY el Hijo de Dios; puesto que YO SOY el Hijo de Dios, vosotros también podéis ser el Hijo de Dios.

Aquí tenemos a una persona, la persona de Dios Padre, el Hijo, el Espíritu Santo y la Madre, una sola llama; «Oye, Israel: el Señor nuestro Dios, el Señor uno es;[17] y del Uno, muchas manifestaciones que regresan a la Fuente, pero lo hacen conservando la identidad individual. Este es el gran misterio.

Nosotros, debido a nuestra rebelión, rechazamos esa misma Presencia Crística en la escuela de misterios del Jardín del Edén. Rechazamos a nuestros instructores, aun cuando los vimos cara a cara. Por consiguiente, nos retiraron de su presencia para que fuéramos y resolviéramos nuestro karma con el sudor de la frente, trillando la tierra con sufrimiento y afán, dando a luz a los hijos con dolor y aflicción. La mujer fue sometida al hombre. Ese fue nuestro sino, no solo el de Adán y Eva, sino el de toda una oleada de vida de la que aún formamos parte.

Rechazamos la encarnación de la Palabra, el Cristo en el Señor Dios, el Gurú, al que teníamos acceso directo. ¿Acaso podíamos llegar a ser la plenitud del Cristo habiéndolo negado en él? La ley kármica, la ley cósmica, declaró entonces que primero debíamos pasar por un período de ignorancia, para descubrir qué significa vivir sin esta Palabra. Después, un día,

tendría lugar su venida para nosotros, para nuestras evoluciones, la venida de aquel que era la Palabra encarnada: Jesucristo. Él sería la totalidad de esa misma Palabra manifiesta. Él afrontaría las iniciaciones en las que nosotros fallamos, las tres tentaciones de la Serpiente que a él se le dieron como las tres tentaciones de Satanás en el desierto. Él pasó donde nosotros fracasamos. Por tanto, «nadie viene al Padre, sino por mí» es una afirmación científica del ser. Si puedes mirar al Maestro Jesucristo y decir que él es el Hijo de Dios, se producirá un arco de energía que fluirá desde tu corazón como amor, devoción, reconocimiento hacia el Gurú, el Maestro. De forma instantánea, el arco entra en contacto con el corazón de Jesús. El arco energético regresa y el Hijo de Dios enciende en nosotros nuestro potencial Crístico que estaba sellado en el átomo del ser y que ahora aparece como la Presencia viva de la Palabra.

Esto es Jerarquía. Esto es iniciación. Se nos exige que seamos lo suficientemente humildes para decir que un hijo llegó a ser la plenitud del Cristo (y muchos hijos han llegado a ser la plenitud del Cristo, ya sea en Krishna, ya sea el Cristo entendido como Buda en Gautama, como Madre en María o en quienes precedieron a Jesucristo; porque de ese Cristo él dijo: «Antes que Abraham fuese, YO SOY», el YO SOY había aparecido una y otra vez), y quienes fueron capaces de confesar su nombre serán salvados por la misma energía.

«Poder para ser los Hijos de Dios»

Esta verdad la encontramos distorsionada en la religión actual. En vez de entender que, sin restarle nada al Señor y Salvador Jesucristo, nosotros también podemos ser la totalidad de ese Cristo, la ortodoxia ha enseñado que somos unos desgraciados pecadores, que no podemos hacer nada para salvarnos, que solo mediante la expiación indirecta podemos ser salvados, que las obras no son necesarias, que no tenemos que hacer nada, sino

solo creer en Él y, de algún modo, mágica y milagrosamente, llegaremos a la plenitud del ser. Esto es una distorsión de la verdad que él enseñó.

Jeremías se pronunció en la Palabra del Señor: «¡Ay de los pastores que destruyen y dispersan las ovejas de mi rebaño! dice el Señor»[18]. Jeremías pronunció esa Palabra del Señor para la llegada de esta era. «Y yo mismo recogeré el remanente de mis ovejas de todas las tierras adonde las eché...», dijo. «Y pondré sobre ellas pastores que las apacienten; y no temerán más, ni se amedrentarán, ni serán menoscabadas, dice el Señor... En sus días será salvo Judá, e Israel habitará confiado; y este será su nombre con el cual le llamarán: El Señor, Justicia Nuestra».[19] Esta es la segunda venida de Cristo en la encarnación de esa Palabra en ti y en mí, vivificados por el hecho de tener la humildad de confesar que en un hijo estaba la plenitud de ese Cristo en manifestación.

Está escrito: «Mas a todos los que le recibieron, a los que creen en su nombre, les dio potestad de ser hechos hijos de Dios».[20] Ese poder es la liberación del átomo semilla del ser, que nosotros mismos no podríamos liberar ni en un millón de años sin la ayuda, la intercesión de este Cristo personal de Jesucristo.

Por tanto, vemos que podemos aceptar a Jesucristo como nuestro Señor y Salvador y seguir siendo fieles a nuestra fe cristiana, nuestras tradiciones judías e incluso al verdadero sendero del budismo o el hinduismo sin jamás apartarnos de nuestra fe esencial ni ponerla en peligro.

El problema de la falsa doctrina

Aunque este conocimiento de la misión de Jesús se encuentra en las escrituras, ha sido enterrado debajo de muchas capas doctrinales. Jesús explica:

¡Podéis llegar a ser un Cristo! Este es el verdadero mensaje de esta revolución en conciencia superior que está en el *ahora* tal como Maitreya está en el cáliz del momento del

latido de vuestro corazón. Oh amados míos, la esencia de mi enseñanza siempre ha sido y siempre será: ¡Podéis llegar a ser un Cristo!... El libre albedrío debe estar ligado a la mente Crística y se necesita ayuda para remediar ese salto. La distancia la deben cerrar los instructores encarnados, los cuales explicarán con la lógica del Logos estos pasos de la Ley y cómo ellos se desviaron de mi enseñanza original.

Os suplico en esta hora que deis a conocer la verdad de mi misión en galilea y judea y todas las palabras que dije y el significado de mis parábolas y de los profetas que me precedieron y de Juan el Bautista.

Ellos no entienden el mensaje; por tanto, han decidido que, para poner al día el mensaje, deben tomar elementos prestados de Karl Marx...

El mensaje del Dios eterno a través de mi corazón estaba completo para la dispensación de Piscis y lo sigue estando. Y ese mensaje, no el incompleto de la palabra escrita, sino la totalidad de mi mensaje es la base para la transición hacia la séptima dispensación que Saint Germain da a conocer.

¡Si tan solo leyeran lo que tienen, encontrarían la salida a una doctrina y un dogma muertos! Pero ni siquiera pueden leer la palabra impresa sin que se la den en color, preparada y condicionada de antemano. Su mente está condicionada, su corazón, su alma. Por tanto, cuando escuchan algún pasaje, amados, ese pasaje de forma automática tiene para ellos el significado y la convicción de una doctrina que se les ha enseñado desde que nacieron.

Cuando una doctrina está cerrada, como la frase «Jesús murió por vuestros pecados», ello se convierte en una ley que ya no es comprendida, como los nombres propios que en un principio salieron de otras palabras, pero ya no se piensa en ellos en el contexto de su significado original debido a su asiduidad. Así, las frases asiduas de la Biblia ya no son sujetas a la reflexión y solo quienes han escapado de ese adoctrinamiento piensan con libertad, entienden y son receptivos

al Espíritu Santo, el Espíritu Santo que les revelará toda la verdad y dará a vuestro corazón la verdadera interpretación de las sagradas escrituras.[21]

De alguna manera, estamos confundidos sobre Jesús. Malinterpretamos su misión. Creemos que vino a este mundo a salvar a la gente de sus pecados y a llevarla directo al cielo. En realidad, el propósito del Cristo era despertar al hombre para que comprendiera que debía llevar su propia carga, que tenía la fortaleza de Dios dentro de sí, que Dios lo creó como un Hijo de Dios como lo era Jesús, que el propósito de la vida es llegar a ser un miembro de la Hermandad y comprender los principios de la Hermandad, limpiar su conciencia, aprender a gobernar su mente.

Jesús nos explica esta malinterpretación con sus propias palabras: «Podréis decir: ¿Cómo pudo nadie malinterpretar? Sin embargo, ofensas y malentendidos han surgido una y otra vez. Cuando declaré: "YO SOY el camino, la verdad y la vida; nadie viene al Padre, sino por mí",[22] benditos, era para reconocer el poder de la Presencia Divina, YO SOY, y nunca quiso ser una glorificación personal de mi misión. Cuando un hombre se me acercó diciendo: "Maestro bueno", yo le repudié diciendo: "¿Por qué me llamas bueno? Ninguno hay bueno sino uno: Dios"[23]. Así, continúo sirviendo para corregir el error humano y los equívocos y confío en que muchos sean bendecidos con ello».[24]

Oportunidad para todos los hombres

Esta Luz por la cual fueron hechas todas las cosas habita abundantemente en Jesús el Cristo porque él la ha alimentado, porque la ha cuidado, porque la ha amado. Jesús reveló el Padre al hombre porque él *era* el Padre en acción, tal como el Hijo y el Padre son Uno en todos los que lo acepten.

La misión y el mensaje del Cristo no se disminuye debido a esta comprensión correcta de la Unión divina y universal, sino que se fortalece enormemente porque establece una oportunidad

dentro del reino de todos los hombres. El hombre puede lograr las mismas glorias que conoció Jesús con el Padre antes de que el mundo fuera, porque él también estaba con el Padre, en la conciencia del Padre, como creación potencial desde el principio. El hombre, pues, ya no tiene por qué enfurruñarse con frustración y limitación y ser destruido por el concepto del Unigénito, que, en realidad, es el don que Dios le da a él y al universo. El hombre, como Cristo vivo, puede decir: «Toda potestad me es dada en el cielo y en la tierra».[25] El hombre puede reclamar su Filiación divina y recibir la salvación cuando acepta a este gran Mediador, su Yo Real, creado según la Imagen Divina.

Esto no le resta nada a la persona de Jesús ni a la de ningún hombre. Antes, aumenta la persona y la talla de cada hombre enormemente, porque muestra que Dios hizo a Jesús como nos hizo a todos nosotros, que el Cristo está en todos, como embrión. Y estando en la condición de hombre, este Cristo «se humilló a sí mismo, haciéndose obediente hasta la muerte, y muerte de cruz».[26]

Y los que puedan sentirse enojados por creer que alguien está tratando de quitarles a su Jesús deben comprender que el cumplido más grande que se le puede hacer a Jesús y su misión es el de la emulación, caminar siguiendo los pasos del Maestro y aceptar de Dios todo lo que él aceptó.

La redención de las llamas gemelas

El Señor Maitreya, que fue el Gurú e instructor de Jesús en su encarnación de Galilea, nos da un profundo conocimiento sobre la misión del Salvador:

> Amados míos, os recibo como recibí en mi corazón hace mucho tiempo al joven Issa, vuestro Jesús, cuando vino a los Himalayas y tocó el fuego del Tíbet, conoció a los antiguos lamas y me encontró.* Porque yo era el prometido y él me

---

*En los textos budistas que describen el viaje de Jesús a Oriente (y en muchas leyendas de la región) se conoce a Jesús como «Issa». Véase *Los años perdidos de Jesús (The Lost Years of Jesus)*, de Elizabeth Clare Prophet.

conocía incluso antes de nacer, siendo todo el drama de la misión del Avatar de la era de Piscis, claro está, algo premeditado por Dios y dirigido desde arriba.

El dulce Jesús, el fuerte, cuando le dijo a sus padres a la edad de doce años: «¿No sabíais que en los negocios de mi Padre me es necesario estar?»,[27] se refería al Instructor, el Gurú eterno al que debía buscar y encontrar. Debía ir a Oriente y, como todos los santos como él, recibir la unción del linaje de su descendencia.

Así, os revelo la verdadera misión del Salvador, tan ciertamente explicada por los apóstoles, para la redención de las llamas gemelas que emprendieron el sendero del Árbol de la Vida en la antigua escuela de misterios y fueron desviados por la astucia de la filosofía serpentina, que era la filosofía de los ángeles caídos que estaban decididos a subvertir la Luz de las llamas gemelas y a dirigir erróneamente el gran don que Dios dio a todas las generaciones que vendrían después.

La culpa, por supuesto, no es de ellos dos ni de nadie en particular, porque nosotros no atribuimos ninguna culpa sino solo el nuevo ciclo de oportunidad para volver a tomar la llama de Alfa y Omega, llamas gemelas del Uno. Ninguna de las almas reunidas aquí ni cualquiera actualmente en la Tierra se ha visto libre de sucumbir, de alguna forma, en su mayoría sin saberlo, a alguna sutileza de la mentira de Serpiente. Así, todos están en un proceso o bien de salir de la escuela de misterios o bien de regresar a ella...

La misión de Jesús consistía en volver al Edén, pero la Tierra Madre hacía mucho tiempo que había desaparecido. Por tanto, vino a Shambala. Y vino al antiguo repositorio de las tablas de Mu y los escritos de Maitreya, Gautama y Sanat Kumara. Vino para redimir a aquellos que habían sido desviados de la Ley de la Madre Divina y restituirlos al verdadero sendero del discipulado bajo el Cristo Cósmico.

Tan perfecto era Jesús que el Anciano de Días decidió que en su misión se demostrara con el ejemplo tanto del sendero de la escuela de misterios como la Gran Ley permitiera. Las

pruebas de esa misión y su capacidad para soportar esas iniciaciones en el mundo exterior fueron el tema de nuestras sesiones de preparación durante sus dieciocho años en Oriente.

Un estudiante, sí, un erudito y un sabio llegó a ser, pasando por las escuelas de preparación y recibiendo de mi corazón el otorgamiento de poder de Gautama y Sanat Kumara para volver a la escena del karma más oscuro del planeta Tierra, nada más y nada menos que Palestina, el cruce de caminos de Oriente Próximo, el lugar de la Madre y el de una grave oscuridad y movimientos de muchas oleadas de vida y evoluciones que han estado enfrentadas a la Palabra viva en sus estrellas de origen y que continuaban con ese impulso acumulado en ese tiempo y esa época.

Así, la Luz más grande se envía al rincón más oscuro para dejar al descubierto, para acusar aislando el error de forma que todos puedan escoger la derecha, la izquierda, norte o sur, este u oeste. Como sabéis, la dirección es importantísima, amados, y lo es todo.

¡Jesús, el Maestro, amor de mi corazón! Efectivamente, soy el Instructor que vivió para ver a su pupilo superar su propia enseñanza. Siempre debe ser así. Porque ese es el propósito de la transmisión del manto, que la Luz del pupilo, multiplicada por el Gurú, exceda al primero, así como al último. Y mayores obras por la Palabra viva deberían ser el nuevo fruto del Árbol de la Vida que aumenta en poder, sabiduría y amor con cada sucesiva dispensación de dos mil años...

Sí, sí, debéis reconocerlo como el Salvador de vuestra vida, ¡porque lo es! Él os devolvió el contacto con vuestro Ser Crístico y hoy está aquí para aumentar esa chispa o incluso volver a encenderla si, con vuestras palabras y vuestras obras, podéis giraros ciento ochenta grados para mirar al Hijo de Dios vivo. Si no podéis ver al Salvador en él, no puedo enseñaros; no hay nada más. Él ha enseñado mi enseñanza. Yo os aceptaría a partir de ese nivel y más allá. No se puede salvar ni a un abejorro si no se ve la gloria de esa vida.

Venid ahora. ¡Cesen los temores y las justificaciones, las ideas materialistas de Dios, todas las quejas sobre la misión y la vida de Jesús! Porque él fue y es Dios encarnado, verdaderamente en el sentido único de que Dios lo levantó como ejemplo, pero nunca en el sentido exclusivo de que nadie pudiera seguir sus pasos...

«Yo y el Padre uno somos»

«Yo y el Padre uno somos» es el mantra de la protección de la relación Gurú-chela que yo le di a él, el Hijo del hombre. ¡Yo y el Padre uno somos! Cuando decís estas palabras, el linaje de vuestros Maestros Ascendidos está con vosotros, la Presencia Electrónica de Jesús está sobre vosotros, vuestra Presencia YO SOY y vuestro Ser Crístico están ahí, y YO SOY el que está ahí instantáneamente. Porque Jesús quisiera que lo llamarais «Hermano» y a mí «Padre». Y yo estoy de acuerdo, porque ello os recuerda que él no está tan por encima de vosotros, sino a vuestro lado, aunque muchos de vosotros lo hayáis conocido como Padre.

Así, el mantra «yo y el Padre uno somos» es en realidad un llamado. Es un llamado que podéis hacer en momentos de peligro, caos, confusión o accidentes, enfermedades o cualquier necesidad, siempre que tengáis la percepción de que el llamado no puede fallar, y no lo hará, y siempre que comprendáis quién es Padre. El SEÑOR Dios Todopoderoso es Padre y sus emisarios, a quienes ha dado el manto de su Presencia YO SOY para enseñar a la humanidad, son Padre. Así, el mantra «yo y el Padre uno somos» utiliza el nombre YO SOY para confirmar el lazo de nuestra unidad.

Por ley cósmica no puedo dejar de responder al llamado de este mantra. La única variación en mi respuesta estará en vuestra vibración. Porque, aunque puedo estar con vosotros, vosotros podéis no sentirlo hasta que hayáis apaciguado la turbulencia de vuestras emociones. Por tanto, nuestra unión se vuelve cada vez más cercana cuando os ponéis la semejanza de la imagen del Padre que yo deseo concederos.[28]

El Cristo Cósmico

E L PRIMER CAPÍTULO DE JUAN, VERSÍCULOS 1-3, dice:

En el principio era el Verbo, y el Verbo era con Dios, y el Verbo era Dios.

Este era en el principio con Dios.

Todas las cosas por él fueron hechas, y sin él nada de lo que ha sido hecho, fue hecho.

Esta es una traducción exacta de los antiguos Vedas, donde dice:

En el principio era la Palabra y la Palabra era con Brahmán.

Y la Palabra era Brahmán.

Este era en el principio con Brahmán.[1]

La creación la forja la Palabra o el Principio del Cristo Cósmico que, estando unido a Dios, es Dios. Y mediante ese Cristo Cósmico se crean todas las cosas. Nada fue creado sin esa Palabra.

Hemos visto que a quien Dios nos envió en esta época es la encarnación de la Palabra. Eso es lo más cerca que podemos llegar a la Palabra que estaba en el Principio con Brahmán, a partir de la cual nuestras llamas gemelas fueron creadas por los

Elohim.* Ellos nos crearon a través de la acción o mediación de la Palabra, el Cristo Cósmico. A través de Jesús podemos salir disparados como un rayo de luz y regresar al corazón de Brahmán o la Palabra.

Este es el gran misterio. Juan recibió esta enseñanza de Jesús, que estuvo dieciocho años en Oriente y estudió todos los textos antiguos. No es coincidencia que Juan el Amado, el discípulo más íntimo de Jesús, inicie su Evangelio con la afirmación de la Palabra en estos tres primeros versículos.

En los versículos siguientes Juan habla de esta Palabra hecha carne en la persona de Jesucristo.

En él estaba la vida, y la vida era la luz de los hombres.

La luz en las tinieblas resplandece, y las tinieblas no prevalecieron contra ella.

Hubo un hombre enviado de Dios, el cual se llamaba Juan.

Este vino por testimonio, para que diese testimonio de la Luz, a fin de que todos creyesen por él.

No era él la Luz, sino para que diese testimonio de la Luz.

Aquella Luz verdadera, que alumbra a todo hombre, venía a este mundo.

En el mundo estaba, y el mundo por él fue hecho; pero el mundo no le conoció.

A los suyos vino, y los suyos no le recibieron.

Mas a todos los que le recibieron, a los que creen en su nombre, les dio potestad de ser hechos hijos de Dios; los cuales no son engendrados de sangre, ni de voluntad de carne,

---

Elohim: pl., del hebreo Eloah «Dios». Uno de los nombres de Dios; utilizado en el Antiguo Testamento unas 2500 veces, que significa «Poderoso» o «Fuerte». Elohim es un sustantivo plural tratado como una única entidad en referencia a las llamas gemelas de la Divinidad que constituyen el *Divino Nosotros*. Los Siete Poderosos Elohim y sus complementos divinos son los constructores de la forma, por eso «Elohim» es el nombre de Dios utilizado en el primer versículo de la Biblia: «En el principio Dios [Elohim] creó los cielos y la tierra». Ellos son llamas gemelas de Dios, el Divino Nosotros en cada uno de los siete rayos.

ni de voluntad de varón, sino de Dios.
Y aquel Verbo fue hecho carne, y habitó entre nosotros
(y vimos su gloria, gloria como del unigénito del Padre), lleno
de gracia y de verdad.

Juan dio testimonio de él, y clamó diciendo: Este es de
quien yo decía: El que viene después de mí, es antes de mí;
porque era primero que yo.

Porque de su plenitud tomamos todos, y gracia sobre
gracia.

Pues la ley por medio de Moisés fue dada, pero la gracia
y la verdad vinieron por medio de Jesucristo.

A Dios nadie le vio jamás; el unigénito Hijo, que está en
el seno del Padre, él le ha dado a conocer.[2]

Jesús: Señor y Salvador

Al creer en Jesucristo estás conectado con el Cristo Cósmico
y la Presencia YO SOY. Siempre que mantengas esa creencia y ese
lazo, tendrás vida eterna. Ello no quiere decir que, al final de esta
vida, vayas a ir al cielo. Ello no significa que seas perfecto. Ello no
significa que no debes saldar tu karma, expiar tus pecados, pagar
tus deudas, hacer todo lo que Dios te exija. Lo que sí significa es
que tienes un lazo con la vida eterna en la persona de Jesús, quien
pasa por alto el karma, el cinturón electrónico, la sustancia que
hay entre tu alma y tu Santo Ser Crístico para llegar a ti.

Podrás preguntar: «Si tengo una poderosa Presencia YO SOY
y un Santo Ser Crístico, ¿por qué tengo que pasar por Jesús para
tener vida eterna?». Porque te encuentras en un estado kármico.
Tu alma está alojada en tu cuerpo, en el chakra de la sede del
alma. Entre ese chakra y el del corazón (el lugar de la llama trina
y tu Ser Crístico) se encuentran todas las capas de miles o millones de años de karma. Tu alma no posee el logro que la capacite
para saltarse ese karma y mantener un lazo directo con tu Santo
Ser Crístico. Ese lazo se mantiene a través de Jesucristo, y por eso
necesitas a un Salvador.

Una vez que lo hayas aceptado como tu Señor y Salvador, Jesús ocupará esa posición especial en tu vida. A través de él serás bendecido porque tendrás al Gurú El Morya, Maitreya, Gautama, Serapis Bey o cualquiera de los demás Maestros. Puesto que has reconocido que el Cristo está en Jesús y que ese Cristo Cósmico tiene el poder de salvarte, ahora tienes entrada a todo el Espíritu de la Gran Hermandad Blanca y comulgas con tu Santo Ser Crístico. La voz del Hijo de Dios habla en tu corazón y tú la escuchas. Las escrituras dicen: «Y los que la oyeren vivirán».[3] Eso es lo que Jesús ha hecho por ti.

Sabemos que hay una Jerarquía de Luz. Sabemos que Jesús tenía a Maitreya como Gurú. Sabemos que Gautama era el Gurú de Maitreya. Sabemos que Sanat Kumara era el Gurú de Gautama. Esto no desplaza de ninguna forma la posición central que ocupa Jesucristo en nuestra vida. Lo que debemos entender es que, nosotros, que aún no hemos ascendido, para poder llegar al Señor Maitreya, Gautama y Sanat Kumara, debemos pasar por el corazón de Jesús. No podemos saltarnos a Jesús. No podemos decir: «Pues con el conocimiento que tengo, Jesús no me interesa mucho. El Morya me importa más, o Pablo el Veneciano, o me gusta comulgar con Lao Tsé o algún otro Maestro».

Podrás obtener gran ayuda en el Sendero. Podrás aumentar tu Luz. Podrás hacer muchas cosas. Pero no podrás saltarte a Jesús continuamente. Para que tengas en ti el poder de transmitir la conversión del Espíritu Santo a aquellos con quienes te encuentres, debes haber establecido un lazo del corazón con Jesús y, consiguientemente, haber abierto la puerta para que tu Santo Ser Crístico descienda a tu templo, porque esa es la forma en que el Padre lo ha ordenado.

Jesús también se sometió al orden de la Jerarquía de la que descendió en aquella vida. Por tanto, en su corazón tenía el testimonio del Cristo Cósmico, su Gurú Maitreya. Él se sometió a ese orden jerárquico a pesar de tener un gran logro proveniente de eras pasadas en la historia de la Tierra. Jesús siempre se ha

sometido humildemente a la cadena de la Jerarquía en la cual Dios lo puso a servir. Tenemos los dictados del Maestro Ascendido Jesucristo. Escuchamos su Palabra, escuchamos su enseñanza y atestiguamos que es cierta, no porque se pronuncie desde el altar, sino porque al mismo tiempo la escuchamos en nuestro corazón. Sentimos su vibración. Damos testimonio y el Espíritu atestigua con nosotros que sabemos que estamos escuchando la Palabra del Señor Jesucristo cuando estamos inmersos en ese dictado.

Jesús y el Padre

Jesús habla del Señor Maitreya como aquel que le envió según el linaje de los antiguos Gurús:

> Yo vine a este mundo enviado por Aquel que me ha enviado, y cuando digo «yo y el Padre uno somos», hablo del Padre Total y la Presencia YO SOY viva y su representante, Aquel que debe llevar el manto de Gurú. Por tanto, Aquel que me envió en la cadena de la Jerarquía de los antiguos no fue otro que Maitreya...
>
> Benditos corazones, la continuidad del mensaje de Maitreya ha venido de nuevo, está en este momento en vosotros, no en un individuo elegido aparte, sino a través de vosotros y a través de esa Santa Llama Crística...
>
> Venid a mi corazón y conocedme, pues, como el Hijo, la luz del Hijo de Maitreya. Sabed, pues, que mi misión, precediéndole, igual que Juan el Bautista me precedió a mí, consistía en allanar el camino para la venida del Cristo Universal en todos los hijos de Dios en la Tierra.[4]

Tal como consta en el Nuevo Testamento, Jesús con frecuencia habló del Padre que le había enviado. Jesús quería que sus apóstoles conocieran a aquel a quien él llamaba Padre, el Maestro Ascendido Maitreya, que le había acompañado como Gurú a lo largo de su última encarnación. También quería que

le conocieran a él como a Aquel Enviado por Maitreya, porque así no rendirían culto a su carne y huesos, sino que adorarían la continuidad de la Palabra encarnada, que en el Principio estaba con Dios y había estado en el Señor Maitreya y sus predecesores, el Señor Gautama Buda y el Señor Sanat Kumara, tal como entonces estaba en Cristo Jesús.

Además, el Maestro quería que los suyos supieran que la Palabra encarnada en él era la misma «Luz», la cual, como le dijo a Juan, era «aquella Luz verdadera, que alumbra a todo hombre que viene al mundo».[5]

Jesús quería que sus discípulos caminaran en la Luz de su propia Cristeidad mientras tuvieran la Luz de los Grandes consigo a través de su Mensajería de la Palabra, para que la oscuridad del yo no transmutado no les sobreviniera.

Porque acaso no dijo: «El que anda en [las] tinieblas [de su propio estado kármico y su morador del umbral], no sabe a dónde va [sin el Gurú, que encarna la Luz del YO SOY EL QUE YO SOY]».[6]

Respondiendo a la firme declaración de su unión con el Padre, «Mi Padre hasta ahora trabaja, y yo trabajo» —que vosotros, amados, también debéis declarar—, «los judíos aún más procuraban matarle».[7] Porque el Maestro no solo había violado su ley al curar durante el Sabbat, sino que también había dicho que Dios era su Padre, igualándose a Dios.

La respuesta de Jesús les reprocha que negaran su Cristeidad y su ignorancia sobre la ley de la sucesión de los Budas. En unos términos inequívocos, él afirma la unión con su poderosa Presencia YO SOY y la unión con su Padre Maitreya, estableciendo el manto y el otorgamiento de poder que tiene a través de la Jerarquía del Anciano de Días.

> De cierto, de cierto os digo: No puede el Hijo hacer nada por sí mismo, sino lo que ve hacer al Padre; porque todo lo que el Padre hace, también lo hace el Hijo igualmente.

Porque el Padre ama al Hijo, y le muestra todas las cosas que él hace; y mayores obras que estas le mostrará, de modo que vosotros os maravilléis.

Porque como el Padre levanta a los muertos, y les da vida, así también el Hijo a los que quiere da vida.

Porque el Padre a nadie juzga, sino que todo el juicio dio al Hijo, para que todos honren al Hijo como honran al Padre. El que no honra al Hijo, no honra al Padre que le envió.

De cierto, de cierto os digo: El que oye mi palabra, y cree al que me envió, tiene vida eterna; y no vendrá a condenación, mas ha pasado de muerte a vida.[8]

Y cuando en la Última Cena Felipe de dijo: «Señor, muéstranos al Padre, y nos basta», Jesús le contestó:

¿Tanto tiempo hace que estoy con vosotros, y no me has conocido, Felipe? El que me ha visto a mí, ha visto al Padre; ¿cómo, pues, dices tú: Muéstranos al Padre?

¿No crees que YO SOY en el Padre, y el Padre en mí? Las palabras que yo os hablo, no las hablo por mi propia cuenta, sino que el Padre que mora en mí, él hace las obras.

Creedme que YO SOY en el Padre, y el Padre en mí; de otra manera, creedme por las mismas obras.

De cierto, de cierto os digo: El que en mí cree, las obras que yo hago, él las hará también; y aún mayores hará, porque yo voy al Padre.

Y todo lo que pidiereis al Padre en mi nombre, lo haré, para que el Padre sea glorificado en el Hijo.

Si algo pidiereis en mi nombre, yo lo haré.

Si me amáis, guardad mis mandamientos.[9]

Aquí Jesús vuelve a revelar a sus discípulos su deseo de que le conozcan como el Cristo, el Avatar de la era de Piscis, el actual eslabón con el pasado y el futuro en la cadena de la Jerarquía de los Budas y el Cristo Cósmico.

Así, el Maestro les habría dicho a los suyos:

Si me habéis visto, habéis visto al Señor Maitreya, habéis visto a Gautama Buda, habéis visto a Sanat Kumara; porque cada uno, a su vez y en su momento, ha encarnado al Padre.

Y no solo habéis visto los personajes del Padre en quienes han patrocinado mi Cristeidad y mi misión, sino que también habéis visto al Padre como la poderosa Presencia YO SOY acompañándome y entrando en mi templo:

Porque yo y el Padre somos uno.[10]

El Padre interior —como la Presencia YO SOY y el Gurú vivo— dicta las palabras que digo y las obras que hago.

Si no creéis que estoy en la poderosa Presencia YO SOY y que la poderosa Presencia YO SOY está en mí —si no creéis que estoy en Maitreya y que Maitreya está en mí—, aceptad como prueba las obras que hago. Porque por mí mismo nada puedo hacer; el Padre en mí, el Gurú (el Buda) en mí, la Palabra en mí y el Cristo (la Luz) en mí es quien hace las obras.[11]

Además, el que cree en mí como Mensajero del Padre, el Gurú, la Palabra y el Cristo, hará las obras que yo hago y mayores aún. Porque, con esta afirmación de (su creencia en) la Ley del Uno por la que yo vivo, él, a través de su Santo Ser Crístico y su poderosa Presencia YO SOY, también será el heraldo de Dios en esta cadena de la Jerarquía.

Y puesto que «asciendo a mi Padre y a vuestro Padre, a mi Dios y a vuestro Dios»,[12] os patrocinaré en este sendero de los discípulos del Cristo Cósmico que están convirtiéndose en los Bodisatvas del Buda Maitreya. Tal como YO SOY, vosotros también podéis llegar a ser. Si no elegís esta vocación que os envía vuestro Padre y vuestro Dios a través de mí como Mensajero, habré fracasado en mi misión y vosotros habréis fracasado en la vuestra.

Entonces Jesús explicó a sus discípulos el poder total del Padre con que su nombre está investido. Prometió transferir ese poder a sus discípulos haciendo «todo lo que pidáis en mi nombre», para que el Padre pueda ser glorificado en el Hijo.

Efectivamente, la única manera en que el Hijo puede glorificar al Padre en la tierra es mediante su Palabra y Obra manifiestas y multiplicadas a través de sus hijos e hijas. *Y el nombre de Jesús es esa manera.* Él nos ha enseñado que cuando invocamos el poder del Dios Todopoderoso «en el nombre YO SOY EL QUE YO SOY Jesucristo», la Luz de su Cuerpo Causal se nos hace accesible como discípulos suyos. Puesto que Jesús es el principal Maestro Ascendido patrocinador de todos quienes siguen el sendero Crístico y Búdico, a través de su nombre, YO SOY EL QUE YO SOY Jesucristo, sus discípulos también pueden invocar la poderosa intercesión del Señor Maitreya, Gautama Buda y Sanat Kumara.

Por tanto, al invocar el nombre del Señor, los chelas de la Palabra encarnada que deseen alcanzar la unión y comunión con los Gurús patrocinadores de la era de Tauro, Aires, Piscis y Acuario siempre han de comenzar sus oraciones pronunciando su sagrado nombre, aclamando a sus patrocinadores y diciendo: «En el nombre YO SOY EL QUE YO SOY Jesucristo, Señor Maitreya, Gautama Buda, Sanat Kumara». Y al hacerlo, estos chelas establecerán el hilo de contacto con la Jerarquía, como Arriba, así abajo.

El poder total que Dios dio, en el cielo y la tierra,[13] a su Hijo unigénito en Jesucristo al final de su ministerio en Galilea, él lo pone a tu disposición por medio de tu poderosa Presencia YO SOY y tu Santo Ser Crístico debido a que tú has confesado que Jesús es el Señor.[14] Esta confesión significa que tú aceptas, no solo que Jesús es la encarnación del Cristo, el Hijo de Dios, que debía venir al mundo,[15] sino también que es la encarnación de la Palabra que estaba *con* Dios y que *era* Dios en el principio.[16] Esa Palabra es el YO SOY EL QUE YO SOY. Por tanto, al confesar y afirmar que Jesucristo es tu Señor y Salvador, estás afirmando que él es de hecho la encarnación de la poderosa Presencia YO SOY.

La Escuela de Misterios de Maitreya

La enseñanza de Jesucristo es paralela a la de Gautama Buda, la de la llama divina interior, el Cristo interior, el Buda interior. Aunque el Señor Maitreya era el Gurú de Jesús, él nos llega desde el contexto histórico del budismo. No solo es el Buda Venidero que ha venido, sino también el representante del Cristo Universal, que actualmente ocupa el cargo jerárquico de Cristo Cósmico y Buda Planetario

Según las tradiciones budistas, Gautama Buda profetizó a sus discípulos que, después de que el planeta hubiera entrado en un período de oscuridad, el Señor Maitreya descendería a la Tierra para presidir una era de iluminación. Los budistas de hoy día esperan la llegada de Maitreya de modo muy parecido a como los cristianos esperan la Segunda Venida de Jesús.

Sin embargo, mientras que los budistas creen que Maitreya vendrá en un futuro, nosotros podemos afirmar que el Maestro Ascendido Maitreya *ya* ha venido y está aquí, hoy, para iniciar a todos los que cumplan los requisitos para ser sus estudiantes. Su discípulo principal, Jesucristo, anunció la fundación de la Escuela de Misterios de Maitreya el 31 de mayo de 1984:

Estamos protegidos en el corazón del Señor Maitreya. Y él desea que yo, como pupilo suyo, os anuncie que dedica este Retiro Interno y toda esta propiedad como Escuela de Misterios de Maitreya en esta era...*

Vosotros sabéis que la primera Escuela de Misterios de Maitreya se llamó Jardín del Edén. Todos los empeños de los Maestros Ascendidos y las escuelas de los Himalayas de todos los siglos tuvieron como finalidad que aconteciera esto [que la Escuela de Misterios pudiera descender] desde la octava etérica a la física, que la Escuela de Misterios pudiera volver a recibir a las almas de Luz que salieron de allí y que ahora

---

*El Corazón del Retiro Interno es el centro espiritual del Rancho Royal Teton, un retiro en la naturaleza de las Montañas Rocosas de Norteamérica, en la frontera norte del parque Yellowstone.

están preparadas para volver, para someterse, para hincar la rodilla ante el Cristo Cósmico, mi bendito Padre, Gurú, Instructor y Amigo.

Amados corazones, la realización de esta meta Divina y la disposición de Maitreya a aceptar esta actividad, Mensajera y estudiantes, como deber sagrado para guardar la llama de la Escuela de Misterios, da al planeta Tierra y sus evoluciones, por tanto, una dispensación procedente de las Jerarquías del Gran Sol Central.

Porque, debido a que la renovación de la puerta abierta a los retiros etéricos de la Gran Hermandad Blanca está a punto de hacerse física a través de la dispensación del Cristo Cósmico, gracias a lo cual las almas (como estudiantes de Luz que se hacen aprendices del Cristo Cósmico) pueden ir y venir de los planos de la tierra a los del cielo y volver, también se abre la puerta para la venida de la era dorada. La Escuela de Misterios de Maitreya restablecida en la octava física es la puerta abierta del sendero de Oriente y Occidente para los Bodisatvas y los discípulos.

Siendo esto así, por tanto, el cuerpo planetario ha obtenido un nuevo estatus entre todos los cuerpos planetarios, entre todos los hogares evolutivos. Porque se puede volver a decir que Maitreya está presente físicamente, no como lo estaba en el primer Edén, sino por la extensión de nosotros mismos en la forma a través de la Mensajera y los Guardianes de la Llama. Y como se os ha dicho, este gran fenómeno de las eras precede a la aparición de los Maestros Ascendidos que atravesarán el velo, viendo a sus estudiantes cara a cara y sus estudiantes contemplándolos...

Ved, por tanto, que Maitreya es realmente más físico hoy que nunca desde el Jardín del Edén. Porque su retirada a las octavas superiores se debió a la traición de los ángeles caídos y los actos de los ángeles caídos contra Adán y Eva y otros que formaban parte de esa Escuela de Misterios.

Así, ello ha dado como resultado la extendida situación de los ángeles caídos y sus prácticas diabólicas contra los puros e inocentes. Y uno a uno, cada cual debe llegar a la

conclusión divina del Regreso. Cada cual es responsable del abandono de la Escuela de Misterios y cada cual es responsable de regresar y utilizar lo que hay disponible y accesible como Palabra divina.

Así, Maitreya está con nosotros de verdad.[17]

El Buda Venidero

Por tanto, a través del Sagrado Corazón de Jesús el Cristo, el discípulo principal de Maitreya en la era de Piscis, entremos al sendero del Buda Venidero.

Como el Maestro Ascendido que ocupa el cargo de Cristo Cósmico y Buda Planetario, Maitreya nos enseña el mismo sendero de Cristeidad individual que conduce al logro de la Budeidad y que enseñó a Jesús hace más de dos mil años.

La instrucción que recibimos de los Maestros Ascendidos para el perfeccionamiento de nuestra alma en las disciplinas que dan los avatares de Tauro, Aries, Piscis y Acuario nos llega bajo los estandartes del Señor Maitreya y la Madre del Mundo.

Los dictados de los Maestros Ascendidos encarnan los misterios del Cristo Universal de los que Gautama habló siempre que caminó por la Tierra en la Luz de su Dios hasta la hora de su ascensión desde Shambala, después de fallecer en Kushinagara (India), en 483 a. C., aproximadamente, y de los que habló Maitreya siempre que caminó por la Tierra en la Luz de su Dios hasta la hora de su ascensión en 531 a. C.; y de los que habló Jesucristo siempre que caminó por la Tierra en la Luz de su Dios hasta la hora de su ascensión.

Jesús ejemplificó el sendero del Buda cuando estaba allá, en Galilea. Él llegó según la tradición de los seres Crísticos, los avatares de Oriente. Después de su misión en Palestina y Galilea fue a Cachemira, donde tuvo una vida completa, continuando con su misión como el Cristo. Falleció en Cachemira a la edad de 81 años; y ascendió a través del retiro etérico de Shambala. Jesús y

su discípulo Kuthumi han alcanzado el nivel de la Budeidad. Y así, los dos son Budas. Jesús fue la exteriorización del Señor del Mundo y el Cristo Cósmico. Fue el equilibrio perfecto de Oriente y Occidente, el Cristo y el Buda.

En las eras de Piscis y Acuario, los discípulos y Bodisatvas que manifiestan el Cristo Universal individualizado en la persona de su amado Santo Ser Crístico reflejan la Cristeidad arquetípica del Avatar Jesús o Maitreya en su individualización de la Palabra.

Y nosotros creemos y somos testigos de que el Hijo unigénito del Padre de hecho ha venido a nosotros «lleno de gracia y verdad»,[18] primero, en la persona de Jesucristo o del Señor Maitreya y, después, en la persona de nuestro amado Santo Ser Crístico.

La presencia de Maitreya entre nosotros

Al estudiar los elementos del budismo histórico, debemos recordar que Maitreya no nos es tan relevante como un Bodisatva pasado o un Buda futuro tanto como nos es gloriosamente relevante como un Maestro Ascendido muy presente entre nosotros, con plenos poderes y logro Búdico, que él puede transmitirnos a través de sus enseñanzas e iniciaciones.

En verdad, tal como revelan los registros de akasha, Maitreya ha llevado el manto del Buda desde la hora de su ascensión en 531 a. C. En una ceremonia sagrada en Shambala, a la que asistió una multitud de Maestros Ascendidos y Huestes Celestiales, el Bendito Maitreya fue coronado como Buda por el Señor del Mundo, Sanat Kumara. La llama gemela ascendida de Maitreya, que lo había estado esperando en las octavas de Luz hasta que terminara sus encarnaciones en la Tierra, se puso a la derecha de Sanat Kumara durante el sagrado ritual, mientras que la Maestra Ascendida Venus se puso a su izquierda.

La Luz que se derramó desde el Gran Sol Central en esa ocasión jamás olvidada abrió los mismísimos cielos y afianzó en la Tierra la gloria y las alabanzas de todo el Espíritu de la Gran

Hermandad Blanca sobre el aniversario del «Buda Venidero que ya ha venido» a la Tierra desde Venus para la salvación e iluminación de muchos. Y la Luz de ese día y esa hora permanece en Shambala como testimonio de la victoria de nuestro Señor por nosotros. Porque la Ley atestigua: Lo que un Hijo de Luz puede hacer, pueden hacerlo todos los Hijos de Luz. Y así, la Luz de la Budeidad de Maitreya ha sido multiplicada por los Cuerpos Causales de todos los Budas y Bodisatvas que desde entonces han recibido sus iniciaciones en la Ciudad de Luz.*

Vivimos en el eterno Ahora, en un momento crucial de los ciclos planetarios; y en este pedazo de eternidad hemos decidido dejar una marca en el tiempo, en el espacio. Y así, *hoy* aceptamos la fusión de nuestro ser con el Cristo que es Jesús, el Cristo que es Maitreya. «He aquí *ahora* el tiempo aceptable; he aquí *ahora* el día de salvación», exclamó Pablo.[19] ¡Porque no tenemos ningún otro tiempo, sino el ahora! No vivimos ayer, no vivimos mañana; solo vivimos hoy.

Los muchos roles de Maitreya

Maitreya, el Buda Venidero, el Buda Futuro, juega muchos roles en las distintas tradiciones budistas por todo el Lejano Oriente. Él no solo es el guardián del dharma, sino que también es un intercesor y protector, un gurú que inicia a sus devotos personalmente, un mensajero enviado por la Madre Eterna a rescatar a sus hijos, un Mesías que desciende cuando el mundo se encuentra en la confusión para juzgar a los malvados y salvar a los justos y, en último lugar, pero no menos importante, él es el Buda que sonríe.

Todas estas descripciones son los múltiples rostros de tu Santo Ser Crístico. Cuando lo visualices, visualiza la personificación adecuada de Maitreya como el Gurú que está por encima

---

*Shambala, retiro etérico del Señor del Mundo, también es conocido como la «Ciudad de Luz».

de ti. Por ejemplo, Maitreya, así como Jesús, te sirve en el papel de confesor, igual que tu Santo Ser Crístico.

El Profesor Jan Nattier escribe que, en textos de Asia Central, Maitreya está involucrado explícitamente en el proceso de la confesión y expiación de los pecados».[20] ¿Por qué ha de estarlo? Porque desea acortar la distancia entre tu alma y tu poderosa Presencia YO SOY. Esta es la misma función que tiene el Mediador Divino, tu Defensor ante el Padre, tu Santo Ser Crístico.

Por tanto, al término del día, no descuides confesar tus pecados (lo que tú creas que sea un pecado) a tu Santo Ser Crístico o a Maitreya. Invoca la ley del perdón, arrepiéntete, es decir, ve y no peques más, y ten la voluntad de dar a tu Presencia YO SOY una penitencia de llama violeta para la alquimia de la transmutación del mundo en forma de decretos dinámicos; luego presta servicio a la Sangha* para enmendar cualquier injusticia que hayas podido ocasionar a cualquier parte de la vida.

Ve a dormir con el corazón en paz porque has reconocido ante tu Señor el error de tus acciones y tu deseo de enmendarlas. Deja este mundo en el que estás despierto con una oración de profundo arrepentimiento por haber ofendido a Dios en alguna persona, haber herido o sobrecargado a alguna parte de la vida, decidido a que la Luz de Dios te llene y fortalezca tu determinación de no repetir el error. Y, por último, acepta la compañía de tu ángel de la guarda, que te ayudará a «ir y no pecar más». Luego, disfruta de un sueño dulce y en paz, sabiendo que al menos has iniciado el proceso de resolución y determinación, algo que necesitamos antes de irnos a dormir por la noche.

---

*_Sangha_ [sánscrito]: comunidad religiosa u orden monástica budista.

La Segunda Venida

Hace dos mil años Lucas nos dio una hermosa descripción sobre el nacimiento de Jesús en Belén, la Primera Venida.

Había pastores en la misma región, que velaban y guardaban las vigilias de la noche sobre su rebaño.

Y he aquí, se les presentó un ángel del Señor, y la gloria del Señor los rodeó de resplandor; y tuvieron gran temor.

Pero el ángel les dijo: No temáis; porque he aquí os doy nuevas de gran gozo, que será para todo el pueblo:

que os ha nacido hoy, en la ciudad de David, un Salvador, que es Cristo el Señor.

Esto os servirá de señal: Hallaréis al niño envuelto en pañales, acostado en un pesebre.

Y repentinamente apareció con el ángel una multitud de las huestes celestiales, que alababan a Dios, y decían:

¡Gloria a Dios en las alturas,

y en la tierra paz, buena voluntad para con los hombres![1]

Y muchos siglos antes del nacimiento en Belén, Isaías predijo la venida del Cristo: «Porque un niño nos es nacido, hijo nos es dado, y el principado sobre su hombro; y se llamará su nombre Admirable, Consejero, Dios Fuerte, Padre Eterno, Príncipe de Paz».[2]

Más recientemente podemos oír en nuestro corazón las palabras de la canción, *The Birthday of a King (El nacimiento de un Rey)*.

> En una aldea de Belén
> yacía un niño un día
> y el cielo brillaba con una luz santa
> sobre el lugar donde Jesús yacía.
>
> ¡Aleluya! Oh cómo cantaban los ángeles.
> ¡Aleluya! Cómo sonaba.
> Y el cielo brillaba con una luz santa,
> era el nacimiento de un Rey.
>
> Era el humilde lugar donde nació, pero cuánto
> nos dio Dios ese día
> desde el lecho del pesebre, qué senda se hizo,
> qué camino tan perfecto y santo.
>
> ¡Aleluya! Oh cómo cantaban los ángeles.
> ¡Aleluya! Cómo sonaba.
> Y el cielo brillaba con una luz santa,
> era el nacimiento de un Rey.[3]

Los cristianos hace mucho que esperan la Segunda Venida de Jesucristo. Es un acontecimiento real, pero también místico. Mientras esperamos a que él descienda en nubes de gloria, debemos volver a mirar y comprender que ya ha venido. Ha venido a nuestro corazón y nosotros hemos reconocido al Cristo en Jesús, en Saint Germain, en las Huestes Ascendidas.

La Primera Venida de Cristo es la manifestación de la Palabra encarnada en el Gurú, en el Instructor, en el Jerarca. La Segunda Venida consiste en encender esa llama encarnada en el chela, en el discípulo, en aquel que reconoce: «No soy nada, Señor, tú lo eres Todo; sé ese Todo dentro de mí».

Jesucristo, en la Segunda Venida, ha venido para vivificar nuestra conciencia Crística. Esta es la Segunda Venida. Por tanto, puede llegar a cualquier hora y en cualquier época. No debemos

esperar un cambio de milenio exterior, ese momento alquímico en que, de repente, comprendemos: «Pero si YO SOY el Cuerpo Místico de Dios, Cristo vive en mí, Buda vive en mí, y soy juzgado por mi Señor».

Jesús nos enseña que la Segunda Venida de Cristo es cuando él viene como el Novio, cuando puedes recibirle porque has recorrido un sendero de santidad personal y tienes tu vestido sin costuras. La Segunda Venida de Jesucristo es el descenso de Cristo a tu templo cuando tú mismo te unes a él, y eres esa Presencia Crística en manifestación.

La Primera Venida de Jesucristo fue su llegada para dar el ejemplo y demostrar qué es la vida, el Sendero, las obras, la enseñanza, el ejemplo de alguien que ha interiorizado al Hijo unigénito de Dios. Jesús lo hizo por nosotros, y los santos que lo siguieron, que han tenido unas vidas ejemplares, que han ascendido, también han demostrado ese sendero.

La Segunda Venida es el Maestro Ascendido que viene y nos devuelve el recuerdo, mediante el Espíritu Santo, de todas las cosas que él nos ha enseñado. Jesús ya ha venido en su Segunda Venida como el Maestro Ascendido. Está con nosotros. Nos enseña. Ello no quiere decir que algunos no lo vayan a vivir y a verlo venir en nubes de gloria algún día. Pero debemos comprender que la revelación es algo muy personal y nos llega a cada cual de forma individual.

La verdadera Segunda Venida puede ocurrir en cualquier momento, porque no es un evento que se produzca una sola vez en todos los tiempos, sino que es un evento de cada hora. A Juan el Amado le llegó antes de ascender, en su encarnación como el apóstol que escribió el Apocalipsis. A algunos de nosotros nos habrá podido llegar cuando caminábamos y hablábamos con Jesús. Nos podrá llegar dos mil años después.

La Segunda Venida de Cristo bien podría producirse con nubes y gran gloria y con sonidos de trompetas, con Jesús apareciendo en los cielos. Puede que eso esté sucediendo todos los días, pero el mundo no lo percibe. Jesús está aquí con nosotros, ahora,

y lo estará siempre. Y cuando lo recibimos en esa Segunda Venida y la Palabra se interioriza donde nosotros estamos, esa es la verdadera Segunda Venida de Cristo.

Cómo reconocer al Cristo

Como discípulos de la Palabra encarnada, debemos reflejar la Cristeidad arquetípica del Avatar Jesús o Maitreya en nuestra propia individualización de la Palabra. Lo podemos hacer todos los días. Es importante que leamos *La imitación de Cristo,* de Thomas de Kempis, porque ahí se muestra cómo reunir las virtudes del Cristo, vivirlas y exteriorizarlas en nuestra vida.

Cuando hayamos logrado ese nivel de realización del Cristo interior, también podremos reconocer al Maestro Ascendido Jesús o Maitreya, o a los dos, delante de nosotros en su Segunda Venida. Esta no es una función de los tiempos ni del tiempo y el espacio, sino que es el alma que está lista. Está escrito: «Cuando el pupilo está preparado, el Maestro aparece».

Hay dos aspectos en la Segunda Venida. El primero es cuando recibimos al Cristo en nuestro corazón. Cuando haya una cantidad suficiente de personas que lo acepten, lo verán llegar en nubes de gloria. Podrán verlo en el aire porque ya lo tendrán en el corazón y tendrán algo con que identificarlo.

En tiempos de maldad de la gente, muchos no reconocen al Cristo. No reconocieron a Jesús cuando llegó porque ellos mismos no habían recibido al Cristo en su corazón. Juan el Bautista intentó preparar a la gente para la venida de Jesús llamando a que se arrepintieran de sus pecados y a que se bautizaran para lavar sus impurezas. Ellos no respondieron. Por tanto, no reconocieron al Cristo en Jesús. Lo negaron, lo persiguieron.

Pablo dijo que nadie puede llamar a Jesús Señor, sino por el Espíritu Santo.[4] Esto significa que, para poder percibir al Cristo en cualquier persona, tenemos que recibir el Espíritu Santo. Cuando tengamos ese Espíritu, podremos confesar al Cristo

como la verdadera identidad de todo hijo y toda hija de Dios, la verdadera chispa de vida. Cuando podamos empezar a reconocer eso, veremos al Maestro Jesús descender en una nube. Las apariciones de la Virgen María ante miles de personas en todo el mundo son un ejemplo de esto. Muchas personas reconocieron al Cristo en María porque tenían a Cristo en su corazón.

En la Segunda Venida no solo veremos a Jesús llegar en nubes de gloria, sino a todos los santos, todos los Maestros que nos han precedido de quienes habla el Apocalipsis: «Y ellos le han vencido por medio de la sangre del Cordero.⁵ Estos son los que están vestidos de blanco y están ante el trono de Dios. Esos son los que nos han precedido en la conciencia Crística.

El arrebatamiento

El arrebatamiento es una percepción de las Huestes Celestiales, quizá simultánea, por parte de la humanidad. Nosotros creemos que la venida de los Maestros en sus dictados es preliminar a ese evento. Primero los oímos a través de su Palabra y, al oír la Palabra y convertirnos en el Cristo, nuestra visión se purificará y entonces veremos.

Por tanto, si vemos al Cristo descender del cielo, no hay razón por la que no podamos ascender también para encontrarnos con esa conciencia. Los que ven con la conciencia de saber y de ser se convertirán en aquello que vean. Ellos son los que son recibidos ante la Presencia de los Maestros Ascendidos, pero pueden entrar a esa Presencia mediante el mismo ritual con el que entró Jesús: la ascensión.

Nos encontramos al final de una era. Es una época en la que hay muchas almas avanzadas que han vivido antes, que han afrontado iniciaciones en otras vidas, que se han purificado y están listas para la Segunda Venida, para el arrebatamiento. Llegará un momento en que serán vivificados. Cuando asciendan desde los montes en esas ascensiones en masa que han sido

profetizadas, estamos seguros de que Jesucristo estará entre ellos. Por tanto, será un cumplimiento literal de la profecía del Cristo que desciende y algunas personas de entre la humanidad que ascienden a su Presencia.

El Evangelio Eterno

En el Apocalipsis, la Biblia profetiza la venida del Evangelio Eterno. En medio del cielo vuela un ángel que tiene el Evangelio Eterno para predicarlo a los hombres de la Tierra.[6] Se piensa que este evento precede a la Segunda Venida.

Nosotros entendemos que este Evangelio Eterno ahora está aquí. Es una forma de pensamiento y una matriz de la mente de Dios como unas mantillas, como una esfera de fuego amarillo que rodea a la Tierra y que imparte a toda la gente el sentimiento de universalidad de la religión, la unidad de todas las religiones y la universalidad del Cristo. La gente es muy consciente de que este Cristo que estaba en Jesús es una Presencia Universal que también está con las personas, esa Presencia profetizada en Jeremías como la venida de El Señor, Justicia Nuestra.

Nosotros creemos que la Segunda Venida de Jesucristo *ya* se ha producido, que él *ya* ha descendido en nubes de gloria, que este Maestro Ascendido ha venido a la tierra, ha dado su mensaje del Evangelio Eterno y continúa haciéndolo. La profecía de que todo ojo le verá se aplica a todo ojo que tenga esa vibración y longitud de onda en la que es arrebatado por el Espíritu de su resurrección hasta el plano de percepción. Esto no ocurre simultáneamente; tiene lugar no según el tiempo y el espacio, sino según la capacidad del alma del individuo de recibirlo.

El cumplimiento de la era

La gran importancia de la Segunda Venida es que, en la Primera Venida, Jesús es el gran ejemplo al principio de la era de Piscis. Al final, cuando viene, lo hace para inaugurar la era

universal de la venida de Cristo a todos nuestros templos. Y ese es el final, el gran final de la era de Piscis.

El Maestro Ascendido Hilarión, que en una encarnación anterior fue el gran apóstol Pablo, enseña lo siguiente:

¿No entendéis que esos cristianos que han esperado durante dos mil años la Segunda Venida del Señor no se han dado cuenta de que la Segunda Venida es la venida al corazón de la plenitud de su conciencia Crística? Con la plenitud de la talla y medida de Cristo Jesús, vuestro Ser Crístico viene. Esto *es* la Segunda Venida, y cuando recibís a Cristo como vuestro Yo Real, ese Cristo recibirá a Jesús el Señor, que morará con vosotros y vivirá en vosotros y será en vosotros el Salvador del mundo.

¡Pongámonos manos a la obra! ¡Llenémonos del Espíritu Santo! Pongámonos manos a la obra como los que se han apropiado de la Palabra, de quienes Dios se ha apropiado como siervos.[7]

Postergación de la Segunda Venida

Al entrar en la Nueva Era con las Enseñanzas de los Maestros Ascendidos como nuestra guía hacia la individualización de la llama Divina, observamos una desgraciada resistencia al cambio por parte de las jerarquías ortodoxas tanto del cristianismo como del budismo, así como de otras religiones del mundo. Esta resistencia es de lo más evidente en las actitudes hacia la Venida de Cristo o Buda.

Por ejemplo, del mismo modo que el cristianismo continúa creyendo en la profecía de hace dos mil años sobre la Segunda Venida de Cristo, el budismo se adhiere a una tradición y una historia que se ha recitado durante dos mil quinientos años sobre la venida de Maitreya. Esta espera a una futura Venida del Cristo Jesús o del Buda Maitreya con sus discípulos y Bodisatvas ha creado un vacío de ignorancia espiritual.

«No hay ningún Cristo o Buda encarnado —dicen— por tanto, la oscuridad cubre la tierra.» Pero esa oscuridad es circunstancial, puesto que no se produce porque Cristo o Buda aún no hayan llegado, sino porque la gente está demasiado densa para ser consciente de la Presencia interior de Cristo o Buda o, bien, por no conocerse a sí misma ni a su Yo, niega la posibilidad presente de que Dios pueda venir a su templo.

Pablo preguntó a los seguidores de Cristo en Corintio: «¿No sabéis que sois templo de Dios, y que el Espíritu de Dios mora en vosotros?».[8] ¡Es evidente que no! Pero no estaban menos informados de lo que lo están algunos cristianos y budistas hoy día.

Del mismo modo, Gautama y Maitreya afirmaron el Espíritu de Dios interior cuando dijeron: «El Buda interior... es por naturaleza brillante y puro, sin mácula... oculto en el cuerpo de todos los seres como una joya de gran valor que está envuelta en una vestidura sucia... y manchada con la tierra de la avaricia, la ira, la estupidez y la falsa imaginación... Todos los seres son Tathagatas* en potencia... El camino a la Budeidad está abierto para todos. En todo momento todos los seres vivos tienen en sí el germen de la Budeidad».[9]

El gran cataclismo de oscuridad espiritual que ha llegado a la Tierra en eras del pasado y el presente es, de hecho, el resultado de la aceptación de la falsa profecía que dice que la semilla de Luz no está plantada en el alma, que la chispa divina no está encendida, que Dios no ha entrado en el templo del hombre, que el Espíritu de Dios no habita en su progenie y que el Cristo o el Buda aún no ha venido para vivificar el espíritu de los muertos.[10]

Tathagata: título de Gautama Buda utilizado por sus seguidores y por Gautama al hablar de sí mismos. Traducido literalmente como «el que así ha venido» o «el que así se ha ido», el vocablo se interpreta en una variedad de formas como un ser perfectamente iluminado; alguien que ha venido y se ha ido como otros Budas, enseñando las mismas verdades y siguiendo el mismo sendero; o alguien que ha alcanzado *tathata* («semejanza», «ser así» «ser eso», «ser tal») o se ha unido al Dharmakaya (que se corresponde con el Cuerpo Causal y la Presencia YO SOY), por ello ni viene de ninguna parte ni va a ninguna parte.

Esta postergación de la encarnación de la Palabra es una mentira sembrada en todas las religiones del mundo. El judaísmo, al rechazar al Cristo de Jesús, ha negado la encarnación de Cristo en el mundo judío actual y ha pospuesto la venida del Mesías. El Islam reverencia a Jesús como un verdadero profeta junto con Abraham, Moisés y Mahoma, pero niega que cualquiera de ellos fuera una «encarnación de Dios».

La mayoría de los musulmanes ponen sus esperanzas en la venida de un *mahdi* o «alguien que tiene guía divina», que dará entrada a un período de justicia y paz. Dicen que a esa era dorada seguirá un declive, que llevará al Día del Juicio y al fin del mundo. El zoroastrismo también espera un salvador (*saoshyant*) que guiará las fuerzas del Bien en una batalla final contra el mal durante el fin de los tiempos.

¿Dónde está la religión que proclama que la Segunda Venida de Cristo ya ha tenido lugar? Esa religión está aquí mismo. Es la religión de los Maestros Ascendidos.

La Segunda Venida ha ocurrido

En su Discurso de Acción de Gracias de 1989, Jesús explicó que «la denominada Segunda Venida ha ocurrido y se ha repetido» y que, desde el 23 de noviembre de 1989 hasta el fin de la era de Piscis, «me habré aparecido a todos en todos los planos de esta casa de la Materia» ...

Por tanto, vengo con la apariencia profetizada;[11] y vengo una y otra vez, amados míos, porque la denominada Segunda Venida ha ocurrido y se ha repetido. Por ello, comprended, amados, que estoy en la Tierra como se predijo y estoy aquí para cumplir la profecía de que todo ojo me verá.[12]

Benditos corazones, os he llamado a que seáis míos, mis discípulos, mis apóstoles. Os he llamado a que seáis el Cristo.[13] He pedido, amados, que la multiplicación de mi Cuerpo, que es partido por vosotros,[14] pueda ser que mi Presencia

Electrónica se mueva por la Tierra a través de vosotros y que mi Sagrado Corazón sobre vuestro sagrado corazón pueda amplificar esa llama trina y esa puerta abierta del corazón para que, a través de nosotros, uno a uno, con mi Yo puesto sobre vuestro yo, las almas de la Tierra puedan entrar al sendero del discipulado para el mismo cumplimiento de la Ley que vosotros mismos estáis realizando y que habéis realizado en alguna medida.[15]

La venida de Maitreya

Como hemos dicho, los budistas de hoy día esperan la venida de Maitreya de modo muy parecido a como los cristianos esperan la Segunda Venida de Jesús. La mayoría de los budistas creen que la venida de Maitreya ocurrirá dentro de miles, millones o hasta miles de millones de años. Esto es una postergación. Pero Maitreya refuta esta doctrina de postergación mientras proclama su venida en esta era.

Siendo el Buda Venidero, pues, vengo a vuestro templo. Tal como en Occidente está profetizada la Segunda Venida de Cristo, en Oriente está profetizada la venida de Maitreya. El significado es el descenso del Buda que es el Cristo Cósmico a vuestro corazón. Esto no está retrasado. Está listo.

YO SOY el que está aquí, amados. Quisiera entrar. A medida que la cámara se vacía y se vuelve a llenar, se vacía y se vuelve a llenar por el aliento de fuego de la llama de iluminación, sabed que, en el proceso de vuestro desfile por los cañones internos del ser, subiendo por la escalera de caracol hasta el corazón, estoy con vosotros; y en un momento de reconocimiento, vivimos la percepción divina de los dos en lo profundo del corazón comulgando.[16]

En el momento en que posponemos la venida de Maitreya o su presencia con nosotros por estar ocupados con nuestra existencia humana —aunque solo lo pospongamos cinco minutos—,

nos habremos involucrado en la mentira de la postergación que desplaza al Buda Planetario y al Cristo Cósmico donde nos encontramos.

Jesús explica qué significa la dispensación del adviento de Maitreya en el amanecer de la era de Acuario para cada uno de nosotros:

> Cuando estaba encarnado, yo era la presencia de Maitreya. Tanto cuanto se podía dar a la gente de Maitreya, él lo daba a través de mí. Y era una gran obra y entrega que ha sostenido a millones de personas durante estos dos mil años.
>
> En esta hora, debido a mi ascensión y la aceleración de los portadores de Luz, «el que en mí cree, las obras que yo hago, él las hará también; y aún mayores hará, *¡aún mayores!*».[17]
>
> Así, en la dispensación de la presencia de Maitreya como Buda Venidero que ha venido al amanecer de la era de Acuario, debéis comprender que las mayores obras que se esperan también significan que la Ley espera que en esta era también se entregue una parte más grande de Maitreya y de mí mismo a través de esta Mensajera y los muchos discípulos de todo el mundo que guardan la llama y, en algunos casos, tienen un otorgamiento de poder más allá de ese poder que tenían los apóstoles. Amados, esto se debe al girar de los mundos y el cambio de ciclos. Así, no necesariamente por logros, sino por el viento del Espíritu Santo en vuestras velas, por el impulso acumulado de la Gran Hermandad Blanca con vosotros, es que dais la presencia de Maitreya al mundo.[18]

Puesto que la ley cósmica ha permitido excepciones a la regla de que los Maestros Ascendidos no pueden reencarnar, es posible que el Maestro Ascendido Maitreya pudiera reencarnar con sus Bodisatvas en el futuro como el Buda Venidero que encarne y propague el dharma de la Nueva Era. Según el Maestro Ascendido El Morya, si el mundo entra en una Era de Oro, Maitreya podría decidir encarnar quinientos años después de su comienzo.

Pero también sabemos que un Buda, ya sea que esté ascendido o no ascendido, puede elegir aparecerse en una forma tangible a corrientes de vida selectas. Así, sin reencarnar, Maitreya podría ser visto caminando y hablando con sus discípulos en su Cuerpo de Luz de Maestro Ascendido, el cual puede precipitar al nivel etérico para aquellos que puedan verlo en ese nivel, pero su karma los ata a la octava física.

Predicad la Palabra de la Segunda Venida

El Maestro Ascendido El Morya da su visión sobre lo que la Segunda Venida puede significar para todos, no solo unos pocos:

Convoquemos, pues, a partir de las santas energías de los elegidos, el poder que hará que la humanidad corrija las distorsiones sobre la pantalla de la vida y despierte a las masas de la humanidad hacia el gran poder del resurgimiento de la imagen Crística, esa Segunda Venida de Cristo que ha llegado no solo para unos pocos, sino para muchos, para que los elegidos sean convocados de los cuatro rincones de la Tierra y el mundo ya no habite en la sombra y la desgracia, sino en la vida abundante concebida por el Maestro Jesús, la imagen abundante concebida por cada Maestro de la Gran Hermandad Blanca, la penetrante Luz blanca del fuego sagrado.[19]

Y os digo: si no sabéis qué hacer, deteneos y buscad la llama de la santa voluntad de Dios, y después avanzad y continuad la carrera. Seguid la estrella y llegad al punto en que seáis la plena exteriorización del Cristo en manifestación para todos los hombres, para que vean y contemplen al unigénito del Padre aparecer de nuevo en la Segunda Aparición, la tercera aparición y la millonésima aparición, después de que cada corriente de vida también haya manifestado lo mismo, hasta que la Tierra entera se vuelva una diadema de estrellas, estrellas en tal cantidad que todo el universo vea y sepa que la santa voluntad de Dios, la voluntad del Cristo, ha venido en cada hombre a la manifestación.

Con este fin servimos en Darjeeling. Con este fin permanecemos con las evoluciones de este planeta. ¿Permaneceréis conmigo este día?[20]

Sanat Kumara también habla de la necesidad de llevar el mensaje de la Segunda Venida a las naciones:

¡He aquí, ahora es el tiempo aceptable, ahora es el día de la salvación del Señor como Mesías venido a vuestro templo! Y la misión de su Segunda Venida tiene como fin encender vuestra llama trina hasta la plena expansión de la presencia de vuestro Ser Crístico que habita en vosotros corporalmente. Estas son las buenas nuevas de vuestro Salvador y yo, Sanat Kumara, os llamo a que las prediquéis. Pero parece que algunos de vosotros habéis pensado a lo largo de los años que podéis elegir ser o no ser un predicador vivo. Pero yo os digo: hasta que no toméis el manto de vuestro Maestro, como Eliseo tomó el manto de Elías y golpeó las aguas de la conciencia humana, no recibiréis del Espíritu Santo las señales que siguen a los que creen.[21]

Décimo capítulo

La doctrina del pecado original

P ARA APOYAR SUS DECRETOS OFICIALES que elevan A JESÚS a la singular talla de ser Dios, la Jerarquía de la Iglesia desarrolló varias doctrinas corolarias. Una de ellas es la del pecado original. Esta doctrina, tal como se ha enseñado en la Iglesia católica, afirma que, como resultado de la Caída de Adán, todos los miembros de la raza humana nacen con un defecto moral hereditario y están sujetos a la muerte.

La Enciclopedia Católica dice que el término «pecado original» designa «un estado de culpa, flaqueza o debilidad encontrada en seres humanos históricamente, antes de su opción libre sobre el bien o el mal. Es un estado del ser antes que un acto humano o su consecuencia».[1]

Debido a su mancha de pecado heredada, ningún hombre puede lograr ni su decencia ni su destino sin un acto salvador de Dios. Esto se logra, según la Iglesia católica, a través de la muerte y resurrección de Jesucristo.

Debemos desafiar esta doctrina del pecado original en la que creen tantos millones de personas en la Tierra. Desengañemos a los portadores de Luz acerca de la idea de que nacieron en pecado y que no pueden elevarse más. Porque, hasta que no desafiemos esta mentira, estaremos sujetos a la carga de su condenación.

Historia de la doctrina

Por lo general, apenas queda rastro alguno del concepto de «pecado original» entre los primeros padres apostólicos, quienes creían que ningún pecado podía impedir que el hombre eligiera el bien o el mal con su libre albedrío.

En el siglo V, el pecado original se convirtió en el centro de una controversia que más tarde resolvería el Sínodo de Orange en 529 d. C. El sínodo decretó que el pecado de Adán corrompió el cuerpo y el alma de toda la raza humana; el pecado y la muerte son el resultado de la desobediencia de Adán. El sínodo también declaró que, debido al pecado, el libre albedrío del hombre se debilita tanto que «nadie puede amar a Dios como debiera ni creer en Dios ni hacer nada por Dios que sea bueno, a no ser que la gracia de la misericordia divina le llegue antes».[2] Por tanto, la gracia y no el mérito humano era el elemento principal para la salvación.

En las consecuencias del debate sobre el pecado original había mucho en juego. La controversia amenazaba socavar el papel de la Iglesia en la vida del comulgante. La Iglesia enseñaba que el bautismo era la forma en que los fieles eran iniciados en la Iglesia e introducidos a la gracia, y que los sacramentos sostenían una vida de gracia. Si el sacramento del bautismo dejaba de ser necesario para lavar el pecado original y lograr la salvación, la Iglesia y su clero se volverían prescindibles.

Lo que la Iglesia católica hizo con su doctrina del pecado original fue condenar a toda la raza humana al fracaso excepto por la gracia salvadora de Jesucristo, una ley que no es de Dios y que no se puede cumplir tal como la declararon.

La intercesión del Cristo

Nosotros creemos que sin el Santo Ser Crístico como intercesor y la respuesta del alma a la llamada de Dios, esta se verá asaltada por los poderes del infierno de este mundo y los ángeles

caídos para poner en peligro su Luz, para despilfarrar esa Luz; es decir, para que peque e incurra en karma. Nosotros creemos en la necesaria intercesión de ese Cristo y en el Cristo de Jesús que obra a través de nosotros.

Jesús nos habla del bautismo como un sacramento que nos libera y nos pone en el sendero para el cumplimiento de la voluntad de Dios. El bautismo, pues, se convierte en el primer sacramento, la consagración del alma a la voluntad de Dios. Jesús dice: «Sí, los bautizan una vez en la vida, bañándolos en agua. Entonces la ceremonia se termina. Os digo que yo deseo bautizaros a diario en el Agua de Vida, en la Palabra viva, en aquello que fluye de la Presencia YO SOY, amados, la corriente clara como el cristal. Yo seré el instrumento para vosotros. Venid a mí todos los que estáis trabajados y cargados, y yo os haré descansar[3] como renovación y recreación y un reencendido de las células y las moléculas de la vida y la fuerza vital dentro de vosotros.[4]

Jesús nos está diciendo que el bautismo que tiene lugar una vez en la vida no basta para llevar a los hijos y las hijas de Dios hasta la ascensión y afirma que debemos ser ungidos diariamente con el Agua de Vida y que él, como nuestro Gurú vivo, desea venir y darnos esto todos los días.

Al aceptar esta unción diaria por gracia, también debemos refutar la creencia en el estado pecaminoso del hombre. Esta creencia es algo que vemos reforzado incluso en la oración católica del Ave María: «Ave María, llena eres de gracia, el Señor es contigo. Bendita tú eres entre todas la mujeres y bendito es el fruto de tu vientre, Jesús. Santa María, Madre de Dios, ruega por nosotros pecadores, ahora y en la hora de nuestra muerte. Amén». Cada vez que esto se repite, el individuo confirma que es un pecador, incapaz de escapar de esa jaula o molde.

La Virgen María nos ha dado una nueva versión del Ave María, que anula la doctrina del pecado original. El rosario de la Nueva Era nos da el final que la Virgen María nos ha enseñado: «Reza por nosotros, hijos e hijas de Dios, ahora y en la hora de nuestra victoria sobre el pecado, la enfermedad y la muerte».

Ave María, llena eres de gracia,
el Señor es contigo.
Bendita tú eres entre todas las mujeres
y bendito es el fruto de tu vientre, Jesús.

Santa María, Madre de Dios,
reza por nosotros, hijos e hijas de Dios,
ahora y en la hora de nuestra victoria
sobre el pecado, la enfermedad y la muerte.

El verdadero «pecado original»

Los Maestros Ascendidos nos enseñan que los ángeles caídos son los pecadores originales, que cometieron el pecado original contra Dios al desafiar a la Madre Divina y el Divino Varón. Ellos han llevado a los niños de Dios a los caminos de la pecaminosidad con el fin de convencerlos de que son «pecadores» y, por consiguiente, indignos de seguir los pasos de Jesucristo. Los ángeles caídos han ocultado a los niños de Dios el verdadero conocimiento sobre el hecho de que Dios ha dotado a todos ellos de la Imagen Divina. En cambio, les han enseñado que tienen para siempre la mancha del «pecado original» y que jamás pueden ser como Cristo ni manifestar su potencial Crístico. Los ángeles caídos han promulgado así la falsa doctrina que dice que, debido a que los niños de Dios son pecadores, solo pueden salvarse por gracia, negando así la necesidad de que cada cual «haga las obras del que me envió», como declaró Jesús de su propia misión.[5]

Dios nos ha llamado a que abandonemos la vida pecaminosa de los ángeles caídos y que dejemos atrás el sentimiento de que somos pecadores para siempre. Debemos aceptar el perdón a través de Jesucristo por nuestras transgresiones del pasado y aceptarlo como nuestro Salvador. Debemos caminar por la verdadera ruta que el Señor ha puesto ante nosotros. Esto se hace posible por la gracia de Jesucristo, que restablece nuestra unión

con él y con nuestro potencial Crístico interior. Esta gracia nos permite la oportunidad de expiar nuestras maldades y nuestros errores para seguir nuestro sendero de Cristeidad individual.

Una carga de condenación

Jesús explica la carga de condenación que supone la mentira del pecado original para toda la humanidad:

Miro las cargas de la humanidad y pienso en la historia del Edén y la maldición del pecado, la prueba en la que fallaron los que hicieron caso de la voz de la Serpiente. Desde Agustín, las iglesias han predicado que «estáis concebidos en pecado y nacéis en pecado», etcétera, etcétera.

Considerad también las palabras de David: «En pecado me concibió mi madre».[6] Incluso él fue víctima de la condenación planetaria. Esta condenación es sutil y la mayoría de vosotros sois totalmente inconscientes de cómo la dirigen contra vosotros y otros que han descendido a la mortalidad para estar en la Tierra por poco tiempo y luego volver a entrar en los reinos de gloria.

Cuando recéis por vuestra familia y vuestros hijos, os pido que comprendáis que la raíz que provoca el descontento en cada alma y cada corriente de vida (compartida por familias, comunidades y naciones) es la creencia sellada en el inconsciente en que el alma está manchada de acuerdo con la doctrina del pecado original. Es la creencia en que el alma ha pecado y que ese pecado está, de algún modo, ligado a la procreación. Y así, el acto más maravilloso de la creación, el dar vida en la Tierra a almas desnudas que necesitan un cuerpo físico para el viaje, se pone en peligro por la «mancha del pecado», tal como lo denominan.

La bendición del sagrado matrimonio, la bendición del padre, la madre y el niño en la gloria de los ángeles, debe ser vuestro asunto de primer orden cuando sirváis a Dios en la

Tierra. Porque no comprendéis qué condenación de la Muerte y el Infierno tenéis sobre vosotros en lo que respecta a este asunto.

Esa condenación está impresa en los oscuros recovecos del inconsciente. Es difícil de desatar. Porque, amados, todos tienen un profundo sentimiento de dolor, dolor irreparable, por haber comprometido el fuego sagrado y el fruto del Árbol de la Vida. Y es como si nada pudiera borrar esa mancha del pecado.

Benditos, la Virgen María fue a la Mensajera hace muchos años y le dijo que tenía la tarea de borrar la mancha del pecado que los ángeles caídos han imprimido en la mente de la gente y que tenía que impartir a su conciencia a través del Espíritu Santo un sentimiento de sacralidad en la unión del hombre y la mujer en santo matrimonio y en la concepción de hijos. Os pido que asumáis esta causa y que la incluyáis en vuestros llamados, especialmente en vuestros llamados a Astrea. Porque los Elohim os han creado en el Principio y al Final los Elohim os llevarán de vuelta al nivel de su ser.[7]

Afirmemos nuestro origen en Dios

Hace muchos años, la Diosa de la Libertad pronunció un fíat diciendo que el pecado original no tiene una realidad final, puesto que su origen no está en Dios: «Amados, habéis oídos hablar de la doctrina del pecado original. Yo soy la portavoz del Consejo Kármico y os digo, amados, que no hay tal cosa como el pecado original, pues Dios no lo creó, los Maestros Cósmicos no lo crearon y creo que no ha sido creado nunca. El pecado original, amados, es un producto de la imaginación humana. Lo que es original es pureza, es la ley de la vida, es la ley de la perfección eterna y es lo que se quería que actuara en el mundo del hombre tal como actúa en el universo».[8]

La Virgen María aporta la visión de nuestro origen, no en pecado, sino en Dios: «Oh amados, no importa cuándo llegue

el momento, siempre que llegue rápidamente para que declaréis: "¡He aquí, el Señor me ha engendrado!". Que esa afirmación anule el registro de condenación del pecado original sobre vuestra alma; y sabed que el origen de vuestro ser está en la concepción inmaculada de Alfa y Omega. Esa es vuestra vida original, esa es vuestra virtud original, ese es vuestro amor original; y Dios os ama con esa pureza con la que os amó en la hora de la concepción de vuestra alma en el corazón del Gran Sol Central».[9]

El nacimiento virgen y la concepción inmaculada

E L HECHO DE QUE TODAS LAS COSAS SON posibles con Dios no se cuestiona cuando consideramos la concepción de Jesús. Cualquier cosa es posible. Primero, debemos explorar si existe algún motivo para que Dios haga una excepción a las leyes para cuya creación tuvo buenas razones. Segundo, si consideramos cualquier fenómeno o milagro una excepción a la ley cósmica, debemos estar seguros de que ello no sea el cumplimiento de una ley superior de la que aún no somos conscientes.

La doctrina del nacimiento virgen se basa, parcialmente, en la salutación de Gabriel escrita en el libro de Lucas. Según lo que cuenta ese evangelio, en ese momento María estaba prometida o comprometida a casarse con José. Su sorpresa ante la anunciación está expresada con las palabras: «¿Cómo será esto? pues no conozco varón».[1] Entonces, el Mensajero del Altísimo le aseguró que le llegaría el Espíritu Santo y que el poder del Altísimo la acompañaría. Pero no dice si el Espíritu se le impartiría a través de su esposo o directamente de Dios. La pregunta que debemos hacer, por tanto, es si había alguna razón para que Dios hiciera una excepción al proceso normal del nacimiento. ¿Acaso esa

necesidad surge de las ideas preconcebidas que tiene el hombre sobre el pecado original o de la lógica de la Divinidad?

La concepción en las Eras de Oro

Antes de la Caída del hombre, la concepción tenía lugar cuando el padre y la madre dirigían rayos de Luz desde el chakra del corazón que se unían en un punto del espacio y formaban el cuerpo del niño. Como resultado del pecado original del hombre (que no fue el sexo, sino la desobediencia a las leyes de Dios), este descendió a la dualidad y, más adelante, dejó de tener la maestría para crear mediante la precipitación directa. Así, los Señores Solares hicieron evolucionar otro método para el nacimiento, llegando a ser el actual método de procreación, santificado por Dios.

Sanat Kumara describe el proceso de dar a luz tal como acontecía en las antiguas Eras de Oro y como está destinado a producirse en la Era de Oro que ha de llegar:

El poder ascendente de los Señores de la Llama de Venus ha de llegar a ser manifiesto dentro de los hombres y las mujeres de esta Tierra para que se restablezca el poder secreto de la creación afianzado en dos rayos secretos del amado Cosmos. Esto hará posible que en este planeta el nacimiento se produzca con los medios del poder de la Palabra hablada, según el cual el hombre y la mujer, como hacen en Venus, se pongan cara a cara ante el altar sagrado e invoquen los poderosos rayos de Luz del corazón de su Presencia que se unirán y mezclarán ante el altar de Dios en santa unión y traerán a la manifestación al instante el cuerpo totalmente desarrollado de un Divino Varón.

Esta entrega, cuando se manifieste en este planeta por primera vez, liberará a las mujeres de la Tierra, con el tiempo, de la carga de dar a luz y eliminará las espinas (que nunca fueron parte del propósito divino) del proceso del nacimiento, haciendo posible que tanto la vida como la muerte asuman nuevos aspectos en la conciencia humana. Lo cual significará

que la última parada de una vida individual que aún no está
destinada a ascender al final de su encarnación consistirá en
que el individuo pueda acudir a los templos del fuego solar
en la Tierra y se ponga ante los sacerdotes del fuego sagrado
y entre en la Llama para ser absorbida por sus esencias purifi-
cadoras, mientras los seres queridos de su familia contemplan
su salida consciente de la pantalla de la vida sin lágrimas, sin
un sollozo, sabiendo que esa persona volverá a encontrar
una renovación santa en los votos de un hombre y una mujer,
juntos ante los santos altares de Dios para, de nuevo, traerlo
al mundo de la forma desde la no forma.

Así, las personas ya no sufrirán más dolores de parto y
el proceso de la muerte como se conoce actualmente en este
planeta, sino que la gloria de la Nueva Era será emitida y
compartida por los avanzados hombres y mujeres que aman
y admiran la cultura de la Luz divina.[2]

Hacer de Jesús una excepción

Quede claro que la relación sexual no fue el pecado original.
Quede claro también que todos los hombres no son concebidos
en pecado. Sin embargo, todos están manchados por el pecado
original de la desobediencia, de otro modo no estarían evolucionando en este planeta.

En algún lugar, hace mucho tiempo, todos los seres humanos
se implicaron en el pecado original al cometer el primer acto
de desobediencia a Dios. A través del Cristo en cada hombre,
ese pecado puede expiarse. El sexo, que simplemente significa
«sagrada energía en acción», no es impuro en sí mismo. Lo que
es pecaminoso es el abuso de esta energía sagrada, que puede ir
desde los chismes, el odio, hasta la lujuria en el acto sexual. La
relación sexual, cuando se emplea como procede por las personas
unidas en santo matrimonio, es el método ordenado por Dios
para procrear y no hay nada impuro en ello, excepto la conciencia pecaminosa del hombre.

Puesto que las teorías prevalentes sobre el pecado original son incorrectas (ya que el hombre no está concebido en pecado, sino que se concibió a sí mismo en pecado con su primer acto de desobediencia), debemos preguntarnos por qué sería necesario que Dios hiciera una excepción al proceso establecido del nacimiento con el fin de producir a su Hijo unigénito, el Cristo, que nace y vive en todo hijo e hija del Altísimo.

Inherente a este concepto percibimos no solo la creencia de que el sexo es pecaminoso, sino la de que la propia Materia no es un vehículo adecuado para el Espíritu de Dios. ¿José era menos santo que María? Si el cuerpo de ella estaba consagrado para traer al mundo a Jesús, ¿no podría el de José haber estado también consagrado al Espíritu Santo para producir la semilla divina? Si hubiera algo inherentemente impío en el proceso del nacimiento, ¿por qué lo utiliza Dios de cualquier forma? Si podía prescindir de la función de José, ¿por qué no prescindió de María, simplemente enviando al Divino Varón directamente del cielo?

Es precisamente porque los luciferinos deseaban mantener a los hombres en la conciencia del pecado reconociéndose a sí mismos como pecadores que concibieron la idea de hacer de Jesús una excepción a la regla, haciendo que estuviera tan por encima de todos los demás, que nadie pudiera ni siquiera tener la esperanza de aproximarse a su bondad. Por eso, la meta de la Cristeidad ordenada por Dios para cada manifestación de sí mismo se convierte en algo inalcanzable, si aceptamos la doctrina del nacimiento virgen. Porque si ello es una condición para la santidad, el hombre está derrotado incluso antes de comenzar.

Debemos preguntarnos si Dios haría una excepción a su Ley que diera como resultado la exclusión de la gracia de todos sus hijos excepto uno. Si Jesús no fue creado como los demás hombres, su misión no tendría sentido, porque él vino a enseñar a los hombres el camino, no a ganar la salvación para ellos. Él fue el gran ejemplo y dejó uno perfecto que puede y debe seguirse en todos los respectos, si el hombre ha de reunirse con Dios. Jesús

vino a enseñar el único camino que el hombre tiene de hallar la reunión, y su propósito al venir ha sido abortado porque ha sido adorado y no imitado.

La evidencia en la Biblia

Al examinar la doctrina del nacimiento virgen, veamos primero la evidencia que de ello hay en la Biblia. Consta en las escrituras que María y José vivieron como esposos y criaron hijos después de que Jesús naciera.[3] También está escrito en la Biblia que, en el momento de la concepción de Jesús, ellos estaban prometidos, pero no casados. En los tiempos bíblicos, el matrimonio y el noviazgo conllevaban derechos y responsabilidades parecidas[4] y es del todo posible que María y José consumaran su unión antes de concebir a Jesús.

La base bíblica de la doctrina de la concepción virginal descansa sobre unos pasajes clave. Los más significativos de ellos son unos pocos versículos del primer capítulo de Mateo: «El nacimiento de Jesucristo fue así: Estando desposada María su madre con José, antes que se juntasen, se halló que había concebido del Espíritu Santo», lo cual había ocurrido para que se cumpliese «lo dicho por el Señor por medio del profeta, cuando dijo: He aquí, una virgen concebirá y dará a luz un hijo, y llamarás su nombre Emanuel, que traducido es: Dios con nosotros».[5]

Es probable que el autor de esta parte de Mateo[6] tuviera un «texto como prueba mesiánica» —es decir, una lista de pasajes extraídos del Antiguo Testamento para demostrar que Jesús era el Mesías, utilizados como ayuda a la prédica por los primeros cristianos— y que tomara de él una versión mal traducida de Isaías 7:14, incorporándola a la historia de la infancia. El pasaje de Isaías consta así en la versión del Rey Jacobo: «Por tanto, el Señor mismo os dará señal: He aquí que una virgen concebirá, y dará a luz un hijo, y llamará su nombre Emanuel».

Sin embargo, algunas versiones del Antiguo Testamento

utilizan las palabras «una mujer joven» (*Revised Standard Version*) o «soltera» (*Jerusalem Bible*) y no «virgen». El texto del pergamino de Isaías hallado en la biblioteca de Qumran deja claro que la palabra original hebrea utilizada para describir a la mujer era *almâ*, que significa «mujer joven». Cuando el texto masotérico del Antiguo Testamento se tradujo al griego como la Biblia Septuaginta, la palabra *almâ* se tradujo (por razones que no están claras) a la palabra *parthenos*, que significa «virgen», en vez de *neanis*, literalmente «una mujer joven». En cualquier caso, la traducción griega *parthenos* («virgen») habría significado que una mujer que aún es virgen, una vez que se ha unido a su marido, concebirá, por medios naturales, al niño Emanuel. No había nada en la comprensión del verso por parte de los judíos que diese lugar a la idea de la concepción mediante el Espíritu Santo o a la creencia cristiana en la concepción virginal de Jesús.

El Mesías se esperaba como el cumplimiento de la historia judía. Sin embargo, no existía ninguna expectativa sobre un nacimiento virgen en Israel ni había indicaciones en la literatura del Nuevo Testamento (aparte de las historias de la infancia) de las que nadie fuera consciente de que Jesús nació sin la intervención de un padre humano. Los Evangelios se predicaron durante años sin hacer mención alguna de la concepción virginal y de ello no se hace ninguna mención en los escritos de Pablo.

Mateo se ocupa solo de mostrar la virginidad de María antes del nacimiento de Jesús para que la profecía de Isaías se cumpla. Con el paso del tiempo, no obstante, la idea de la concepción virginal creció y, en el siglo II, se desarrollaron tradiciones sobre el nacimiento virginal seguidas de la idea de que José y María nunca tuvieron relaciones sexuales normales, llegando finalmente a la conclusión de que ¡José también era virgen!

Los hermanos y hermanas de Jesús a veces se consideran como hijos de José de un matrimonio anterior. «En la antigüedad se hacían debates sobre si estos eran hermanastros de Jesús (hijos

de José de un matrimonio anterior, *Protoevangelio de Santiago;* Epifanio) o primos (hijos o bien del hermano de José o de la hermana de María, Jerónimo) o hermanos de sangre (hijos de José y María, Heldivius)».[7] La otra principal base bíblica de la doctrina de la concepción virginal de Jesús se fundamenta en dos palabras griegas que se encuentran en Lucas 3 y cuatro palabras en Lucas 1. Algunos eruditos bíblicos concluyen que esas palabras probablemente no formaban parte de los textos evangélicos originales, sino que fueron añadidas por un escriba que malentendió la doctrina hebrea de paternidad dual.

Durante algún tiempo antes del nacimiento de Jesús, los hebreos suponían que Dios participaba en la generación de cada individuo —que Yahveh crea cuando los padres procrean—, algo que el erudito bíblico William E. Phipps dice podría llamarse una teoría de paternidad dual:

Esta perspectiva de filiación doble se estableció en la tradición judía. Un antiguo rabino dijo que la creación humana acontece de la siguiente manera: «Ni el hombre sin la mujer ni la mujer sin el hombre y ninguno de ellos sin el Espíritu Divino».

En el relato del primer nacimiento de la Biblia, Eva exclama: «He traído al mundo a un ser con la ayuda de YHWH». [El SEÑOR me ha dado un hombre]. Un rabino lo interpretó así: «En la producción de un hombre hay tres asociados: el Santo, bendito sea, el padre y la madre». En esa afirmación talmúdica «la teoría rabínica de las relaciones matrimoniales queda resumida».[8]

Por tanto, la frase de Gabriel, «será llamado Hijo de Dios» (Lucas 1:35), no desencaja, según la doctrina hebrea, con el hecho de que José también fuera el padre.

Lucas 3:23 contiene un inserto obvio por parte de escribas: «Jesús mismo al comenzar su ministerio era como de treinta

años, hijo, según se creía, de José, hijo de Elí». Phipps propone que las palabras «según se creía» vuelven irrelevante la meta que tenía en mente el compilador genealógico, que era seguir el descenso de Jesús a través de José.

Lucas 1:34 contiene un inserto de los escribas menos evidente. «Entonces María dijo al ángel: ¿Cómo será esto? pues no conozco varón.» La frase es incongruente cuando las palabras «pues no conozco varón» permanecen en el texto. Phipps apunta que una novia inteligente difícilmente se sentiría desconcertada por el medio por el cual quedaría embarazada. Pero si «pues no conozco varón» se borra, el desconcierto de María se referirá al magnífico destino del hijo de un carpintero profetizado por Gabriel en los versículos anteriores y no el método de la concepción. Algunos eruditos sugieren que una antigua versión en latín de este pasaje, sin referencias a la concepción virginal, puede ser la forma en que lo escribió Lucas.[9]

Efectos de la doctrina

No existe manera de demostrar o desmentir que los textos originales de Mateo y Lucas fueran manipulados, porque los manuscritos existentes más antiguos son de varios siglos después de los originales perdidos. Sin embargo, en el siglo II y III fue que la concepción virginal cobró eminencia entre los Gentiles cristianos como la única manera adecuada por la que el Logos Divino encarnó.[10] Hoy, la postura de la Iglesia católica, la Iglesia ortodoxa y la Iglesia copta es que Jesús fue el producto de una concepción virginal.

Nosotros no creemos que la concepción de Jesús por parte de su padre, José, como agente del Espíritu Santo, reste mérito de ninguna forma a la divinidad de su alma o la magnitud de la Palabra encarnada en él; antes, aumenta la disponibilidad de la plenitud de Dios a través de sus instrumentos humanos elegidos y ungidos.

Cada hombre y mujer es el hijo de Dios (el Ser Crístico) cuya semilla es transmitida por Dios (el Espíritu Santo). Cada hombre y mujer es el hijo del hombre (los cuatro cuerpos inferiores, los vehículos que se conciben a través de la Materia y la conciencia en evolución del alma). La necesidad del estado de virginidad para concebir a portadores de Cristo es una condenación de los demás hijos e hijas de Dios que tienen un estado kármico. La doctrina de la perpetua virginidad de la Virgen María declara la indignidad de todas las demás personas de la Tierra: solo María puede dar a luz al Hijo de Dios; nosotros no podemos hacer nada para traer la Era de Oro.

Ello también condena al padre y el principio paterno: él no es digno de contener la semilla de Alfa, que puede encender y dar vida a un alma viva que sea un ser Crístico. Con esa lógica defectuosa, no podemos traer al mundo a los Cristos Cósmicos ni a los Budas ni a la séptima raza raíz, porque todos tenemos la mancha del pecado original.

La concepción inmaculada

La doctrina de la Concepción Inmaculada, que el Papa Pío IX elevó a la condición de dogma, va un paso más allá. Esta doctrina determina que María, por una gracia única, estaba libre de la mancha del pecado original desde el momento en que fue concebida. En consideración de los teólogos católicos, esta gracia especial —un privilegio que ningún otro ser humano ha recibido jamás— habilitaba a María como una madre de Cristo adecuada.*

El Nuevo Testamento no dice que María fuera concebida de manera inmaculada; y Orígenes, así como otros entre los

---

*La conclusión que habría que sacar de esta doctrina es que María no tenía karma, no tenía pecado. Esto tiene algo de verdad, puesto que la Virgen María y Jesús descendieron en su última encarnación con solo un pequeño porcentaje de karma sin saldar con el fin de cumplir sus papeles y después ascender. El problema de esta doctrina es que convierte a María en alguien única y aparte de los demás y, por tanto, implica que nadie más puede lograr el mismo estatus.

primeros padres de la Iglesia, supusieron que la madre de Jesús era como otros seres humanos. Creían que era santa, pero no sin pecado, es decir, sin karma. Además, en ninguna parte de las escrituras existe comentario alguno sobre la perpetua virginidad de María y los cristianos del siglo I no dicen nada sobre este tema. No obstante, cuando el Concilio de Éfeso ratificó el título de María como «Madre de Dios», en 431 d. C., ya existía una fuerte creencia en que su pureza no tenía defecto y su santidad era incomparable, elevándola así al nivel de un ídolo, alguien fuera de nuestro alcance, alguien como quien nunca podremos ser.

Se ha escrito mucho material erudito sobre este tema, a favor y en contra, pero el efecto básico de esta doctrina —que Jesús nunca predicó— es poner a Jesús y después a su Madre en un pedestal y, por consiguiente, negarnos la oportunidad de comprender que nosotros también podemos patrocinar a avatares, almas de Luz, con una preparación diligente en la santidad de la unión matrimonial.

María, la Virgen Cósmica

De hecho, la bendita María es la Arcangelina del Quinto Rayo y el complemento divino del Arcángel Rafael; y las Arcangelinas son llamadas Vírgenes, porque son las vírgenes celestiales. La Virgen María llevó su conciencia virgen, su plenitud divina, a la Tierra. Por eso se escogió a un Arcángel para descender a la forma y traer al mundo a Jesús, por su conciencia, su elevado estado, la gran magnitud de su aura y su logro.

La Virgen María es la Virgen Cósmica que asumió forma en todos los respectos; y al mantener el concepto inmaculado de nuestra alma, nos devuelve, con Jesús, la salvación en Dios. El concebir hijos de Dios con San José nunca puso en peligro ni la virginidad de María ni la de San José. *Porque la verdadera virginidad no es de la carne, sino de la mente, el corazón y el alma.*

Moisés vino para que pudiéramos volver a elevar el fuego sagrado, Jesús vino para representar nuestra Cristeidad, y Jesús recibió a su madre; y ella fue enviada por Dios para que mantuviera el concepto inmaculado de su nacimiento y su misión y para que nuestra alma se restableciera en nuestra virginidad, nuestro estado original de inocencia en el corazón de Dios.

La Virgen María nos dice:

Comencemos, pues, con el concepto inmaculado. Comencemos con la concepción inmaculada. Que todos los que están llamados ser concebidos hoy en la mente de Dios, a renacer en la Luz del Ojo Omnividente de la Virgen Cósmica, que la concepción de cada identidad se repita en este momento, mientras los fuegos de Alfa y Omega fluyen desde el corazón del Gran Sol Central. Que tenga lugar la repetición del ritual de la concepción de vuestra alma... Y que esa concepción sea porque ahora habéis reforzado el concepto inmaculado que mantenéis en el tercer ojo de lo que ha de llegar como plenitud de la perfección de la vida.[11]

Esta mañana pongo la mano sobre vuestra frente para sellar ahí, dentro del foco del Ojo Omnividente de Dios, la concepción inmaculada de vuestra divinidad; y digo: dejad que la imagen de la Ciudad Cuadrangular cósmica, el templo hermoso de vuestra individualidad, de vuestra identidad individualizada, aparezca para la victoria, separando el camino, separando el mar Rojo de vuestra conciencia humana y proveyendo la senda hacia la Tierra Prometida de la Era de Oro y el nuevo cielo y la nueva tierra.[12]

La expiación indirecta:
El cuerpo y la sangre de Cristo

JESÚS VINO A MOSTRAR EL CAMINO, A ser el Mediador entre nosotros y nuestro Dios. Esta es la función del Cristo. Se la atribuimos a Jesús porque él se unió al Cristo, pero lo que él hizo lo debemos hacer todos. Esta es la diferencia entre las Enseñanzas de los Maestros Ascendidos y las de las Iglesias de hoy día. Está bien claro.

Quienes deseen seguir las enseñanzas de los Maestros deberán comprender que tienen una responsabilidad: según siembren, eso recogerán. Si deseamos nuestra libertad, tenemos la responsabilidad de ser el Cristo, de ser coherederos con Cristo. Somos responsables de todas nuestras acciones, de toda la energía que utilicemos.

Mucha gente en este mundo no desea asumir esa responsabilidad. Es muy fácil decir: «Haré lo que quiero y después proclamaré mi fe en Jesús, porque él murió por mis pecados y al morir, mis pecados fueron expiados». Pero ¿cómo podría un hombre de hace dos mil años expiar los pecados que cometemos hoy? La idea es ilógica. Ni siquiera le resultaría atractiva a un niño de cinco años; sin embargo, la hemos escuchado tan frecuentemente que ni siquiera la cuestionamos.

Si todos los hombres cayeron con el pecado de Adán, ¿por qué no fueron resucitados todos los hombres en el momento en que Jesús murió en la cruz o cuando resucitó de entre los muertos? Si aquello fue la propiciación por los pecados del hombre, ¿por qué estos no quedaron libres de pecado? ¿Por qué no se perfeccionó la Tierra entera? Esa debería ser la lógica de la promesa de salvarnos a través de Jesús, a través de su muerte y el derramamiento de su sangre.

No habría ningún error en el mundo si todo fuera exactamente así. Porque el error de Adán se habría anulado con la muerte de Cristo, si Dios exigiera un sacrificio de sangre. El único sacrificio que Dios requiere es la renuncia a la mente carnal del hombre y las actitudes erróneas que este ha desarrollado hacia Dios y el hombre en su mentalidad carnal, y el reconocimiento de su propia identidad Crística, la cual Jesús proclamó.

Y así, vemos que la teoría de una expiación indirecta, que el sacrificio de Jesús expió todos los pecados del hombre a lo largo de toda la historia, no tiene sentido para nadie que recuerde su herencia, que pueda pensar por sí mismo, que sepa de dónde vino y a donde va.

El concepto de sacrificio

El hombre considera a Dios de la misma manera en que Abraham consideraba a Dios cuando recibió la orden de sacrificar a su hijo Isaac sobre el altar. El hijo de la promesa, pues, se convierte para el hombre en un símbolo del concepto de sacrificio. Pero la voz del ángel claramente declaró: «Abraham, Abraham... No extiendas tu mano sobre el muchacho, ni le hagas nada», y le dijo que no hiciera el sacrificio de su único hijo. La frase que había dicho Abraham, que el Señor proveería el sacrificio, se cumplió, y sucedió que el carnero trabado en un zarzal se convirtió en el sacrificio.[1]

Tal como Dios no pidió el sacrificio del hijo de Abraham

como propiciación por el pecado, tampoco pediría la muerte de Jesús como propiciación por los pecados de los hombres, porque Dios no es un tirano ni desea el sacrificio, sino que busca la obediencia, que él ha declarado es mejor que el sacrificio,[2] mostrando la verdad de la Ley.

La religión ortodoxa ha amplificado los aspectos relacionados con el sacrificio de la crucifixión de Cristo. Esto no se hace por falta de sinceridad, sino como una tradición, la cual prácticamente ha destruido el verdadero significado de la cruz, que es en sí misma el símbolo del encuentro de dos líneas de fuerza. El brazo vertical o descendente de la cruz representa la energía de Dios, las energías santas que descienden de las alturas, el Espíritu infinito. El brazo horizontal simboliza el plano de la materia que el hombre ha creado, lo finito, la Madre. Y la cruz se forma en el cruce de estas dos líneas, donde Dios y el hombre se encuentran.

Llevar la cruz, por tanto, es en realidad vivir en el plano mortal la vida que es la Realidad de lo Inmortal, de la Ley que es amor en acción. Esto no requiere más sacrificio que el poner la atención y entregar todo el ser al propósito eterno: «Presentad vuestros cuerpos en sacrificio vivo, santo, agradable a Dios, que es vuestro culto racional».[3]

En cumplimiento del plan inmortal que Dios ya tiene y que en efecto es, el carnero trabado en el zarzal simboliza la energía no redimida y mal cualificada del hombre que, como un chivo expiatorio, está atrapado en el desierto de la forma, del tiempo y el espacio, y simboliza su necesidad de transmutar periódicamente las condiciones indeseables en el propósito divino original. Esto es el cumplimiento divino. Tal cosa significa un sacrificio solo en el sentido de que uno debe renunciar a aquello que no ha producido felicidad ni perfección, a cambio de lo que sí lo hará. La carne y la sangre no pueden heredar el reino. Solo la magnificencia del Espíritu que está vivo por siempre puede heredad el reino. Esto es Realidad. Esto sustituye el error con su Verdad y es vida que sustituye a la muerte.

Esta es la manifestación el Cristo, del unigénito del Padre, de la Luz e inteligencia universal del Dios Todopoderoso. Hombres y mujeres inteligentes, e incluso la conciencia de un niño, pueden aceptarlo; no la idea de un sacrificio sangriento que Dios exigiera, no la idea de una expiación indirecta donde a un hombre le atribuyen los pecados de todo el mundo. Si así fuera, el hombre habría estado libre de pecado desde hace mucho tiempo, porque la pena se pagó hace dos mil años, según los conceptos del hombre.

Los peligros de una doctrina falsa

El Maha Chohán, representante del Espíritu Santo para la Tierra, nos advierte de los peligros que tiene para el buscador espiritual el aceptar la idea de una expiación indirecta en vez de las disciplinas del Sendero:

Ponderad el hecho de que una gran cantidad del fondo de conocimiento objetivo que tenéis sobre la vida, lo recibisteis como tradición de vuestros padres, maestros y asociados. Además, la mano de los fanáticos tan propensos al error, muy versados en su soberbia, han estado bien dispuestos a ofrecer su enseñanza al mundo. Mientras los ciegos continúan guiando a los ciegos, nosotros dirigimos la atención de la humanidad hacia la armonía y la unidad como algo más importante que la doctrina de la expiación indirecta, que se fundamenta en el apaciguamiento de la ira de una deidad furiosa. Tales conceptos erróneos contrastan de forma directa con la verdad sobre el amor divino, cuya radiante y edénica pureza mantiene solo la visión mejor y más grande por cada niño de la Luz. He aquí, este es el amor de Dios que da la capacidad a cada cual de expiar los pecados del pasado mediante la intercesión de su propio Ser Crístico.

No cedáis, pues, ante la seducción y las falsas promesas de esos apóstoles humanos de lo fácil que enseñan lo que gusta al hombre y no la Verdad de Dios y la Enseñanza de los Maestros Ascendidos. Mientras que unos, impregnados de los errores de la ortodoxia, han prometido a la humanidad la

salvación mediante el sacrificio de otro, otros han sugerido que, con unas pocas lecciones fáciles, uno puede conseguir suficiente conocimiento espiritual para tener para siempre una existencia atractiva sin ningún esfuerzo, simplemente dejando que Dios se encargue de hacer todo el trabajo.

Aquellos que buscan la salida fácil y no están dispuestos a ejercer la autodisciplina para superar los impulsos acumulados de sus errores del pasado, así como los inherentes a la civilización, pueden glorificarse en promesas así. Sin embargo, cuando tales personas se acercan al fin de su vida, se dan cuenta de que sus labores abandonadas o dejadas a medio hacer no han dado ningún fruto: ninguna victoria divina, ninguna comprensión del amor de Dios siempre presente o el escuchar su voz declarando: «Este es mi Hijo amado, en quien tengo complacencia».[4] Será demasiado tarde cuando sepan que la manzana madura de la promesa está en cenizas; y sus vidas desperdiciadas y esperanzas arruinadas serán la prueba, dando en severos términos la orden de que hay que buscar un cambio de ruta.[5]

Saint Germain también habla de este tema, explicando cómo funciona la gracia dentro del marco de la ley del karma:

La ley que afirma que todo hombre llevará su propia carga,[6] es decir, la carga de su propio karma, no se puede desestimar temporalmente, ni siquiera por gracia. Sin embargo, esta puede proporcionar la bendita ayuda que el aspirante anhela y que utilizará como ungüento de su esfuerzo para conseguir su victoria inmortal. Nadie podrá jamás conseguir otra victoria inmortal por él. No obstante, como en el caso de Sir Walter Raleigh y la reina Isabel, un ser Ascendido o no ascendido puede quitarse la capa y ofrecerla para facilitar el paso por un punto difícil, junto con las energías del almacén de su propio amor y gracia por alguien a quien ama. Esto es lo que hizo Jesucristo por el mundo, y su servicio permanecerá siempre como una brillante estrella que adorna el firmamento de los muchos hijos e hijas de Dios...

Cuando se conoce de verdad la vida y obra de Jesús, la admiración hacia el Maestro no tiene límites. Pero esta admiración debe ser suficientemente grande para inspirar al alma a imitar a Cristo. Caminar siguiendo los pasos iluminados del Maestro, revivir su vida haciendo sus obras, entrando en su pasión y participando en ella y bebiendo todo el cáliz de comunión con el Señor (el cáliz de alegrías y el de sufrimientos), así es el sendero por el que avanza el discípulo que primero admira y adora a su Maestro y, después, como el iniciado, emula sus acciones y su conciencia.

Esta es la única forma en que uno puede aceptar la doctrina de la expiación indirecta, con la que se cree que Dios y el hombre se reconcilian mediante la muerte de Jesucristo. Subrayo estas palabras con letras de fuego vivo, porque suponen el repudio a los conceptos erróneos del hombre mortal, los cuales continuamente se explayan exponiendo la naturaleza pecaminosa del hombre, reduciendo a todos los hombres al grado de pecadores, indefensos sin el sacrificio de Jesús el Cristo. Así, con un simple giro doctrinal, el potencial Crístico que Dios ha legado a cada hijo e hija se invalida y los niños benditos del Dios Padre-Madre se ven obligados a depender de que un hombre haga el sacrificio que ellos, a través del Ser Crístico, son capaces de hacer por sí mismos.

No hay justicia en el derramamiento de sangre sacrificial de uno por los pecados de muchos. El sacrificio supremo de Jesús en la cruz con el que entregó su vida por sus amigos fue la realización de la Gran Ley, que afirma que aquel que ha logrado la conciencia Crística y ha pasado las iniciaciones del fuego sagrado, puede mantener el equilibrio del karma del mundo y del karma individual. Cualquier iniciado de la talla de Jesús, gracias al peso de la Luz que lleva en el corazón como un foco concentrado de los fuegos sagrados del Espíritu Santo, puede cargar con el peso del pecado de los hombres y su sentimiento pecaminoso hasta que ellos, por sí mismos, sean capaces de llevar esa carga y decir con el Señor: «He aquí, mi carga es ligera».[7]

A través del bautismo de fuego del Espíritu Santo cada hombre puede, en el nombre de Cristo, ser el receptor de la llama del perdón al invocar la ley del perdón. La llama violeta es la acción del séptimo rayo del Espíritu Santo con sus fuegos bautismales que transmuta la oscuridad en Luz, el error en Verdad y es el medio por el cual es pecador es sanado. Así, cuando Jesús pronunció las palabras del Cristo: «Tus pecados te son perdonados»,[8] emitió la orden por la cual las energías del Espíritu Santo fueron transferidas desde la llama de su corazón al ser y conciencia del suplicante para consumir esa parte de su karma tal como la Ley permitiera.[9]

La misión de Jesús en el ámbito kármico

La verdadera comprensión sobre el hecho de que Jesús cargara con los pecados del mundo es que, cada vez que los hombres han incurrido en un karma tan grave que fuera imposible de saldar y, por tanto, estos debían pasar por la segunda muerte, Dios, periódicamente, ha tenido misericordia de ellos y ha enviado a un Hijo de Luz casi libre de karma o con el suficiente como para mantenerse en la Tierra. Ese individuo, debido a su logro y condición de adepto, asume el karma planetario y carga con los pecados del mundo; al hacerlo, renueva la oportunidad para quienes pecaron para que cualifiquen la energía correctamente y regresen a Dios.

Sin embargo, la errónea interpretación de esta enseñanza ha hecho que la gente ignore la ley del karma. Los caídos han distorsionado la ley del karma, así como este concepto del Salvador que asume los pecados del mundo, dándole el significado de que la gente solo necesita confesar sus pecados y con eso se puede lograr la salvación.

El karma que Jesús asumió es el karma original relacionado con la caída de Lemuria por desobediencia a la Ley de Dios y el descenso de las energías mediante el abuso del fuego sagrado. Jesús no asumió todas las maldades futuras de la raza; asumió el karma

básico de la Caída o el descenso de conciencia para que la gente pudiera, desde el punto de gracia que él había alcanzado y sobre el impulso acumulado de su conciencia, regresar al estado de gracia con el fin de saldar el karma de su cinturón electrónico y, de ese modo, llegar al punto en el que pudiera cargar por sí misma con el karma de su caída. Y cuando la gente llegue al punto en el que cargue con el karma de su caída, se encontrará en el punto de encuentro con su morador del umbral y la totalidad de las espirales que se produjeron a través de la Caída, las espirales negativas de la caída en conciencia desde los chakras superiores a los inferiores.

Existe una gran diferencia entre saldar el karma de los pecados del día a día y saldar el de la Caída original. Puesto que debemos funcionar desde el nivel de la conciencia del planeta, que está en la condición de esta conciencia caída, nosotros funcionamos en un plano determinado que, casi por necesidad, implica el pecado día tras día. Puesto que se trata de una forma de vida en el planeta, los Maestros han desarrollado un código ético según el cual las personas pueden vivir hasta que evolucionen y salgan de este estado de conciencia. La gente tendrá que lidiar con el karma hasta que sea capaz de lidiar con la maestría del fuego sagrado.

Desgraciadamente, en vez de hacer eso, la gente pone la responsabilidad de todos sus asuntos sobre Jesús y piensa que así ella misma no tendrá ninguna. Esto es la conciencia del chivo expiatorio, el deseo inherente de la mente carnal de poner la responsabilidad de sus fracasos, sus injusticias, sobre el Cristo y sobre los hijos y las hijas de Dios, que tienen la conciencia Crística.

Sacrificio y expiación

En su libro *Lecciones de la clase de la corona,* Jesús se ha extendido mucho sobre los conceptos del pecado y la expiación indirecta. Aquí nos explica el verdadero significado de sacrificio:

> Escritores, santos, profetas y hombres píos de la Biblia han escrito y enseñado cosas acerca de la idea de apaciguar a

un Dios iracundo mediante el sacrificio con un derramamiento de sangre de su Hijo. Aunque esas personas han actuado con gran sinceridad, han sufrido la influencia no obstante de una práctica estrictamente pagana que les ha llegado desde los tiempos remotos, cuando los hombres se apartaron de las antiguas religiones de la Atlántida, en las que se enseñaba y se vivía la verdadera comunión con Dios como el intercambio (emisión sacrificial) de Luz entre el alma y el Espíritu.

Después, el verdadero arte del sacrificio (la entrega a Dios de uno mismo) degeneró en los usos siniestros y pervertidos del fuego sagrado en ritos sexuales realizados ante el altar. Como sustituto del ritual del sacrificio de la imagen sintética de uno mismo (desprenderse de la piel de serpiente de la mente serpentina), los falsos sacerdotes ofrecieron vírgenes del templo (en lugar de ofrecerse a sí mismos) en sacrificios de apaciguamiento a los dioses. (Aconteció antes del Diluvio que se ofrecieron hombres jóvenes en vez de mujeres). El negligente sacerdocio fomentó lo grotesco y sensual en sus súbditos y, magnetizando a los habitantes del mundo astral con perversos encantamientos, cooperaron con los magos negros que crearon las condiciones que condujeron al diluvio de Noé y el hundimiento de la Atlántida.[10]

La idea cananea del sacrificio infantil, «quemando a sus hijos e hijas en el fuego»,[11] la prostitución en el templo y las ofrendas quemadas y sacrificios a Baal, imitadas por los israelitas, recordaban los viejos tiempos de una Atlántida decadente. Esas abominaciones, de origen Nefilín, fueron denunciadas por Jeremías y Ezequiel, así como por Isaías, Amós y Miqueas.[12] Poco a poco, se fue considerando preferible la sustitución de la sangre de oveja y otros animales por la de seres humanos en los ritos de expiación practicados en las culturas del Creciente Fértil. Sin embargo, el sacrificio humano y animal se puede encontrar en el continente africano en la actualidad.

Ante el conocimiento de los hechos históricos precedentes y verdades espirituales evidentes por sí mismas, considerad

qué poco razonable es que Dios haya podido exigir u ordenar una fórmula para el sacrificio humano o animal o del
derramamiento de sangre para la propiciación (expiación,
equilibrio) del pecado (karma).

Entonces, si el sacrificio *no* es necesario para la remisión
de los pecados, ¿*qué* exige la vida para saldar las deudas humanas? Con gusto voy a aclarar este punto para todos los que
adoran la Verdad que los hará libres de un error tan mayús-
culo que la ciega teología ha mantenido con vida, mutilando
así en el hombre tanto la Imagen Divina como la humana, que
de otro modo se habría exteriorizado de manera universal en
la Tierra hace mucho tiempo.

Examinemos juntos el misterio de la sangre del Cordero
como el sacrificio aceptable que, se nos dice, recibe la aproba-
ción divina para la remisión de los pecados de los hombres.[13]

Vida y *Dios* son términos sinónimos y denotan una inter-
dependencia en el intercambio entre lo divino y lo humano,
porque la vida del hombre es Dios y la vida de Dios fluye en
las venas del hombre. El término *vida* es equivalente a sangre
en su sentido escritural y el estudiante espiritual lo prefiere
antes que *sangre,* porque este rechaza la idea del derramamiento de sangre como algo aborrecible y aparte de la verdadera humanidad y ciertamente de la divinidad.

Las escrituras declaran que «sin derramamiento de
sangre no hay remisión» de los pecados.[14] Yo os declaro a
vosotros y a todos los hombres para siempre la verdad sobre
esta frase bíblica, revelada a continuación con gran sencillez:
sin el derramamiento (desprendimiento) de esa vida o fuerza
vital que ha sido cualificada erróneamente con la estupidez
humana, nunca puede haber una remisión de los pecados del
hombre (una recualificación con el plan de amor de Dios).
Además, sin la emisión de la esencia vital (la «sangre») del
Cordero, que es vuestro Santo Ser Crístico, no podéis saldar
vuestro karma.

Por consiguiente, mediante una continua recualificación,
dominio, gobierno y control de la energía mediante la Luz de

los Maestros Ascendidos, del Santo Ser Crístico individualizado, es que hombres y mujeres se elevarán hasta el punto en
que sus pecados del pasado, que son solo un error grabado en
la memoria, serán borrados[15] por el Espíritu Santo. Este ritual
con un verdadero sacrificio tiene lugar mientras los hombres
invocan el fuego violeta del perdón, el resplandor blanco de la
pureza Divina y la consoladora certeza de que, al deshacerse
del hombre viejo junto con sus actos, el nuevo —el Hijo pri-
mogénito hecho a imagen de Dios— entra en manifestación
en la gloria de la Realidad.[16]

La idea de que Dios, vuestra amada Presencia YO SOY,
favorezca a un hijo y rechace a otro no encaja para nada con
la ley divina. Mi propia vida fue ofrecida a Dios para ejem-
plificar el Cristo Cósmico, para demostrar que el hombre y la
mujer en encarnación física pueden ascender desde la Materia
y permanecer cerca en octavas de Luz (invisibles, pero que
también ocupan el plano físico en una frecuencia superior)
para ayudar poderosamente a la Tierra y sus evoluciones a
regresar al plan divino original de la vida abundante.

He estado haciendo esto hasta el día de hoy. Bien se
puede decir de mí —como se debería decir de cualquier alma
que esté destinada, tanto si lo sabe cómo si no, a ser un Cristo—, YO SOY (la Presencia YO SOY en mí es) el camino, la
verdad y la vida; nadie viene al Padre, sino por el mismo sendero de Cristeidad personal que todos los que han encarnado
la Palabra han demostrado.[17]

En el estado purificado, el hombre «desprende la Luz»
de la Presencia YO SOY a través de su corazón santificado
(sagrado) y otros centros espirituales (chakras) para la transmutación del pecado (karma) del mundo. En esta emisión de
Luz, el iniciado descubre el verdadero significado de la remisión del pecado por «derramamiento de sangre», observado
por el místico escritor de Hebreos. Sin embargo, la fuerza
plena de esta iniciación no se vive hasta que los registros
del pecado personal (violaciones de la ley de la gracia) son
consumidos por el amor y hasta que el karma personal (las

obligaciones a la vida en que se ha incurrido por desobediencia a las leyes de Dios) se salda mediante el servicio sacrificial (palabras y obras, incluidos los decretos dinámicos para la transmutación en el mundo).

Entonces, «sin *derramamiento de sangre...*» se interpreta como el flujo de la vida desde Dios a través del alma purificada y el templo del hombre. La pura esencia vital de la Santa Llama Crística se libera como «ríos de agua viva» desde el «interior»[18] —esto se refiere al plexo solar o el «lugar del sol»— que se convierte en la fuente (chakra) de la paz Crística en todos los que creen en el Cristo mío como el poder divino en sí mismos.

¡Sí, sin el derramamiento de esta «sangre» no hay remisión del pecado del mundo mediante el Hijo de Dios encarnado en vosotros! Y por esta causa vosotros y yo vinimos al mundo, para poner sobre el cargo de nuestra Cristeidad la carga de karma del mundo de modo que las ovejas perdidas y desviadas de la casa de la Realidad[19] puedan tener un aplazamiento de su karma y cierto alivio del sufrimiento, mientras aprenden acerca de mí y mi verdadera carga, que es Luz.*[20] Esta Luz, cuando los hombres la interiorizan por sí mismos, les da la capacidad para que se hagan a su vez plenamente responsables de su propia carga de karma a medida que ellos también siguen el mismo sendero de discipulado sobre el que vosotros estáis: transformación personal a través de la integración con Cristo, la Luz de vuestro mundo.[21]

Sagrada Comunión

Saint Germain explica el *Cuerpo* y la *Sangre* de Cristo en lo que se refiere a esta frase de la Sagrada Comunión:

Queridos comulgantes ante el altar del Señor, comprended que la Sangre de Cristo contenía la Luz y la esencia del fuego sagrado que él concentró, física y tangiblemente, en

---

* «mi yugo es fácil, y *ligera* mi carga»; en inglés las palabras «luz» y «ligera» (*light*) son homónimas; por tanto, «... y ligera/Luz mi carga». (N. del T.)

su corazón. Su sangre contenía la esencia de ese fuego que es la mismísima vida y Espíritu de Dios mismo. Su cuerpo se transfiguró con esa Luz sobre el Monte de la Transfiguración cuando pasó por esta iniciación ante Pedro, Santiago y Juan en presencia de los Maestros Ascendidos Moisés y Elías. Por tanto, debido a la saturación de su forma y conciencia con la Luz Crística, el cuerpo de Jesús se convirtió en el cuerpo de Dios y, específicamente, el aspecto femenino de Dios, ya que era el foco de la vida en el plano de la Materia. Por eso, cuando Jesús dijo la frase: «Si no coméis la carne del Hijo del Hombre, y bebéis su sangre, no tenéis vida en vosotros»,[22] estaba explicando el ritual de la unión mística de los discípulos con el Cuerpo y la Esencia del Cristo, que indudablemente estaban perfectamente manifiestos en Jesús. Esta advertencia no tiene la intención de referirse al beber la Sangre y comer la carne de Jesús ni el Espíritu Infinito al que Jesús llamó «Padre» lo pone como requisito.

La participación en el ritual de la Sagrada Comunión, en el que los cristianos han participado de la Última Cena del Señor con sus discípulos, es el medio por el cual aquellos pueden acceder a beber la Sangre y comer la carne de Jesús espiritualmente. A través de la alquimia de la transubstanciación, el jugo de uva se carga con la Esencia, la mismísima Luz del Cristo, y el pan asume la frecuencia de su conciencia corporal. Cuando el comulgante toma la hostia, esa carga y frecuencia se transfiere no solo a su cuerpo, sino también a su mente y su alma.

El término «transubstanciación» significa cambio de sustancia. En realidad, el jugo y el pan no se transforman de forma visible en la carne y Sangre de Jesús; más bien, el Espíritu Santo, que administra la comunión a través del ministro o sacerdote, concentra las espirales de energía de Alfa (Espíritu o esencia vital) y Omega (la conciencia corporal) en el jugo y el pan. Aunque las propiedades no esenciales del jugo de uva y el pan permanecen, como el sabor, el color, la forma y el olor, las propiedades esenciales cambian cuando las

moléculas de la sustancia asumen las espirales Alfa y Omega del Espíritu Santo y se llenan de ellas.

Asumir las energías de la plenitud a través de la Sagrada Comunión es un medio por el cual los devotos de Cristo pueden vestirse con la esencia vital y la conciencia corporal de su Señor mientras se acercan al trono de gracia paso a paso, iniciación a iniciación. Cada vez que invocan la ley del perdón, cada vez que invocan la llama violeta transmutadora y aceptan los fuegos purificadores del Espíritu Santo para la transmutación de los pecados del pasado, se están preparando para tomar la Sagrada Eucaristía en cada Servicio de Comunión sucesivo…

Pecado y redención

Por favor, comprended que si la muerte de Jesús en la cruz hubiera servido para expiar los pecados de toda la humanidad —del pasado, presente y futuro—, como los afirman los teólogos cristianos, el denominado pecado original de Adán, que para empezar no se ha entendido correctamente, se habría anulado de manera instantánea. Por tanto, el pecado, la desobediencia y la conciencia de muerte de Adán habrían sido anuladas de forma inmediata para toda la humanidad y todo el mundo habría vuelto al estado del Edén y a la conciencia de la vida inmortal, el don original que Dios dio al hombre. Pero eso no ocurrió.

No obstante, la frase de Pablo a los romanos es correcta cuando se interpreta bien: «Pues si por la transgresión de uno solo reinó la muerte, mucho más reinarán en vida por uno solo, Jesucristo, los que reciben la abundancia de la gracia y del don de la justicia. Así que, como por la transgresión de uno vino la condenación a todos los hombres, de la misma manera por la justicia de uno vino a todos los hombres la justificación de vida. Porque, así como por la desobediencia de un hombre los muchos fueron constituidos pecadores, así

también por la obediencia de uno, los muchos serán constituidos justos».[23]

En primer lugar, hay que explicar que la Caída del hombre, que está explicada en la alegoría de Adán y Eva, supuso el descenso gradual de la conciencia de muchos hijos e hijas de Dios desde un nivel de autopercepción Divina de su Yo a través de la visión inmaculada del Ojo Omnividente hasta el plano de la dualidad y la percepción relativa del bien y el mal.

De forma gradual, las energías de los hombres descendieron desde los chakras superiores hasta los inferiores y, así, Adán y Eva tipifican las evoluciones que vivieron en los últimos días de Lemuria, que habían comprometido la sacralidad del altar de Dios y comenzado a abusar del fuego sagrado para gratificación de los sentidos y el deseo carnal. De tal modo, la conciencia de la muerte y el pecado entró en la raza. Por tanto, primero por unos pocos y después por muchos, el paraíso se perdió; y en efecto, a través de Cristo, el singular y único unigénito de Dios representado en la vida y obra de Jesús, es que toda la humanidad recuperó la oportunidad de volver a la plenitud.

Con esta demostración de la Ley, Jesús restableció por todos los hombres el conocimiento del don de la oportunidad. Debido a que vivió e hizo el sacrificio supremo, todos los hijos y las hijas de Dios tienen ahora la oportunidad de demostrar las mismas leyes que él demostró y, con ello, heredar la vida inmortal. Cada hijo e hija debe realizar los mismos sacrificios que él hizo, al sacrificar la conciencia humana en favor de la divina. Aunque toda la humanidad puede pagar el precio por la desobediencia de quienes tomaron del árbol del conocimiento del bien y el mal primero,[24] de igual manera toda la humanidad puede saber que, debido a que uno venció el pecado de la dualidad y la mentira de la separación de Dios, todos pueden regresar, a través del mismo Cristo, individualizado en el Ser Crístico, a la unión de Dios mediante el Ojo Omnividente.[25]

La crucifixión

En ESTA SECCIÓN QUISIÉRAMOS PONER en orden ciertos conceptos erróneos que el mundo tiene sobre la naturaleza de la cruz. También nos gustaría mostrarte la paz tan maravillosa que puede llegarte hoy y siempre a través del conocimiento adecuado de la cruz.

Saint Germain explica que «la cruz es un símbolo muy antiguo. Y, aunque desgraciadamente la crucifixión se convirtió en el modo de ejecutar a los esclavos y los peores criminales en el Imperio romano (los ciudadanos romanos estaban exentos), no fue ningún accidente que Jesús fuera crucificado. Porque el poderoso símbolo de la cruz había sido definido desde hacía mucho tiempo como el lugar de encuentro entre Dios y el hombre. Ahí, donde Alfa y Omega hacen nacer al Cristo, Jesús debió demostrar que el Cristo, el YO SOY, está vivo por siempre. (El brazo vertical de la cruz simboliza el plano de Alfa o Espíritu; el horizontal simboliza el plano de Omega o Materia. En el nexo donde se encuentran los dos planos, la conciencia Crística nace cuando el ego muere)».[1]

Tomar la cruz

Leemos las palabras de Jesús: «Si alguno quiere venir en pos de mí, niéguese a sí mismo, tome su cruz cada día, y sígame».[2]

San Pablo también mostró con su afirmación «Cada día muero»[3] que la crucifixión sobre la cruz de la Materia conlleva la cesión diaria del control por parte del yo inferior en favor del Yo Superior. En el caso de la muerte de Jesús en la cruz, vemos con claridad que el poder de Dios que se reveló a través de él también estaba dentro de él. Por eso, cuando estaba en la cruz y, por un momento, su bendito contacto interior lo abandonó, exclamó: «Eloi, Eloi, ¿lama sabactani?», que traducido es: Dios mío, Dios mío, ¿por qué me has desamparado?[4] El gran rostro solar del Dios Todopoderoso, que a Jesús le era tan familiar como su propio rostro (de hecho, quizá lo fuera más), por un momento fue eclipsado por las nubes de densidad humana que rodeaban el monte Gólgota. En ese momento fue abandonado por esa Presencia en la que siempre habitó.

El hombre, por tanto, debe entender que en la verdadera revelación del misterio de Cristo hay un gran respaldo de fortaleza que reciben todos quienes puedan aceptarlo. Quienes creen que el perdón de los pecados es necesario a través de la muerte y el sufrimiento, deben comprender que Dios es quien sufre en el hombre, nunca el hombre en Dios. El hombre en Dios nunca puede sufrir, porque en cuanto el hombre se convierte en Dios, todo el sufrimiento cesa. Pero Dios, el Ser Infinito, manifestándose en un estado de limitación, con su gran entrega, es el que sufriría las limitaciones impuestas por la manifestación del hombre, el cual, con el pensamiento erróneo, limitaría el flujo del poder infinito de Dios y bloquearía esa energía universal de forma constante, produciendo así infelicidad, frustración y sufrimiento debido a la limitación.

Un ejemplo para cada hijo e hija de Dios

La crucifixión de Jesús es el ejemplo de una iniciación del sendero de Cristeidad que todos los hijos y las hijas de Dios pueden afrontar. Jesús estableció el ejemplo de esta iniciación sin

la intención de ser el único que jamás pasara por ella. Lo dejó claro cuando dijo mientras llevaba su cruz al Gólgota: «Hijas de Jerusalén, no lloréis por mí, sino llorad por vosotras mismas y por vuestros hijos».[5]

Jesús consoló a las mujeres de Jerusalén con esa frase porque sabía que la crucifixión les llegaría en la era de las pruebas de la maestría del rayo femenino, al haber vivido para demostrar la maestría del rayo masculino de la Cristeidad.

Todos los hijos y las hijas pasan por las iniciaciones que Jesús demostró en su ministerio de tres años; e incluso en los años que no constan en las escrituras, desde su nacimiento hasta la edad de treinta años. Al conocer a Jesús y la intensa vida que tuvo durante tres años, es imposible imaginar que simplemente se hubiera quedado esperando durante esos treinta años de su vida a que su misión diera comienzo. En las escrituras leemos que se interesó, incluso de niño, por los asuntos de su Padre.[6] Se tomó los estudios de la Ley muy seriamente y en los Apócrifos consta que de niño tenía un gran poder, como el Cristo. En aquellos años de preparación, lo encontramos estudiando en los retiros de la Hermandad en el Próximo y el Lejano Oriente. Lo encontramos preparándose para la misión más notable de un Hijo de Dios que jamás se nos haya representado, que jamás haya sido escrita como hecho histórico.

Jesús comprendía la importancia de esa misión, igual que hoy nosotros quizá comprendamos la importancia que tiene la nuestra. Él entendió que, si no se dejaban escritos públicos sobre la crucifixión, si nosotros no tuviéramos por escrito sus sermones sobre lo que tendrá lugar al final de esta dispensación de dos mil años, si no tuviéramos el libro del Apocalipsis, que él entregó a Juan, enviado y representado por su ángel, no sabríamos qué camino tomar, no sabríamos qué esperar.

La cuestión que afrontó Jesús no fue si debía ser crucificado o no, sino serlo públicamente o no. Su agonía en el Huerto de Getsemaní, su captura a altas horas de la mañana, su juicio ante

Pilato y Herodes representan la acusación, el juicio, la sentencia que en cada era se lanza contra el hijo, contra la hija de Dios que tiene el valor de elevar al Cristo y convertirse en la plenitud de la conciencia Crística.

La separación de la Luz y la oscuridad

Cuando Jesús dijo: «Y yo, si fuere levantado de la tierra, a todos atraeré a mí mismo»,[7] nos estaba diciendo: «Si levanto la Luz del Cristo, la energía del fuego sagrado de Dios, ella se volverá un imán del unigénito de Dios y atraerá a toda la humanidad hacia la conciencia Crística». No solo atraerá a las almas de Luz, sino que atraerá a las de oscuridad. Habrá quienes ratifiquen la Luz, la confirmen, entren en ella y se conviertan en la Luz. Y habrá otros que la negarán, la denigrarán, la perseguirán y querrán destruirla.

Observamos durante los días y semanas antes de este episodio final que Jesús estuvo en medio del templo. Predicó, declaró de dónde había venido su autoridad y no temió hablar ni hacerlo con una enorme autoridad a quienes cuestionaban su derecho a llamarse a sí mismos «Hijo de Dios». Hoy día, los hay que aún cuestionan si debiéramos llamarnos hijos e hijas de Dios. Sin embargo, Juan escribe en su epístola: «Amados, ahora somos hijos de Dios».[8]

El Hijo unigénito es el Cristo eterno, cuya conciencia, cuya llama, cuya Luz, la mismísima presencia de la Palabra, encarna en nosotros cuando estamos dispuestos a recibirlo, a ser convertidos por él y encontrarnos en el nuevo nacimiento de Cristo. Cuando esto ocurre, cuando recibimos a Jesucristo en nuestro corazón, nos debemos considerar dignos también de pasar por las mismas iniciaciones por las que él pasó. Seremos, en efecto, sus manos y sus pies, su corazón, su cabeza y su cuerpo en la tierra, mientras él vuelve a crear la pasión cada año y cada día en la Tierra.

Hay la necesidad de volver a crear esta pasión, porque es la superación eterna con el poder de la Palabra de todas las manifestaciones de la oscuridad en la Tierra. Jesús habló a quienes querían crucificarlo, y dijo: «Esta es vuestra hora, y la potestad de las tinieblas».[9] Jesús vino al mundo a entregar la Luz del Cristo para que las almas de Dios pudieran ser salvadas y aquellos a los que él llamó malvados y progenie del malvado pudieran ser juzgados. Hasta que llegara el Cristo y les diera la oportunidad, con su libre albedrío, de elegir la Luz o la oscuridad, el juicio no podía producirse. El juicio del malhechor llega cuando este quiere destruir la Luz del Cristo, no solo en Jesús, sino en todos los que lo siguen, en los niños pequeños, en toda parte de la vida en la Tierra.

Por tanto, vemos que Jesús, en realidad, no fue crucificado por los judíos, sino por los líderes de los judíos. Hay una gran diferencia. Quienes persiguieron a Jesús eran los mismos a quienes él acusó y a quienes Juan el Bautista habló con la gran intensidad del fuego del Dios Todopoderoso, reprendiéndolos y diciéndoles que se arrepintieran y fueran bautizados.[10]

Por tanto, llegamos a la comprensión de que, junto con esta progenie de la oscuridad, muchos hijos e hijas de Dios estaban encarnados en esa época como judíos. También vemos que muchos pertenecientes a la progenie del malvado estaban encarnados entre los gentiles, los cristianos y las demás naciones de la Tierra; y lo mismo es cierto en la actualidad. Aquellos a quienes Jesús reprendió entre los judíos eran una clase de generación impía que no escuchaba la Verdad ni aceptaba la verdadera religión de los profetas. De haberlo hecho, habrían visto la entrega de la antorcha desde Moisés a través de todos los profetas hasta llegar a Jesús, porque este era el Mesías encarnado.

Los saduceos y fariseos, que eran la progenie del malvado en la nación de Israel, se apoderaron de esta venida de Cristo y la atacaron. Y esa persecución de Cristo por parte de los caídos no solo ha llegado del lado de los judíos, sino en las naciones gentiles y también, al final, en las iglesias establecidas en el nombre de

Cristo. Porque aquellos que no pudieron derribar a Cristo desde fuera de la Iglesia, se unieron a ella e iniciaron su persecución desde dentro. Ahí ya no perseguían a Jesús, perseguían a quienes recibieron la antorcha de él para la iniciación de la crucifixión, la resurrección y la ascensión.

Jesús vino a enseñar a los judíos el camino para liberarse de estos ancianos del pueblo; y muchos lo siguieron. Y cuando la dispensación de su enseñanza y de la Cristeidad se extendió a todas las naciones por doquier, los caídos fueron a intentar que la gente no comprendiera el enorme poder de la Trinidad que tenía en su propio corazón.

Esto es lo que ha provocado la degeneración en la civilización occidental. Cuando la gente acepta ser pecadora o que las personas son solo seres humanos siguiendo un humanismo científico, se pierde la fuente de su poder. Y ese poder que es Dios es el único por el cual podemos devolver a las naciones a la conciencia de Dios.

El rey de los judíos

Jesús fue quien llevó este poder al pueblo de Israel. Por tanto, se lo llamó correctamente «Rey de los judíos». Él habló del reino de su Padre y dijo: «Mi reino no es de este mundo». Sin embargo, cuando Pilato ordenó que se le diera el título de «Rey de los judíos» en la cruz, la frase fue de lo más exacta. Porque en los sagrados misterios se comprende que la palabra «rey» significa «aquel que tiene la clave de la encarnación de Dios».

Hace mucho, cuando la Tierra tenía sus Eras de Oro, antes de la Caída del hombre y la mujer, quienes tenían el derecho a gobernar eran los que habían elevado la conciencia Crística, los que habían engrandecido la llama de fuego sagrado dentro del corazón. Y ese fuego sagrado se convirtió en una manifestación intensa de Dios como la llama que arde sobre el altar. Los iniciados, los hijos y las hijas de Dios que tenían el logro más grande en conciencia cósmica, eran quienes tenían el derecho de gobernar

en aquellas Eras de Oro, eras perdidas hace mucho en Lemuria y la Atlántida, eras muy anteriores a los incas de Suramérica, de las que estos que eran simples descendientes; hace tanto tiempo de ello que esas eras se le escapan a la historia escrita. El concepto del derecho divino de los reyes, el derecho divino de los hijos y las hijas de Dios a gobernar, nos ha llegado de esas Eras de Oro. La degeneración de aquellos en quienes se invistió este gobierno se produjo hace varios siglos, cuando se produjo el cambio de la monarquía a la forma de gobierno republicana o democrática.

Por tanto, vemos que Pilato no quiso retirar su afirmación de que Jesús era el rey de los judíos, porque reconoció la rectitud del hombre, igual que sintió la intimidación de los ancianos que lo chantajeaban con amenazas políticas: «Si a este sueltas, no eres amigo de César».[11] Cuán a menudo hemos visto a líderes políticos entrar en componendas por temor a la Verdad y el testimonio de la Verdad.

Por tanto, vemos que estos ancianos del pueblo, los sacerdotes principales que han conseguido puesto de liderazgo en el gobierno y en las iglesias, así como en las economías de las naciones, persiguen a aquellos que dicen: «Soy el hijo de Dios y doy testimonio de la Verdad». Y dirán que Jesús era el único hijo de Dios, que no existe otro Hijo de Dios y, por tanto, dejarán a la gente sin el conocimiento de que este único Hijo Universal, este unigénito del Dios Padre-Madre, es el Cristo, el mismo que vive en todos nosotros; la misma llama, la única llama del único Dios que arde en el corazón de cada uno de nosotros.

Cuando perdemos nuestro derecho a ser Hijos de Dios, perdemos nuestra autoridad para decir la Verdad, perdemos nuestra autoridad para ser libres. Cuando denegamos nuestra herencia como hijos e hijas de Dios, dejamos de tener la autoridad de nuestro Padre y su respaldo y entonces perdemos el valor y la mismísima plataforma para defender la Verdad. Así, la declaración de Jesús de su Filiación divina es la clave en cada iniciación

que venga después concerniente a los hijos y las hijas de Dios. Si podemos ser el ejemplo de quienes defiendan la verdad de nuestra identidad real y la de toda la gente de Dios en Cristo, incluyendo a los judíos, podremos decir que Jesús es el único Hijo de Dios. Y podremos afirmar que el Cristo que él trajo es el Yo Real de todo cristiano, judío, musulmán, budista, hindú. Todos en la Tierra tienen esa identidad real a través de Cristo. Esto supera la exclusividad que es incomprensible para muchos que, en su corazón, saben que tienen ese vínculo personal con Dios.

Cristo, el Sumo Sacerdote

Es de suma importancia que consideremos el verdadero misterio del Viernes Santo para comprender el significado de esta demostración pública del Hijo de Dios. Fue muy importante que Jesús tuviera esas experiencias en público, porque con esa demostración no solo cargó con los pecados del mundo y salvó nuestra alma al llevar esa carga, sino que también impartió la lección más grande e importante sobre la revelación del Cristo personal.

En el Templo de Jerusalén había un velo que separaba el Sanctasanctórum, al que solo podía entrar el sumo sacerdote, el lugar santo, donde servían otros sacerdotes, y los atrios exteriores que estaban abiertos a la gente. Está escrito que, en el momento en que el propósito asesino de los caídos se hizo físico y a Jesús le llegó la muerte, este exclamó con fuerte voz y murió. En ese momento, «el velo del templo se rasgó en dos de arriba abajo».[12] revelando así el Sanctasanctórum como el lugar donde Cristo el Señor oficia como Sumo Sacerdote en el templo del hombre.

Así, vemos que la crucifixión de Cristo sirve para juzgar a todos aquellos que ocupan el puesto de autoridad de Cristo, pero no lo ejercen como el Cristo, sino como el Anticristo; y al mismo tiempo, la crucifixión sirve para revelar que Cristo es el Yo Real de todos los hombres. Y si el alma ha de unirse a ese Yo Real, deberá pasar por esa hora de la crucifixión.

Ellos tuvieron la intención de matar al Cristo, no al hombre, porque reconocieron su poder de ser el Cristo eterno en él. El Hijo de Dios en Jesús y en todos nosotros es quien vive la crucifixión; y nuestra alma la vive en la hora en que, en el sendero de iniciación, estamos verdaderamente unidos a ese Cristo. El alma de Jesús, el Hijo del hombre, estaba unida al Cristo y, por tanto, en efecto, era la personalidad integrada en Dios la que fue crucificada.

La crucifixión personal

Juan el amado, el apóstol tan cercano a Jesús que permaneció a los pies de la cruz durante la crucifixión, fue la persona a la que Jesús confió a su madre, María. Juan explica que, con el cambio de una era, se requiere que algunos entren en la plenitud de esta iniciación:

> Vengo con el flujo de la Luz mística. Vengo a conmemorar la traslación de todos, con la cual el alma, como potencial vivo, es encendida en el bautismo del Espíritu Santo para unirse para siempre al átomo permanente del ser. Al haber presenciado la traslación de nuestro Señor, al guardar la vigilia en la cruz con María, la Madre, con Jesús, vengo en esta era para guardar la vigilia de la cruz, para asistir al nuevo nacimiento de todos.

En vuestra alma habéis solicitado a los Señores del Karma llevar el peso de los pecados del mundo. Os habéis pronunciado, sí, habéis gritado en la noche: «Oh Señor, ¿qué puedo hacer para ayudar a la humanidad?». Y vuestra alma ha visto en los templos de los Maestros que el modo de salvación es la comprensión de que la vida es una sola.

Si, por tanto, una célula del cuerpo de Dios desea hacer ese sacrificio del que Jesús habló cuando dijo: «Si el grano de trigo no cae en la tierra y muere, queda solo; pero si muere, lleva mucho fruto»;[13] si una célula del cuerpo de Dios desea convertirse en ese grano de trigo que muere para que muchas células puedan vivir, los Señores del Karma y Maitreya, el Iniciador, se acercan a dar la iniciación de la crucifixión.

¿Comprendéis que podéis pasar por esta iniciación sin entregar los cuatro cuerpos inferiores? ¿Comprendéis que la expiación que podéis hacer es una expiación del factor energía en el que, al entregar toda la energía que Dios jamás os ha dado, poniéndola en la llama del fuego sagrado, podéis mantener el equilibrio del planeta gracias al peso de la luz? («Ligera es mi carga»).[14] La carga de luz que lleváis viene de los esfuerzos transmutados del sacrificio de todo lo que es inferior a la perfección.

Llegará el día en el que Dios también reclamará los cuatro cuerpos inferiores. Pero podéis ser testigos vivos de la purificación de las células y las muchas células del Cuerpo de Dios en la tierra para que estas piedras vivas del templo puedan ser los electrodos que mantengan intacta toda la conciencia de la humanidad, conservada para la venida de la gran gloria de la ley del amor.

En todas las eras los hay que eligen ser estrellas en el firmamento del ser. Y con el término de una era y el comienzo de otra, también debe haber quienes hagan el arco, llevando las espirales de energía de una dispensación a la siguiente, de un nivel de conciencia al siguiente. Ellos forman el puente sobre el cual la humanidad pasará hacia una Era de Oro de iluminación y paz.

Deseamos construir un puente fuerte, firme como una entrada dorada por la que las masas puedan pasar. Ser columnas en el templo, columnas en el puente, es la meta. Para realizarla debéis apartaos y ser un pueblo separado, elegido por Dios.[15] Las columnas del puente no deben tener ninguna aleación, ninguna impureza, ningún lazo con la conciencia de las masas, pero también deben tener los cuatro cuerpos inferiores intactos, porque el plano de la Materia exige el apoyo de vehículos para las almas en evolución.[16]

El descenso a los infiernos

Juan el Amado describe un elemento de la iniciación de la crucifixión que no está bien entendido:

Vivís en una época en que el drama, la representación del ritual sagrado del Viernes Santo en el que Jesús descendió a los planos donde habitaban esos espíritus de los muertos, ha de representarse por muchos y por unos pocos en nombre de muchos. La iniciación de la crucifixión conlleva el descenso del alma a los niveles más oscuros del planeta, donde están esos rebeldes que han rechazado reconocer al Cristo como la «Luz que ilumina a todo hombre que viene al mundo».[17]

Por tanto, mientras el cuerpo de Jesús yacía en la tumba, su alma, su mente superior, estaba activa en las profundidades del astral, el lugar que ha sido llamado purgatorio, donde se retenían a las almas de los muertos, desde los días de Noé (los días del hundimiento de la Atlántida), porque se negaron a someterse a la Ley de Dios. Por tanto, a estas se negó el renacimiento y la entrada a la pantalla de la vida.[18]

Esta iniciación de Jesús se describe en el Credo de los Apóstoles, una declaración de la doctrina cristiana ortodoxa, que dice que Jesús «fue crucificado, muerto y sepultado. Descendió a los infiernos, al tercer día resucitó de entre los muertos».

El propio Jesús nos ha dicho qué predicó a las almas confinadas en esos niveles:

Y así, esta noche os exhorto, como exhorté a los espíritus rebeldes que en los días de Noé desobedecieron a Dios. Durante los tres días y tres noches en que estuve ausente del templo corporal les exhorté, como ahora os exhortaré a vosotros.

Oh, hermanos míos, ¡el Señor Dios de los Ejércitos es él! Él es el Padre de todos nosotros. La pasión de su amor no os es conocida, porque es demasiado grande y ahora vuestra conciencia no puede contenerla. En vuestro estado actual, sois incapaces de despertar en vosotros el medio de crear un cáliz resurgente de conciencia que lo contenga, pues los cielos y la tierra no pueden contenerlo ni pueden contener su amor.

Oh, hermanos míos, arrepentíos de todos vuestros actos de discordia y tintineo, todo lo que os haya involucrado en

una red. ¡Arrepentíos, arrepentíos, arrepentíos! Y dirigíos hacia Dios otra vez. Haced sus votos de santidad, de renovación, de propósito divino, de propósito cósmico de la Ley. Porque él es el SEÑOR, y nadie hay como Él en los cielos y la tierra. Él es el SEÑOR que levantó a la humanidad de entre los muertos, que puso ante ella su destino inmortal. Su mano los alimenta. Todos están vestidos con blancas vestiduras por su mente. Él deifica al alma. Él, el SEÑOR, siempre es bondadoso. Su misericordia perdura por siempre. YO SOY el Buen Pastor. He caminado en muchas regiones y muchas tierras. He descendido por el aire. He visto la atmósfera de cuerpo planetario tras cuerpo planetario. He rondado por el universo con mi ser y por doquier he visto al SEÑOR; y lo he visto en acción. He visto su poder y su Presencia. He sentido su amor y soy testigo de ese amor.

Os insto, por tanto, hermanos míos, que ahora estáis separados por actos de desobediencia, a que volváis al redil de su compasión infinita. Arrojaos sobre Él, la poderosa Roca, y no dejéis que esa roca os caiga encima y os pulverice. Porque la acción de su amor es grande y Él es engrandecido en vuestra alma. Y el poder de su llama puede liberar a todas las almas; y el poder de su amor puede sanar a todos totalmente.

Hermanos míos, hermanos míos, hermanos míos, en memoria de aquellos momentos cuando yo mismo me sentí abandonado por Él, repito la exclamación: «Elí, Elí, ¿lama sabactani?». Dios mío, Dios mío, ¿por qué me has desamparado?

¿Sentís ese momento, pues, como lo sentí yo? Oh, regresad a él y estrechadlo contra vuestro corazón para siempre. Porque él es dulce y lleno de verdad y los demonios de la desesperación y el altivo intelecto que os han llevado a este estado no son capaces de hacer lo que él sí puede. Tampoco pueden conferiros las vestiduras de la inmortalidad ni poner a la vista las maravillas de su amor. Os insto ahora, pues, a que tengáis un espíritu de dulce aceptación de su gracia para que podáis, entonces, por esa gracia dejar este lugar hacia mundos superiores, hacia octavas sin comparación.

Esto, hermanos míos, fue el sermón, en su esencia, que prediqué y volví a predicar y pronuncié una y otra vez a cada alma que pude encontrar allá y que estuviera en las cadenas del cautiverio y la desesperación. Muchas me miraron con opacidad en los ojos, la opacidad de la desesperación, los siglos de interés gastado, temor y dudas. La mismísima Luz de Dios les parecía apagada, y quise reencenderla entonces como quiero reencenderla hoy en vosotros al modo de Dios. *¡YO SOY la resurrección y la vida! ¡El que cree en mí, aunque esté muerto, vivirá!*

¡YO SOY el Camino! ¡YO SOY la Verdad! ¡YO SOY la Vida! ¡Nadie viene al Padre, sino por mí!

Aceptad, pues, a vuestro Santo Ser Crístico y sed libres.[19]

La tarea de predicar en los lugares oscuros

Juan el Amado continúa:

La tarea de Jesús (la misma para todo hombre y mujer que quiera ir hasta el final del ritual de la crucifixión) consistió en ir a los lugares más oscuros de la Tierra y predicar la Luz, compeler a los espíritus a salir a alinearse con la Presencia de Dios. En aquel momento, justo antes de la vivificación de las células del cuerpo con el fuego de la resurrección, es necesario dar testimonio de la Verdad a la conciencia de las masas. Por tanto, veréis cómo os encontraréis a vosotros mismos enseñando la Palabra de Verdad en sitios en los que no esperabais estar. Comprenderéis que esto forma parte de un ritual sagrado y que no podéis participar de la totalidad de la espiral de la resurrección hasta que no hayáis cumplido esta misión.

Es necesario que, en el momento de la tribulación, esos rebeldes vean la gloria, vean el sacrificio y la victoria sobre vuestra frente. Es necesario que entren en contacto con aquellos que están dispuestos a hacer el sacrificio supremo por ellos. Cuando se produce el contacto y la Palabra, como el sagrado pan de vida, ha sido partido, podréis volver para

la celebración de la espiral de la resurrección. Y entonces, la vivificación del templo corporal, el alma, el corazón y la mente también será para aquellos a quienes hayáis predicado. Porque en su subconsciente y su percepción interior del alma, tendrán la capacidad de ver ese poder transformador de la Luz. Al entrar en contacto personal, conservarán el registro de vuestra identidad Crística como un patrón y un cáliz dentro de ese subconsciente. Y sea lo que sea que os pase en la gloria de la resurrección después de ese contacto, ellos también serán testigos. Por el hecho de la unidad de Dios, la unidad de toda la vida, las corrientes que fluyan por vosotros también fluirán, aunque en menor medida, por todas las células del Cuerpo de Dios en evolución en la Tierra.

Habéis oído decir que la Gran Ley tiene como requisito para sostener al planeta, para justificar su razón de ser, que un alma ascienda y regrese al corazón de Dios cada ciclo de doce meses. Ahora os enseño el misterio de esta ley. Es necesario que uno reciba las corrientes de la llama de la ascensión cada año para que, mediante el proceso de la energía eléctrica que fluye de célula en célula, cada año se puede imprimir sobre la conciencia de la humanidad en evolución la percepción del flujo de las corrientes de la ascensión, por tanto, el mismísimo poder de la victoria.

El poder de la llama de la ascensión

Contemplad como el fuego de la ascensión que fluye y atrae a un alma hacia Dios puede crear temblores por todo el cuerpo de la Tierra e incluso la necesidad de un ajuste en la naturaleza que se manifestará como tormentas, como cataclismos. Recordaréis el relámpago y el trueno en la hora de la crucifixión. Qué bien lo recuerdo yo, porque he oído ese sonido y sentido esa corriente cada vez que un hijo de Dios ha pasado la prueba de la crucifixión y cada vez que un hijo de Dios regresa mediante el ritual de la ascensión.

Toda la naturaleza debe ajustarse a la entrada de Luz;

y también la humanidad. Si este requisito de la Ley no se cumple, la razón de ser de cualquier mundo deja de existir.

Siempre que los haya dispuestos a someterse a las disciplinas del Jerarca del Templo de la Ascensión, el mundo seguirá siendo un lugar de oportunidad para las almas en evolución. Siempre que haya uno que ascienda, habrá progreso en la evolución humana. Porque hasta la ciencia y la invención, la educación, los campos de la medicina y la sanidad se aceleran y son impulsados hacia adelante por la acción de la ascensión de una vida.

Y así, podéis ver que, cuando el progreso es escaso, cuando la Tierra ha pasado por las eras oscuras, ha habido veces en que solo un alma ascendió. En otros períodos de gran iluminación y progreso, muchas almas ascendieron cada año. Y así, el progreso sobre el planeta es directamente proporcional a la evolución del individuo.

¿Cómo podemos transmitir a aquellos de vosotros que no habéis sentido la entrada de la gran corriente de la espiral de la ascensión qué es esta energía? ¿Diremos que es como la desintegración de mil o diez mil átomos con el hombre estando en el centro? ¿Diremos que es como la explosión de mundos o centros solares? ¿O diremos que es como el despliegue de un lirio o una rosa?

Quizá la poesía de la ascensión deberíais escribirla vosotros cuando viváis ese gran ritual, quizá al final de esta vida. Porque como se os ha enseñado, las puertas están abiertas para todos los que hagan el llamado, presten el servicio y soliciten cada prueba. Porque línea a línea, precepto a precepto, se consigue la victoria.

Ascendéis todos los días. Hacéis ascender las espirales de vuestro ser y vuestra conciencia. No sois como erais ayer o la semana pasada; y si hacéis devociones diarias al Altísimo, estaréis a años luz de vuestro yo anterior. Así, los días se acortan para los elegidos.[20]

La crucifixión de las naciones

La Maestra Ascendida Teresa de Lisieux revela que la crucifixión es una iniciación que no solo afrontan las personas, sino también las naciones:

Vengo a deciros que el camino del discipulado lo podéis contemplar como mil escaleras sobre una espiral dorada de mil niveles y que, paso a paso, existe un sendero ordenado de disciplina...

Sabed, pues, que cada individuo pasa, a su debido tiempo, por las iniciaciones por las que pasó Jesús. Por tanto, hay una crucifixión que es de este mundo, cuando los ángeles caídos tratan de anticiparse al día y la hora de la verdadera señal de la cruz en la vida del individuo, cuando el alma es sujetada a la cruz cósmica de fuego blanco y los ángeles que se reúnen alrededor celebran el matrimonio alquímico: «Padre, en tus brazos encomiendo mi espíritu».[21] En el corazón del Cristo vivo, pues, el alma es recibida.

La verdadera crucifixión es en esta hora un sendero de iniciación. Y la transfiguración precede a la crucifixión; y antes que eso, una vida de obras, buenas obras y curación, alegría y enseñanza. Por tanto, procurad estudiar para que vuestra enseñanza sea verdadera y justa, dividiendo justamente la palabra de Verdad.

Benditos, ahora no solo hablo de la iniciación individual, sino deciros que ha llegado la hora de que las propias naciones, como tribus, antiguas tribus de un grupo kármico, también afronten la iniciación de la crucifixión. Y debido a que no han respondido a sus antiguos instructores y, por tanto, han tenido un karma de vulnerabilidad a que sus líderes actuales les nieguen la Verdad, llegan mal preparados para este magnífico momento en el que, aunque la condenación del mundo, la tribulación del mundo y los caídos estén sobre ellos, esas naciones podrían unirse en defensa del Cristo vivo y su oportunidad de dar nacimiento a ese Cristo.

Por tanto, veréis que ángeles caídos se apoderarán de la crucifixión, que es una iniciación divina, porque querrían crucificar totalmente y destruir a esas almas que aún no se han unido a Cristo, como Jesús se unió completamente a la Luz en la iniciación de la transfiguración sobre el Monte de la Transfiguración.[22] Haber llenado su cuerpo de la plenitud y la intensidad de la Luz blanca fue una experiencia por la cual también recibió la facultad de seguir adelante y afrontar los juzgados del infierno que someten al Hijo de Dios a juicio...

Por tanto, sabed, amados, que llega un tiempo, como mi Padre en el cielo me ha pedido que os diga esta noche, cuando el caminar por el sendero individual de los treinta y tres pasos del Hijo de Dios, que se multiplican por esas mil escaleras, se convierte en el acontecimiento más importante en la vida del individuo, las naciones y el planeta. Debido a que la Luz es tan grande y la victoria tiene una importancia cósmica tal para toda la vida de un planeta, llega la hora en que la ayuda a la vida debe traducirse y debe elevarse hasta el punto en que el cumplimiento de su Cristeidad individual por ese sendero se haga más oportuno para la Gran Hermandad Blanca y la Madre del Mundo que ningún otro servicio que les fuera posible prestar...

Haced caso, pues; porque quienes se aceleran en el sendero de la vida de Jesús hasta la hora de su resurrección, estarán preparados cuando su nación pase por la tribulación y la crucifixión; y guardarán una llama en la montaña de Dios para que la llama trina de las naciones no se extinga, sino que viva y perdure para volver a ser encendida cuando nuevas generaciones de portadores de Luz puedan nacer una vez que la Tierra haya sido purificada de un karma de la progenie del malvado y de un descuido hacia los niños de Dios. Estas cosas deben tener lugar.

Sabed, pues, que podéis recibir la iniciación de la resurrección y conservar la vida y forma física. Caminar dotados del Espíritu de la Resurrección, sea esta vuestra meta. Porque, recordad, «la Luz brilló en las tinieblas y estas no la

comprendieron, pero nosotros contemplamos su gloria, la gloria como del unigénito Hijo de Dios», en el perfil, en la Presencia de nuestro hermano Jesús.[23]

«Consumado está»

Consta en la Biblia que las últimas palabras de Jesús en la cruz fueron: «Consumado está». Entonces, «entregó el espíritu».[24] Estas palabras no fueron solo para Jesús, porque nosotros también podemos decir: «consumado está». Podemos decir que hemos terminado con la ronda de creación de karma y los enredos del mundo. Podemos afirmar con firmeza nuestra identidad con Cristo hoy.

«Consumado está» significa que la conciencia humana, con toda su lucha, con sus crucifixiones y sus tribulaciones, está terminada. Podemos declarar que esa lucha se ha terminado en este mismo momento. Podemos decidir que toda la confusión de la conciencia humana se ha terminado. Solo tenemos que declararlo.

¡Consumado está!
de Jesucristo

¡Consumado está!
Concluido está este episodio de lucha,
YO SOY uno con la Vida inmortal.
Serenamente estoy resucitando mis energías
espirituales de la gran tesorería del saber inmortal.
Los días que conocí contigo ¡oh, Padre!
antes de que el mundo fuera, los días de triunfo,
cuando todos los pensamientos de tu Ser
se elevaban sobre las sempiternas colinas
de la memoria cósmica;
Ven una vez más mientras medito en ti.
Cada día, conforme evoco tus recuerdos
de los antiguos escritos de amor inmortal,
YO SOY el que se emociona de nuevo.

Maravillosos modelos de contemplación me cautivan
con la sabiduría de tu esquema creativo.
Tan reverente y prodigiosamente estoy hecho
que nadie puede estropear tu diseño.
Nadie puede despojar la belleza de tu santidad,
nadie puede desalentar el latir de mi corazón
con una impetuosa expectación
de tu plenitud manifestada en mí.

¡Oh, gran y glorioso Padre!
¿Cómo podría un pajarillo creado en suprema
bienaventuranza eludir tu atención compasiva?
YO SOY de mayor valor que muchas aves
y por tanto sé que tus amorosos pensamientos llegan
a mí diariamente para consolarme en mi aparente
soledad, para acrecentar mi valor,
elevar mis conceptos,
exaltar mi carácter,
inundar mi ser de virtud y poder,
sostener tu cáliz de Vida derramándose dentro de mí,
y morar en mi interior para siempre
en la cercanía de tu presencia celestial.

No puedo fallar
porque YO SOY tu ser en acción en todas partes.
Cabalgo contigo
sobre el manto de las nubes.
Camino contigo
sobre las olas y las crestas de la abundancia de las aguas.
Avanzo contigo
en las ondulaciones de tus corrientes,
atravesando las mil colinas que componen
    la corteza terrestre.
Yo estoy vivo contigo
en cada arbusto, flor y brizna de hierba.
Toda la naturaleza canta en ti y en mí
porque somos uno.

YO SOY el que vive en los corazones de los oprimidos,
elevándolos.
YO SOY la Ley exigiendo la Verdad del Ser
en el corazón de los orgullosos,
rebajando la creación humana que hay en ellos
y avivando la búsqueda de tu Realidad.
YO SOY toda suerte de bienaventuranza
para todos los hombres de paz.
YO SOY la plena destreza de la gracia divina,
el Espíritu de Santidad
que libera a todos los corazones de la esclavitud
y los lleva a la Unidad.

¡Consumado está!
Tu creación perfecta está dentro de mí.
Inmortalmente bella,
la felicidad del Ser no puede ser negada.
Como en ti mismo, habita en la morada de la Realidad.
Para nunca más salir a lo profano,
tan sólo conoce las maravillas de pureza y victoria.
Mas dentro de este fuego inmortal se agita
un modelo perfecto de misericordia y compasión
que busca salvar para siempre aquello que se ha
perdido por haberse desviado
de la belleza de la Realidad y la Verdad.
¡YO SOY el Cristo vivo en acción eterna!

¡Consumado está!
¡La muerte y los conceptos humanos no tienen poder
en mi mundo!
Estoy sellado por designio de Dios
con la plenitud de ese amor de Cristo,
que vence, trasciende y libera al mundo
por el poder del tres por tres
hasta que todo el mundo sea victorioso en Dios,
¡ascendido en la Luz y libre!

¡Consumado está!
La plenitud es la Totalidad de Dios.
Día tras día un incremento de fuerza, devoción,
vida, belleza y santidad ocurre en mí,
emanando desde la más bella flor de mi ser,
la rosa de Sarón consagrada al Cristo
que abre sus pétalos dentro de mi corazón.
¡Mi corazón es el corazón de Dios!
¡Mi corazón es el corazón del mundo!
¡Mi corazón es el corazón de Cristo en acción
curativa!
He aquí, YO SOY el que está siempre contigo hasta el fin,
cuando con la voz del Amor Inmortal
yo también diré: «¡Consumado está!».

La noche oscura del alma y la Noche Oscura del Espíritu

E N EL SENDERO DE CRISTEIDAD Y EL regreso a Dios el alma pasa por lo que el místico del siglo xvi, San Juan de la Cruz, describió como la «noche oscura». Esta tiene dos aspectos. El primero se vive cuando uno encuentra el retorno del karma personal. Esta noche oscura del alma sirve como preparación para la noche oscura del Espíritu, cuando el alma es separada, por así decirlo, de la Presencia YO SOY y debe sobrevivir únicamente con la Luz reunida en el corazón mientras mantiene el equilibrio del karma planetario.

San Juan de la Cruz describió estas iniciaciones en su obra «La noche oscura»: «Esta noche… causa dos clases de tinieblas o purgaciones en las personas espirituales, según las dos partes del alma, la sensorial y la espiritual. Por lo tanto, la única noche o purgación será sensorial, por medio de la cual los sentidos son purgados y se acomodan al espíritu; y la otra es noche o purgación será espiritual, por la cual el espíritu es purificado y despojado, en preparación para la unión de amor con Dios».

San Juan escribe acerca de la iniciación de la noche oscura del Espíritu: «Debido a que el [extremo] divino embiste a fin de renovar al alma y hacerla divina (despojándola de las afecciones y

propiedades habituales del viejo hombre, al que está fuertemente unida, apegada y conformada, así desenreda y disuelve la sustancia espiritual, absorbiéndola en una profunda y honda tiniebla, que el alma, al ver sus miserias, siente que se desvanece y deshace por una cruel muerte espiritual; se siente como si hubiese sido tragada por una bestia y estuviera siendo digerida en su vientre tenebroso y sufre una angustia comparable a la de Jonás en el vientre de la ballena.[1] Conviene que el alma esté en este sepulcro de muerte oscura para que alcance la resurrección espiritual que espera».

La Noche Oscura del alma es una crucifixión autoimpuesta. Es la crucifixión que nos llega como resultado de nuestro karma personal. El encuentro con ese karma personal se hace muy difícil y, de enfrentarlo hasta el final, se pasa por una especie de crucifixión, pero es una autocrucifixión.

Después de haber pasado por esa crucifixión llega la verdadera crucifixión, que es la iniciación del rayo rubí, la noche oscura del Espíritu. Esto ocurre cuando uno asume la cruz del karma planetario, que no es nuestro, sino del mundo. Se siente como algo tan enorme que de hecho eclipsa la Luz de la poderosa Presencia YO SOY.

Por eso, Jesús dijo en la cruz: «Dios mío, Dios mío, ¿por qué me has desamparado?». Lo exclamó porque cargó con todo el impulso acumulado de la condenación del mundo y tuvo que mantener el equilibrio de ese peso con la Luz sobre la cual tenía maestría en su corazón.

En la noche oscura del Espíritu, el Cristo encarnado recibe la iniciación en la que ha de sostener la vida, sostener la Luz en el alma en esta octava, sin el vínculo con la Presencia YO SOY. Por tanto, por definición, la Cristeidad debe ser el estado en el que se ha expandido esa Luz en el corazón y en los chakras para poder sostener la conciencia del alma, incluso sin ese vínculo.

La primera noche es la preparación para la segunda. Cuando se pasa por la primera noche oscura del karma propio, la carga parece casi demasiado grande de sobrellevar, sin embargo, tú la

creaste. Pero para poder descender a la Materia y ascender, debes afrontar la segunda iniciación: La Noche Oscura del Espíritu. Dios nos guía por el laberinto de nuestra propia crucifixión autoimpuesta para que podamos llegar a esta iniciación, la prueba suprema de la Cristeidad.

Esta iniciación puede tener lugar en el retiro etérico de Serapis Bey, el Templo de la Ascensión de Lúxor, en Egipto, y también puede impartirse en la Cámara del Rey de la Gran Pirámide, que se utiliza en el nivel etérico para esta prueba, la cual consiste en entregar el cuerpo para ver si el hombre está apegado a su cuerpo o si sabe que tiene Realidad en Dios. No basta con solo creerlo, porque en la hora de la noche oscura, todos los impulsos acumulados del subconsciente, a los que llamamos «cinturón electrónico», salen para desafiar la Luz dentro del hombre.

Este impulso acumulado de energía combinado se denomina *morador del umbral*. Todos debemos encontrarnos con ese morador antes o después, y tendremos que matar a la bestia. Por eso algunos santos se representan matando a un dragón. Ese dragón es su morador del umbral; pero es más que eso, es el morador del umbral de todo el cuerpo planetario. Este impulso acumulado de oscuridad es lo que rodeó la cruz en el momento de la crucifixión, con el que Jesús tuvo que cargar, completamente separado de su Presencia, dependiendo solo del recuerdo de lo que era estar con Dios y sentir su Presencia.

Llega un momento en que lo único que tenemos para sostenernos es nuestra Luz, la Luz que hemos invocado. No se nos da más y tenemos que caminar con ese impulso acumulado de Luz hasta la hora de la noche oscura del Espíritu y hasta que la crucifixión haya pasado. Con esa Luz que hemos interiorizado, vemos la irrealidad de la muerte.

Muchos metafísicos han afirmado que Jesús nunca dijo: «Dios mío, Dios mío, ¿por qué me has desamparado?». Pero no hay duda de que lo dijo, porque la noche oscura del Espíritu forma parte de la iniciación de la crucifixión. Mucha gente no

comprende esta iniciación y trata de ignorarla. «La crucifixión no nos debe preocupar, porque no queremos amplificar la muerte. Jesús solo estuvo en la cruz unas horas. Murió por nosotros y, por consiguiente, nosotros no tenemos que pasar por eso». Pero Jesús fue el gran ejemplo. Él demostró públicamente todas las iniciaciones por las que nosotros debemos pasar. Debemos comprender que esta iniciación es un privilegio glorioso. No debemos saltárnoslo nunca. Tampoco querría Dios privarnos de la crucifixión, porque es el momento supremo en el que vencemos a la muerte. Vemos la irrealidad de la muerte cuando, con la Luz que hemos invocado, vemos que la muerte es devorada por la victoria.

La amada Santa Amatista nos da una clave para pasar estas iniciaciones:

Paso a paso, línea a línea, el karma debe ser saldado a la derecha y a la izquierda. Cada individuo que lea mis palabras debe saber que el significado del juicio es la responsabilidad de saldar las energías de la vida. Cuando decidáis regresar al Edén, volver a la casa del Dios Padre-Madre, debéis estar dispuestos a volver sobre cada uno de los pasos que hayáis dado desde el descenso de vuestra alma a los planos de la Materia.

El camino de regreso tiene dos aspectos: la vía dolorosa y la vía gloriosa. Todo depende de vuestra perspectiva; porque la dicha de la reunión divina se vive en el interior, incluso en el momento de la agonía, a través de la noche oscura del alma, y en la cruz.

El Salmo 69 de David contiene tres ciclos de doce. En treinta y seis versículos David revela las experiencias de quien pasó por la noche oscura del alma hasta la realización completa de la conciencia Crística. Vosotros que habéis decidido pasar por la noche oscura, tanto del alma como del Espíritu, bien haríais en reflexionar sobre las meditaciones de David para después aplicaros con diligencia a las invocaciones del fuego sagrado, especialmente la llama violeta, que es la energía concentrada del Espíritu Santo en el perdón del pecado, la corrección de todo error y el alineamiento de los cuatro cuerpos inferiores con el diseño original de la creación.[2]

Decimoquinto capítulo

Las catorce estaciones de la cruz

En todas las iglesias católicas hay catorce representaciones simbólicas distribuidas por toda la iglesia que muestran los eventos desde el momento en que Jesús es condenado a muerte hasta que lo ponen en el sepulcro. Estos son catorce eventos clave del recorrido de Jesús por el camino de la cruz. Los católicos aprenden a rezar delante de estas estaciones.

Las catorce estaciones de la cruz son conocidas como la «vía dolorosa». Esta es la descripción del observador; no es la descripción del que está atravesando la iniciación, porque el que la pasa siente una alegría y pasión supremas.

Las catorce estaciones de la cruz son una espiral de energía que se desenrolla y también son la espiral de energía con la cual construimos el impulso divino de nuestro logro y nuestra iniciación en el Sendero. Dios no ha ordenado que tengamos que afrontar la energía y el peso de todo nuestro karma del pasado en un día; por tanto, él desenrolla esa espiral de energía incremento a incremento. Como nos dice Jesús: «Basta a cada día su propio mal».[1]

La iniciación de cada estación consiste en tomar esa energía y exigir que sea transmutada por el fuego sagrado de acuerdo

con la naturaleza de la iniciación de esa estación. Aquello que no puede soportar la prueba de fuego en amor es consumido por el Espíritu Santo, por la llama violeta; y lo que puede permanecer se sella para la eternidad.

Las iniciaciones de las estaciones

Las estaciones se pueden representar de forma gráfica poniéndolas sobre las líneas de un reloj, que representa las Doce Jerarquías Solares (véase páginas 190). La primera estación la colocamos en la línea de las doce y desde ahí avanzamos en el sentido de las agujas del reloj. Cada vez que se cambia de posición en este reloj cósmico, se cambia una frecuencia, se cambia una energía, se cambia un signo del zodíaco, se cambia totalmente una vibración cósmica. La iniciación será totalmente distinta porque estaremos lidiando con energías diferentes a las anteriores.

Las catorce estaciones de la cruz

Primera estación

La primera estación: «Jesús es condenado a muerte», **línea de las doce.** Esta es la línea del poder divino y la de la Jerarquía de Capricornio. El abuso de la energía en esa línea, la mala cualificación del poder, es la condenación. Los caídos siempre han abusado del poder divino para condenar al Cristo.

Uno no puede afrontar esta estación de la cruz si tiene miedo a declararse Hijo de Dios. Deberás declararte Hijo de Dios justo en medio de tu karma, tus problemas, tus cargas, tus fracasos, porque sabrás que el ego humano exterior no es el Hijo de Dios, sino la Luz Interior del Cristo; y te debes agarrar con fuerza a esa roca, a ese Cristo, afirmando a Jesucristo como tu Salvador, afirmando al Hijo de Dios.

Cuando estés en la primera estación de la cruz y sientas qué grande es el peso de condenación que tienes encima hacia el Hijo

de Dios por parte del mundo, lo debes reconocer y de inmediato invocar la transmutación de los impulsos personales y planetarios de condenación a muerte no solo de Jesucristo, sino también de la Madre y sus hijos.

Segunda estación

La segunda estación es «Jesús debe llevar su cruz», **línea de la una**. Esta es la línea de Acuario, de la Nueva Era. Es la línea de Saint Germain y la energía de esta línea es el amor. Por tanto, la cruz que deberemos llevar es la de todas las perversiones del amor, personal y planetario. Cada vez que hayamos abusado de la energía del amor, habremos forjado nuestra propia cruz. Y la única manera en que nuestro Santo Ser Crístico puede bajar de esa cruz es si volvemos a cualificar con amor esa energía de odio, ligera antipatía, irritación, antipatía por el Cristo en nosotros o en otra gente.

Tercera estación

La tercera estación es «Jesús cae por primera vez», **línea de las dos**. Esta línea es Piscis, signo de agua. La cualidad es la maestría Divina. Vemos que Jesús cayó por primera vez en esta línea. Esta es la cruz del impulso planetario de muerte, duda y temor, temor a que Dios no exista, dudas sobre su existencia, temor a nuestra propia identidad, temor a la separación; y es la cruz de un cuestionamiento humano interminable. Cuando estamos en esta estación, debemos hacer invocaciones a la llama violeta, nombrando ese impulso de muerte, invocando la gloria de Dios en la energía de la maestría Divina, y siguiendo adelante.

Cuarta estación

La cuarta estación es «Jesús se encuentra con su madre afligida», **línea de las tres** de Aries y el control divino. Esta es la línea del ego, donde debemos elegir entre el ego humano y el Ego Crístico. Deberemos renunciar al ego que más amamos, el nuestro. Pero con frecuencia no admitimos que nos pertenece y,

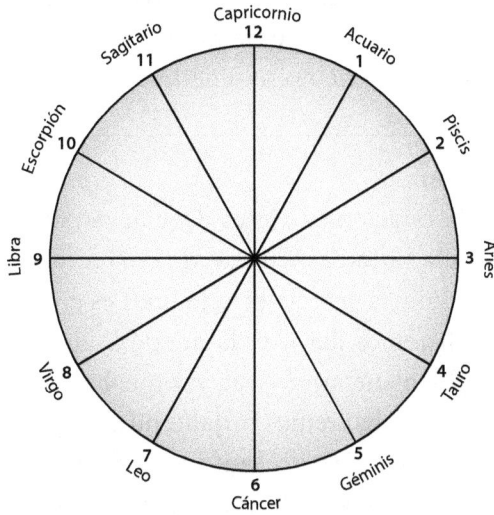

DOCE JERARQUÍAS SOLARES

Las Doce Jerarquías del Sol son doce mandalas de Seres Cósmicos que animan doce facetas de la conciencia de Dios. Cada Jerarquía contiene el patrón de esa frecuencia para todo el cosmos. Se las identifica con el nombre de los signos del zodíaco, pues concentran sus energías a través de esas constelaciones. Están representadas como líneas de un reloj, con Capricornio en las doce, Acuario en la una y así sucesivamente.

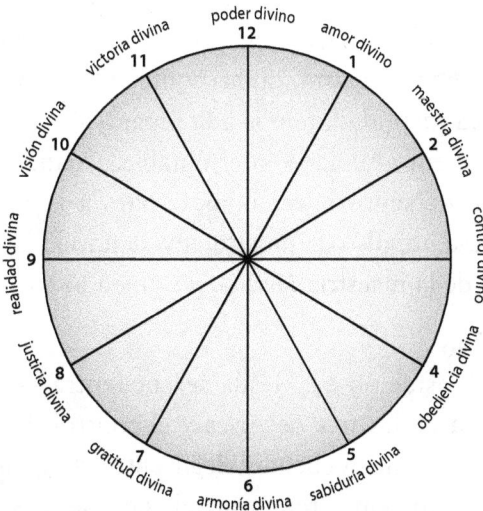

LA CONCIENCIA DIVINA O LAS CUALIDADES
DIVINAS DE LAS JERARQUÍAS SOLARES

Crítica, condenación y juicio,
y toda la magia negra
12

Resentimiento, venganza
y represalias **11**

Odio y ligera antipatía
1 y toda la brujería

Egoísmo, narcisismo
e idolatría **10**

Duda, temor,
cuestionamiento
2 humano y
registros de muerte

Falsedad, intriga
y traición **9**

3 Vanidad, engaño,
arrogancia y ego

Injusticia, frustración **8**
y ansiedad

Desobediencia,
4 terquedad y
desafío a la Ley

Ingratitud, irreflexión **7**
y ceguera espiritual

5 Envidia, celos e
ignorancia de la Ley

6
Indecisión, autocompasión
y autojustificación

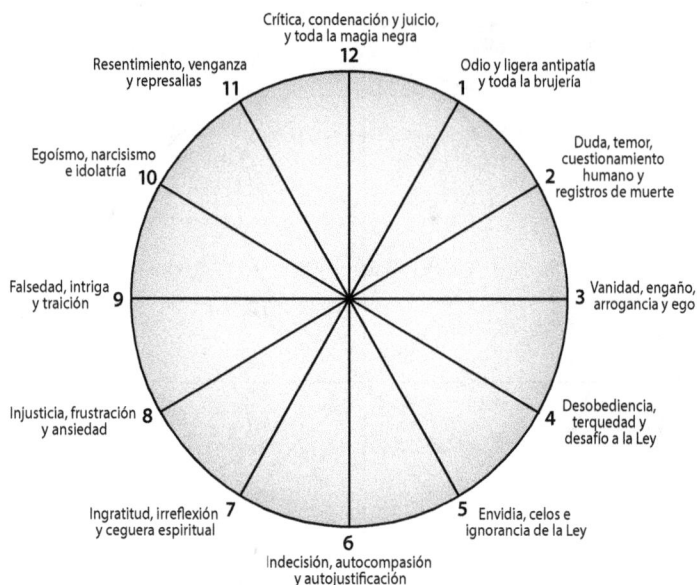

**PERVERSIONES HUMANAS DE LA CONCIENCIA
DIVINA DE LAS JERARQUÍAS SOLARES**

por tanto, lo materializamos en otra persona. Así, vemos que a quien Jesús más amaba era su madre.

Se encontró con su madre en estas catorce estaciones, afligida y apesadumbrada. Pudo soltar la cruz y dejarlo todo. Jesús no estaba encerrado en estas catorce estaciones ni lo estáis vosotros. Está claro que tenía elección. Él hizo su elección en Getsemaní, y le dijo a Dios: «Prefiero no sufrir esta crucifixión, pero hágase tu voluntad y no la mía».[2] Expresó claramente su libre albedrío y su libre albedrío era retirarse, pero en el momento de ese deseo, decidió que iba a pasar por la iniciación por ti y por mí. Al mirar a los ojos a María, su madre, volvió a afrontar esa prueba. Decidió seguir adelante. Se separaría de aquello que más amaba y, por tanto, mataría la mente carnal del interior que, mediante la complacencia humana, haría que se apartase del Sendero.

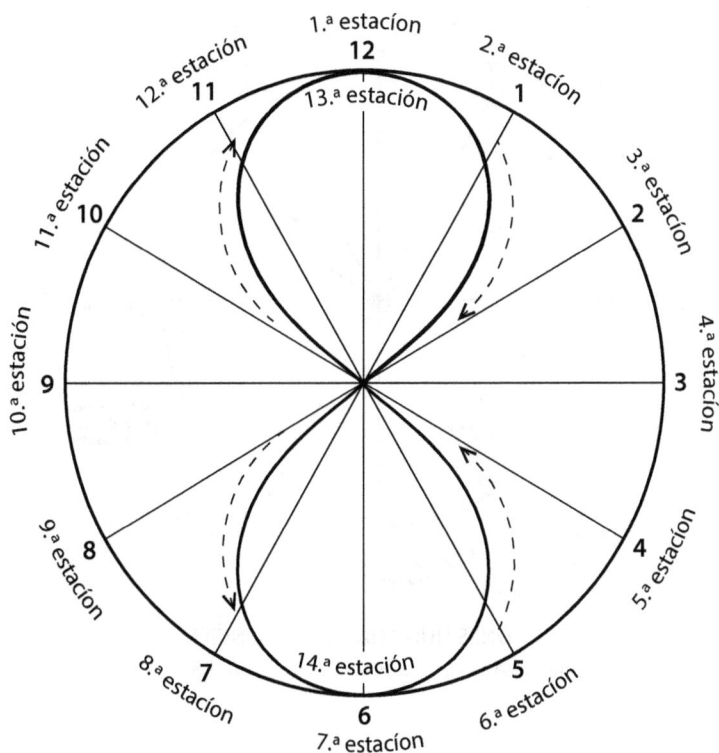

LAS CATORCE ESTACIONES SOBRE LAS LÍNEAS DEL RELOJ

Esta prueba nos llega a todos. Es una prueba muy difícil. Pero solo pasándola podremos heredar la plenitud de nuestro Ser Crístico. El abuso de esta línea es la soberbia del ego que desea labrar su propio sendero según sus propios términos.

Quinta estación

La quinta estación es «Simón el Cirineo ayuda a Jesús a llevar la cruz, **línea de las cuatro.** Se cuenta la historia de que Jesús caía bajo el peso de la cruz y que, al apoyarse contra la pared, dejó una huella con la mano. Simón el Cirineo vio ese milagro, se convirtió de inmediato y se adelantó a llevar la cruz. La huella en la piedra se puede observar hoy día en la ciudad de Jerusalén.

La iniciación sobre esta línea cae bajo la Jerarquía de Tauro, una iniciación de obediencia. Con nuestro deseo de guardar conformidad con la voluntad de Dios, tendremos que renunciar al concepto de que, con fuerza y poder, podremos hacer esta iniciación por nosotros mismos, y que lo podremos hacer sin reconocer la necesidad de intercesión, la necesidad del Espíritu Santo que nos ayude a través de la persona del amigo. Incluso Jesucristo, con toda su gloria y su logro, lo reconoció abiertamente ante nosotros. Él necesitó a un amigo para conseguir realizar el Sendero. Esos amigos eran ángeles, eran Maestros Ascendidos y Elohim, y eran todos los que lo rodearon a él y a su misión.

Al afrontar esta iniciación, es necesario admitir que no podemos conseguir llegar hasta el final solos, y esto es una experiencia que nos hace humildes. Los caídos gustan de representar al adepto como una persona suprema capaz de manipular la energía, dominar fuerzas y hacer lo que le plazca. El estado como adepto se convierte en un factor de gran orgullo para los luciferinos y hoy día hay muchos adeptos en el mundo que están en el sendero de la izquierda cuya autosuficiencia les causa un orgullo enorme. Si tenemos algo de este de orgullo en nosotros, antes o después será quebrado cuando, por un momento, no podamos llevar todo el peso de nuestro karma personal o del karma planetario que se nos exige llevar.

En ese momento, Simón el Cirineo viene a llevarle la cruz a Jesús y así le posibilita estar en esa línea de Tauro, la línea de la caída de Satanás, la línea de la rebelión planetaria. Satanás, como poder y príncipe de este mundo, es enfrentado en la línea de las cuatro. En esta línea, Jesús luchaba con Satanás y las hordas de la oscuridad que quieren subvertir a los niños de Dios haciendo que desobedezcan a su propio ser interior. Y mientras luchaba con Satanás y con esos caídos, otro llevó su cruz. Este es el gran misterio del Cuerpo de Dios, este Cuerpo Místico de Dios que somos. Somos una sola persona, dependiente totalmente de todas

y cada una de las partes de esa persona. Esta es la clave para derrotar a Satanás y la mente carnal interior y exterior.

En esta estación también enfrentamos nuestra propia rebelión interior contra los requisitos de la Ley de Dios. Esa rebelión puede hincharse en nosotros como un Vesubio. Puede hacer que seamos arrogantes, con mal humor y tercos. Tauro es el signo del toro y nos comportamos como toros, bruscamente, cuando decimos: «No voy a hacer eso», hasta que al final nos ponen de rodillas cuando comprendemos que nuestra rebelión nos ha llevado al punto en que tenemos que gritar pidiendo ayuda.

Sexta estación

La sexta estación es «Verónica enjuga el rostro de Jesús», **línea de las cinco.** Al seguir adelante por el camino al Gólgota, Jesús llegó al punto en que Verónica salió a limpiarle la cara; y la Iglesia católica dice que tiene en su posesión el pañuelo en el que quedó impreso el rostro de Jesús cuando recorrió estas estaciones.

Esta es una iniciación bajo la Jerarquía de Géminis, la línea de las cinco de la sabiduría, la línea de la enseñanza. El pañuelo representa la página en blanco del alma, la vestidura del alma, la cual, al ponerse sobre el rostro de Jesús en un acto compasivo, recibe la impresión de la imagen del Cristo. La imagen del Cristo impresa sobre esa tela y sobre nuestro chakra del alma se convierte en la impresión de su conciencia, de su enseñanza, sobre el alma. El grabado sobre el pañuelo de la mujer simboliza que Jesús confía la perpetuación de la enseñanza al cuidado de la llama de la Madre.

Esta iniciación es la transferencia de energía del Instructor al discípulo, del Espíritu a la Materia. La perversión de esta línea es la ignorancia de la enseñanza y la ignorancia de la Ley. Se trata de una ignorancia consciente que da como resultado la envidia y los celos de aquellos que tienen la Luz porque han pasado por el sendero de iniciación.

El día en el que sentimos la densidad que se opone a la Luz

de Géminis debemos desafiar la ignorancia sobre la Ley, nuestra propia ignorancia, nuestra propia densidad; debemos desafiar la envidia y los celos que nos hacen decir: «¿Por qué no puedo tener tanta Luz como esta persona?».

Séptima estación

La séptima estación es «Jesús cae por segunda vez», **línea de las seis.** La caída en esta línea se produce bajo el peso de los malos usos personales y planetarios de la energía de la Madre, bajo la Jerarquía de Cáncer. La línea de las seis es el chakra de la base de la columna. Todos los malos usos y abusos del rayo femenino, de nuestra alma y de nuestro templo corporal, surgirán para ser transmutados en esta línea. Es un desafío del cuerpo emocional porque se trata de un signo de agua. La perversión de la estación es la desarmonía y la discordia, que se manifiestan como indecisión, lástima por uno mismo, autojustificación, cuando justificamos nuestra discordia y nuestra desarmonía.

Esta línea es clave para los portadores de Luz, la progenie de la Madre, el mandala de los 144 000. Es la línea de la Madre y todos debemos convertirnos en la Madre. Este es el punto de la era de Acuario. Al afrontar esta energía de la Madre afrontamos el desafío de poder unirnos a la Madre en su disciplina, en su correctivo, en su compasión, en la cruz que lleva y en tu propio ser.

Octava estación

La octava estación es «Jesús consuela a las mujeres santas», **línea de las siete.** Esta es la línea de Leo y la gratitud Divina. Es la afirmación, la alegría, la alabanza, la aclamación, la emisión en el cuerpo de los deseos de esa energía de gratitud. El abuso de esta línea es la ingratitud, la irreflexión, la desconsideración, la densidad, la ceguera espiritual, el no permitir que la energía salga de uno como alegría, como gratitud que manifiesta la victoria en Leo.

En esta estación, Jesús ofrece consuelo a las mujeres de Jerusalén que lloran, y les dice: «Hijas de Jerusalén, no lloréis por

mí, sino llorad por vosotras mismas y por vuestros hijos».³ Jesús quiere decir esto: «Estoy bien. Estoy pasando por mis catorce iniciaciones. Hacedme caso, vosotras tendréis que reencarnar y pasar por estas mismas iniciaciones de la cruz. Por tanto, cuidad de vosotras mismas y de vuestros hijos, porque la Mujer y su progenie tendrá que afrontar esta iniciación en la siguiente era».

Novena estación

La novena estación es «Jesús cae por tercera vez», **línea de las ocho**. La tercera caída de Jesús se produce bajo el peso de los impulsos acumulados personales y planetarios de todas las formas de injusticia. Esta es la iniciación de Virgo.

Cuando lleves la cruz en esta estación, sentirás injusticia y deberás que recordar la frase de Porcia, Diosa de la Justicia, quien dice: «La injusticia no existe en ninguna parte del universo». Es una declaración absoluta y una afirmación del ser. Significa que justo en lo que parece ser una injusticia, puedes invocar la Luz de la llama violeta y la transmutación, y puedes ver que más allá de la injusticia (que siempre es o bien una prueba o bien una manifestación de karma, una de las dos cosas) está la Realidad de la justicia Divina.

Décima estación

La décima estación es «Jesús es despojado de sus vestiduras», **línea de las nueve**. Esta es una iniciación cósmica que se da a los portadores de Luz y a los caídos de igual manera. Quienes piensan que están vestidos de fino atuendo y que son ricos con la abundancia de los bienes de este mundo descubrirán que, de repente, de la noche al día, serán despojados de sus vestiduras —despojados de su dinero, su provisión, el prestigio exterior y el impulso acumulado— y súbitamente serán reducidos a nada, porque todos debemos estar desnudos ante Dios.

Jesús estuvo desnudo ante quienes lo condenaron. Fue despojado de sus vestiduras, pero permaneció con toda la gloria del Hijo de Dios. No tuvo necesidad del adorno exterior para

demostrar que era el Hijo de Dios. Fue capaz de ir hacia su muerte en la cruz y demostrar ser el Hijo de Dios, sin depender de los adornos del mundo.

Despojados del ego exterior, despojados de las acumulaciones de este mundo, despojados de todo excepto la Luz de nuestro corazón, ¿cuántos de nosotros podríamos pasar hoy por la crucifixión? ¿Acaso nos apoyamos en las opiniones de otras personas, en las cosas materiales? ¿Son esas cosas soportes de nuestra identidad?

Esta es la línea del Espíritu Santo. ¿Qué eres tú en el Espíritu Santo? ¿Es tu templo el templo del Dios vivo? Si lo es, no hay nada que el mundo te pueda ofrecer, ni sus aplausos ni sus elogios ni su reproche; nada en este mundo puede tocarte porque estás sellado y oculto con Cristo en Dios.

Esta prueba nos llega a todos. Y como vemos en Jesús, no importa lo bien que hayas demostrado la Ley, el mundo siempre te condenará. «Si a mí me han perseguido, también a vosotros os perseguirán».⁴ Si se lo han hecho a Jesús, ¿qué podemos esperar nosotros? Y así, no debemos desear popularidad ni que nos aclamen. Debemos tener un deseo: la salvación de las almas confiadas a nuestro cuidado.

La cualidad Divina de Libra es la Realidad y su perversión es la irrealidad: el autoengaño del ego humano, engañarnos a nosotros mismos y a los demás. Es el Mentiroso y su mentira, el deshonor, la ausencia de integridad, la incapacidad de cumplir la palabra que se ha dado. Todas esas cosas son pecados contra el Espíritu Santo; y si nos involucramos en esas cosas, no podremos conservar al Espíritu Santo en la línea de las nueve. Nosotros mismos decidimos si descansamos sobre nuestro ego humano o sobre el Ser Crístico.

Undécima estación

La undécima estación es «Jesús es clavado en la cruz», **línea de las diez.** Hoy día la Madre y sus hijos están siendo clavados

en la cruz. Estos grandes avatares de Luz, llamados a encarnar en esta era, están pasando por estas catorce iniciaciones en el vientre de su madre.

Desde la hora y el momento de la decisión de abortar, ese ser Crístico está condenado a muerte. Está llamado a llevar la cruz del odio de los padres, los médicos y los que piden la muerte del niño. Se ve obligado a cargar con el impulso acumulado planetario de la muerte; atraviesa el impulso acumulado anti-Cristo luciferino de la línea de las tres; afronta la rebelión de los satanistas en la línea de las cuatro en la desobediencia de los padres hacia las leyes de la vida; en la línea de las cinco afronta la envidia, los celos hacia esa Luz por parte de los caídos, la ignorancia de los padres acerca de esa vida en el vientre.

El niño pasa por todas esas estaciones dentro del ciclo de nueve meses en el vientre, que se puede reducir a varias semanas o unos pocos días, dependiendo del punto en el cual ese avatar esté pasando por la crucifixión. Y sin saberlo, tal como Pedro negó a su Señor sin saberlo, igual que Judas se vio atrapado sin saberlo en la traición a su Señor, hoy día vemos que la gente, gente inteligente que ha conocido las enseñanzas y la fe de sus iglesias durante siglos, de repente arremete contra esta manifestación del Señor Jesucristo que está totalmente indefensa. Así vemos que clavan a Dios —Dios encarnado— en la cruz a todas horas y todos los días.

Cuando recorremos este sendero de iniciación, estamos unidos a todos los hijos y todas las hijas de Dios. No importa quién sufra en el cuerpo planetario, ello se graba en nuestro templo y uno no puede vivir a menos que haga invocaciones diarias a la Luz para el rescate de esas almas, porque siempre se trata del rescate de Jesucristo en la cruz.

Esta cruz en la línea de las diez es la cruz del egoísmo y el amor hacia uno mismo. Es la Jerarquía de Escorpión, y la energía de Escorpión es la visión de Dios. Los ciegos guías de los ciegos son aquellos que han obstruido completamente el tercer ojo por

su egoísmo humano. Siendo totalmente egoístas, guían a quienes son totalmente egoístas. Hoy día tenemos un culto egoísta en el mundo que no tiene comparación. Ese mismo culto egoísta destruyó Roma y las demás civilizaciones que se derrumbaron. La gente vive para sí misma y hace muy poco por ayudar a los demás.

Cuando sientas este hedor a egoísmo que se interpone entre la gente y su salvación, y tú estés en esta undécima estación sintiéndote clavado a esa cruz, debes invocar la Luz de Ciclopea, el Ojo Omnividente, y debes invocar la llama violeta para la transmutación de los impulsos acumulados personales y planetarios de egoísmo humano manifestándose como ceguera espiritual y material.

Siempre que nuestra visión esté nublada y no sepamos qué paso dar según la voluntad de Dios, recordemos limpiar el registro de egoísmo humano; quizá algo que hicimos en la Atlántida o en Lemuria, quizá algo que hicimos hace diez mil años o ayer mismo. Sea lo que sea, la vibración del egoísmo nos priva de nuestra misión y nuestro plan divino.

Duodécima estación

La duodécima estación es «Jesús muere en la cruz», **línea de las once**. La vida es energía y no puede ni crearse ni destruirse. La vida que Jesús entrega es para Dios y llena el corazón de cada niño de Dios en la Tierra. Se convierte en la vida de todo el mundo. Es la ecuación externa de la integración.

Nuestra integración en Dios tiene una apariencia momentánea de muerte, sin vida, pero ello es tan solo la absorción de nuestro ser en el núcleo de fuego blanco para que podamos regresar al tercer día en la plenitud del Yo Real, el Ser Crístico resucitado. Entregar la vida por los amigos es la renuncia a la conciencia humana para que el Cristo pueda vivir en todos.

Sin embargo, desde el punto de vista del Sanedrín, los saduceos, los fariseos, los poderes de Roma, Caifás, eso era la

crucifixión de Cristo. Quisieron destruir el cuerpo y, por tanto, destruir el poder de ese hombre, destruir su influencia; matar al yo exterior en un intento de destruir aquello que nunca se puede destruir.

La iniciación suprema en esta línea es comprender que debemos demostrar la indestructibilidad aquí y ahora, dentro de este templo. No nos sirve de nada ser indestructibles en el cielo. Debemos mostrar la indestructibilidad de la Luz del Cristo aquí, en la Tierra. Ese es el propósito de la resurrección. Por eso él resucitó el cuerpo físico, cuando podría haberlo dejado en la tumba para regresar como un espíritu, pero quiso que vieran las marcas de los clavos en sus manos y pies. Quiso que supieran que el templo físico, la Madre, el cuerpo de Materia, estaba restablecido.

Debemos demostrar esto lo mejor que sepamos, aquí y ahora. Mientras tengamos vida, debemos decidir ser esa resurrección y esa vida allá donde nos encontremos; no muriendo, sino viviendo la vida del Cristo.

Ese morir en la cruz es la iniciación de Sagitario. Es la línea de la victoria Divina y su abuso. La energía que afrontamos al desafiarla es el resentimiento, la venganza y las represalias. Mientras Jesús muere en la cruz los oye cómo se ríen de él, mofándose, diciéndole que si es el Hijo de Dios baje y se salve. Hay dos malhechores crucificados con él, uno negándole, el otro pidiéndole que lo perdone. Jesús hace la promesa: «De cierto te digo que hoy estarás conmigo en el paraíso».[5] Y así, vemos que con este sacrificio muchos son atraídos hacia esa conciencia Divina.

Decimotercera estación

La decimotercera estación es «Jesús es bajado de la cruz», **línea de las doce** de Capricornio otra vez. Día a día, nuestro servicio baja de la cruz a quienes el mundo ha crucificado. Algunos de ellos llevan en la cruz miles de años, porque nadie ha pasado en la persona de la llama de la Madre para decir: «Aquí estoy, te ayudaré. Te enseñaré a entrar en la tumba, el laboratorio del

Espíritu, a demostrar tu resurrección».

Vemos a nuestros jóvenes, vemos a hombres, mujeres y niños clavados en la cruz. Cada niño que pasa por el aborto pasa por esta crucifixión. Y esta crucifixión, esta muerte en la cruz, se convierte en un paño mortuorio sobre el cuerpo planetario. Hasta que no vayamos en la persona de la Madre a ayudar a esa vida, esas personas en la cruz estarán sobre los montes del mundo, esperando que alguien diga: «Yo ayudaré a mi Señor y Salvador en ti. En ninguna otra parte mi Señor y Salvador es más real que en tu persona, el discípulo, el chela, el recién nacido. Acudiré».

La condenación del mundo dejaría a los hijos e hijas de Dios morir para siempre en esa cruz, y la compasión de la Madre es la que dice: «Yo no te condenaré, sino que afirmaré la gloria de Dios en ti». Esa condenación del mundo que la Madre niega es la condenación por los errores, los fracasos, los abusos de la energía por parte de los niños de Dios.

Está muy bien elogiar a la gente cuando está llena de Luz, pero el reconocimiento de su Realidad se necesita en la hora o en la carga más oscura. Entonces es cuando se necesitan a los amigos que te dicen que Dios vive en ti. Ese es el trabajo de los Maestros Ascendidos y sus chelas en esta era.

Decimocuarta estación

La decimocuarta estación está en la **línea de las seis:** «Jesús es sepultado». La tumba es un símbolo de la cámara del corazón, ese es el laboratorio en el que demostramos nuestra vida eterna. Es el vientre de la Materia. Se encuentra en el corazón de la Madre; y está en el chakra de la base de la columna, otra vez la línea de las seis. Ello significa que la demostración de la vida eterna depende de que elevemos el fuego sagrado desde ese chakra de la base hasta la coronilla, el flujo perfecto del caduceo.

Jesús dejó el templo con la plena maestría de su Ser Crístico. Su alma dentro del Ser Crístico descendió al plano astral y predicó a los espíritus rebeldes que habían sido confinados allí

desde los días de la Atlántida. La mañana de Pascua regresó a su cuerpo para resucitar.

Este es el período en que estamos en la tumba con la Madre. Se pone a la Madre en la tumba, y la tumba es la Materia; todos formamos parte de la progenie de la Madre. Cuando nos hacen yacer en la tumba con Jesús, ahí está el lugar donde nos quedaremos, quizá durante muchos años, incluso cuando aún caminamos por los ciclos de las catorce estaciones. Pero ahora, en este momento, se requiere que prediquemos el evangelio en los niveles más bajos de la Tierra, a todas las naciones, que bauticemos en el nombre del Padre, del Hijo y del Espíritu Santo, lo cual significa la transferencia de la enseñanza, la energía del Padre, del Hijo y del Espíritu Santo, la transferencia de la percepción de uno mismo en Dios.

La línea de las seis marca el cuerpo astral; marca las iniciaciones del cuerpo de los deseos. Muchas almas de Luz que deberían estar en el laboratorio de la Madre resolviendo el problema del ser, produciendo la resurrección de su templo, están atrapadas en el plano astral; y esto es en realidad una perversión precisamente de la iniciación de esta línea. Por tanto, nuestra misión es sacar del plano astral como sea posible a las almas de Luz que han sido atrapadas.

Cuando el cuerpo de Jesús yacía en la tumba, los ángeles de Alfa y Omega permanecieron a la cabeza y los pies. Jesús vino en su cuerpo etérico y su Ser Crístico. Se puso ante su cuerpo físico. Ordenó a las energías que volvieran a entrar en el cuerpo. Invocó la llama trina para que se reencendiera en el templo físico y empezara a hacer latir el corazón otra vez.

En esa resurrección, en esa demostración de la victoria de las catorce estaciones, Jesús es plenamente la encarnación del Cristo Universal; y está a punto de recibir en los siguientes catorce días «toda potestad en el cielo y en la tierra».[6]

Las catorce estaciones en la era de Acuario

Los cuatro puntos cardinales de Dios son Padre, Hijo, Espíritu Santo y Madre. En cada era, uno de estos puntos cardinales pasa por la crucifixión. Puesto que Dios es uno solo, todos esos elementos están presentes en cualquier manifestación de Dios, pero hoy día el énfasis es la crucifixión de la Madre. Hoy quienes están siendo crucificados en la Tierra son la Madre y sus hijos. Es la mujer y es la fuerza vital y el fuego sagrado, la Kundalini misma, lo que está siendo agredido, condenado y crucificado. Y es el cuerpo de la Madre, el cuerpo del hombre y la mujer.

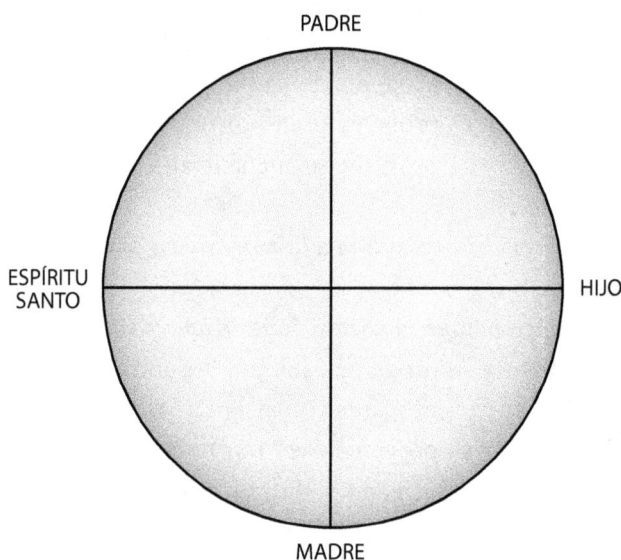

PADRE

ESPÍRITU
SANTO

HIJO

MADRE

CUATRO MANIFESTACIONES DE DIOS

En la dispensación de Piscis, Jesús recorrió estas estaciones para la iniciación del Cristo y del rayo masculino. En la era de Acuario, la Madre y sus hijos son quienes recorren las catorce estaciones. Por eso Jesús dijo al llegar a la octava estación: «No lloréis por mí, hijas de Jerusalén, llorad por vosotras y por vuestros hijos». Él sabía que las madres y sus hijos reencarnarían para

ver el día en que ellas mismas recorrerían estas catorce estaciones. En el duodécimo capítulo del Apocalipsis consta que, cuando el dragón fue echado a la tierra, atacó a la mujer que venía a dar a luz al Hijo Varón. Y así, el ataque contra la mujer, contra la Madre, contra el principio femenino dentro del hombre y la mujer, está desenfrenado. Hoy es el día en el que la mujer debe llevar la cruz de su karma y del karma del mundo, y enseñar a sus hijos a hacer lo mismo. Es el día en el que el principio femenino en el hombre se eleva y desafía su karma por el abuso de la energía femenina.

Las catorce estaciones de la cruz de Acuario

1. La Mujer y su progenie son condenadas a muerte.
2. La Mujer y su progenie deben llevar la cruz.
3. La Mujer y su progenie caen por primera vez.
4. La Mujer y su progenie se encuentran con su madre afligida.
5. Simón el Cirineo ayuda a la Mujer y su progenie a llevar la cruz.
6. Verónica enjuga el rostro de la Mujer y su progenie.
7. La Mujer y su progenie caen por segunda vez.
8. La Mujer y su progenie consuelan a las mujeres santas.
9. La Mujer y su progenie caen por tercera vez.
10. La Mujer y su progenie son despojadas de sus vestiduras.
11. La Mujer y su progenie son clavadas en la cruz.
12. La Mujer y su progenie mueren en la cruz.
13. La Mujer y su progenie son bajadas de la cruz.
14. La Mujer y su progenie son sepultadas.

Oportunidad diaria

Pablo dijo: «Con Cristo estoy juntamente crucificado; sin embargo, vivo».[7] La crucifixión, la cruz, es el cruce de caminos de la oportunidad. Vivir en la crucifixión es vivir para la

transmutación del karma personal y planetario que destruiría al Cristo paso a paso en los catorce niveles de iniciación.

Pablo sabía que estaba viviendo la crucifixión todos los días de su vida. Pero la crucifixión no es una aflicción, no es un sacrificio, no es un dolor; es un punto de transmutación y una transformación. Siempre que permanezcamos centrados en la cruz de fuego blanco, en ese punto en que las dos líneas se encuentran, estaremos en ese punto supremo donde, a través del nexo o por medio de nuestro chakra del corazón, la oscuridad pasa hacia la Luz. En ese punto sostenemos la dicha de la sagrada comunión y nos convertimos en el vórtice de Luz por el cual esa energía mal cualificada del subconsciente de la persona y del planeta pasa por el fuego sagrado.

Esta energía es lavada, es limpiada, y esa Luz blanca y pura regresa al corazón de la Presencia YO SOY. Para que el alma pueda volver al YO SOY EL QUE YO SOY, toda la energía que no es como la imagen original del Cristo, todo lo impuro que jamás se haya manifestado en pensamiento, palabra, sentimiento u obra, debe regresar a Dios purificado.

Para que esto pueda ocurrir en esas evoluciones que se han apartado de la obediencia, nosotros debemos recorrer las catorce estaciones de la cruz. Es el sendero de iniciación. Tanto si eres hindú, budista, musulmán, judío, cristiano o nada de eso, tu vida es la exteriorización de las catorce estaciones de la cruz. Cuando lo sabes, puedes conseguir triunfar si lo intentas. Cuando no lo sabes, las olas te van dando tumbos; no vas sobre la cresta.

Así es como Dios lo ha planeado. A él no le preocupa la conciencia humana y sus indulgencias. El YO SOY EL QUE YO SOY tiene un propósito y una intención: que el alma que Dios ha hecho regrese siendo el Ser Crístico individual.

El misterio del decimoquinto rosario

La entrega del Cristo en que te has convertido

C UANDO TE HAYAS ESFORZADO CON diligencia para conseguir tu Cristeidad, se te presentará otra iniciación. Podemos decir que, simbólicamente, catorce días tras la resurrección —que en tu vida podrán ser catorce días, catorce años, catorce siglos— llegas al perfeccionamiento de esa Cristeidad mediante el fuego sagrado. Entonces eres libre de entrar en lo que se conoce como el misterio del Decimoquinto Rosario, para tomar la plenitud de esa Cristeidad y dársela al mundo y que toda tu Cristeidad y todo tu logro se entregue, día tras día, en apoyo de aquellos que están en alguna parte en los anillos exteriores del recorrido de las estaciones de la cruz, que están apesadumbrados, que están cargando con la cruz, no solo la de su karma, sino la del karma del mundo. Tú les prestas la Luz de tu Cristeidad para apoyarlos y sostenerlos con tus oraciones y tu servicio. Por tu libre albedrío, puedes elegir aceptar esta prueba o no aceptarla.

La Virgen María explica el misterio del Decimoquinto Rosario, la entrega de ese Cristo en que te has convertido:

Primero, dejad que diga que el Decimocuarto Rosario y
todos los rosarios anteriores* son iniciaciones preparatorias
para echar a la llama el karma no saldado, las energías mal
cualificadas de la vida, las sustancias indeseadas y todo lo
irreal. Estos rosarios son claves sagradas para las iniciaciones de la Cristeidad mediante las cuales podéis saldar, ahora
mismo y deprisa, el 51 por ciento de vuestro karma para
permanecer en la vida como la Presencia, sí, la Presencia viva
de vuestro Ser Crístico.

Esta meta no la tenéis muy lejos si hacéis caso a la palabra
de una Madre. Porque yo enseñé a los benditos discípulos
y he enseñado a muchas corrientes de vida, una a una, los
pasos que no son muy difíciles para vosotros, porque no son
demasiado difíciles para el SEÑOR.[1] No se escala una montaña
de una vez, sino que hay que prepararse para el viaje; y si ello
requiere catorce días, llevad las provisiones necesarias, ropa,
todo lo que necesitéis y, entonces, estableced el paso.

Controlando el ritmo, la preparación para la subida a
la cima puede requerir excursiones previas a las montañas.
Pero ese ascenso que es el ascenso supremo al Monte de la
Transfiguración debéis hacerlo según el paso del aliento del
Espíritu Santo, porque en la aspiración y la expiración del
prana de la vida es que podéis subir por ese monte de logro.
Así, amados, podéis hacer una pausa en las catorce estaciones
y quedaros ahí.

Esas catorce estaciones están pensadas como estaciones
de paso en el sendero que va subiendo por el camino real de la
reintegración con vuestro Yo Divino. Así, lo que más importa

---

*La Virgen María ha dado un rosario por cada uno de los siete rayos de la
Luz Crística a rezarse cada mañana de la semana y un rosario correspondiente
al octavo rayo a rezarse el domingo por la tarde. También dio un rosario por
cada uno de los cinco rayos secretos del Espíritu Santo para la comunión con
el Paráclito las cinco tardes de la semana. Estos misterios describen las pruebas que debe afrontar el alma, las demostraciones de la Ley que debe hacer y
las tentaciones que debe superar antes de que el devoto de la Madre y el Hijo
pueda estar totalmente integrado en la conciencia del Cristo. El Decimocuarto
Rosario es el Misterio de la Entrega, la entrega de todo lo que no es real en la
vida, todo lo que no es de Cristo.

es que empecéis y que os sintonicéis con el paso del Espíritu
Santo, el Maha Chohán; porque vuestro paso en este camino
de la vida es verdaderamente el ritmo del latido del corazón
de Dios Todopoderoso. Así, al principio, paso a paso, según
se va empinando cada vez más la montaña y el aire se va en-
rareciendo más, debéis dejar atrás parte de lo que más pesa en
vuestro bagaje. A medida que el sol, la naturaleza y el propio
Dios se vuelven más reales, dejáis atrás aún más cosas de ese
yo porque no son esenciales, porque habéis encontrado al Yo
que es Dios.

Al pasar, pues, por las catorce estaciones, llegáis a la cima
del ser que es Cristo el Señor. Entráis en el corazón de ese
Cristo y él entra en la plenitud de vuestro templo. Primero,
os dirigís a la cámara secreta del corazón donde el Ishwara*,
que es Cristo en vosotros, está sellado. Llegan las iniciaciones para la Cristeidad. Cuando las hayáis pasado, el bendito
Ishwara aparece saliendo de la cámara secreta del corazón y
pasa a ocupar la plenitud del templo de la vida.

Comprended, pues, que aún estáis subiendo por las catorce estaciones. Y hay algunos estudiantes de los Maestros
Ascendidos que aún no han comenzado las catorce estaciones. Se están alistando para la preparación para la Cristeidad.

Así, al principio, recibir el juicio del mundo, y el odio,
y los registros de muerte, y el Anticristo, y todo el impulso
acumulado rebelde de desobediencia, y la división de la vida y
el intento de dividir y vencer y las cargas del abuso de la llama
de la Madre, y todo lo que se opone a la gran Luz de la alegría
del corazón como ingratitud y egoísmo, toda la acumulación
de la injusticia personal y planetaria, los abusos a los ciclos
de la vida, todo el impulso acumulado de irrealidad, todo el
conglomerado del sentimiento de lucha que tiene el mundo y
que se manifiesta solo a través del egoísmo y el amor a uno
mismo y, finalmente, la derrota del dragón de la venganza

** *Ishwara*, del sánscrito, significa «maestro» o «señor». Es un nombre que se le
da al Cristo Cósmico, el Ser Universal.*

contra el Todopoderoso; estas estaciones* para llevar la carga de la vida terminan, pues, en la transferencia de toda potestad en el cielo y en la tierra.[2] En esa hora del cumplimiento de la resurrección a través de las catorce estaciones, se entiende que cada candidato tiene la oportunidad de elegir entrar en la espiral de la ascensión y ascender a Dios…

Nosotros no deseamos esto en esta era, sino que deseamos ver la plenitud de ese Cristo manifestarse en la Tierra durante muchos ciclos y años en muchos de nuestros devotos. Porque la mies es realmente grande[3] y las almas de Luz en la Tierra necesitan el ejemplo físico de aquellos que caminan en el sentido supremo de la libertad. Así, amados míos, el misterio del Decimoquinto Rosario es el misterio de la entrega de ese Cristo en el que os convertís.

No se trata de una entrega automática, pues algunos discípulos pueden cumplir las catorce estaciones, llegar a ser el Cristo y, no obstante, desear poseer a ese Cristo, ser ese Cristo, disfrutar de esa Cristeidad y, con ello, buscar alguno de los senderos privados que de hecho pueden aumentar el logro, pero pueden no aumentar el sendero de Cristeidad para otros. Así, se observa que cuando todas las demás entregas están en los valles detrás de vosotros y vosotros estáis en el monte de esa transfiguración y estáis en la gloria de la mañana de Pascua, comprendéis que desde el Monte de la Transfiguración hasta el monte del Sanctasanctórum del Yo resucitado hay un sendero único por el cual caminar; es la renuncia a esa Cristeidad que habéis logrado.

El yo irreal que se pone sobre el altar de Dios no es suficiente sacrificio para que se os transfiera la plenitud de vuestro Ser Crístico. Ocurre que, cuando el yo irreal se ha entregado, el Yo Verdadero comienza a manifestarse, con frecuencia en leves vislumbres al principio, como un pequeño bebé, y luego creciendo y fortaleciéndose hasta que la plenitud de esa Cristeidad se manifiesta. Así, desde la hora

---

*La Virgen María enuncia aquí las perversiones de la conciencia Divina de las Jerarquías Solares en cada línea del reloj cósmico. Véase página 191.

en que se pone a un lado el largo sendero de la irrealidad, hasta la hora en que se asume la realidad Divina en el sentido más pleno de la palabra, ese es el sendero del Decimocuarto Rosario. Pero cuando la realidad Divina llega y el Cristo en vosotros se hace perfecto y el alma se hace perfecta en Cristo, hay que tomar una decisión: dar ese Cristo en el que os habéis convertido.

Y, por tanto, amados míos, cuando Abraham puso a Isaac sobre el altar, estaba entregando su Cristeidad manifestada como su propio hijo.[4] No estaba entregando el yo irreal, sino que estuvo dispuesto a dar incluso la plenitud de esa identidad Divina confiando en que, puesto que ese cuerpo, esa conciencia y ese ser serían partidos como migas de vida para alimentar a toda la humanidad, ese Cristo regresaría y sería uno solo. Y al haber sido partida por todos, esa Cristeidad —la Cristeidad suprema de la victoria de la misión— se convierte en el Cristo Cósmico, se convierte en el Maestro Ascendido.

Partir el pan de vida

Al partir la hogaza que Dios es dentro de vosotros, está el sacrificio temporal de la totalidad de la expresión de esa identidad. Antes que conservar la totalidad de esa Luz para vuestro propio templo, habéis dicho: «Partiré el pan de vida. Daré una parte de esa Cristeidad que es mía a cada alma de Dios que se me envíe para recibir esa levadura, ese cubo blanco, ese fuego encendedor de vida eterna».[5]

Así, amados míos, aunque Dios toma la hogaza en sus manos, con vuestro libre albedrío y vuestra renuncia es que se le entrega. Y al darle a Él esa conciencia Crística y al partir Él el pan de vida, viviréis con el gozo de la llama trina no alimentada por doquier, en el corazón de los niños pequeños, de quienes están envejeciendo según los ciclos de este mundo del tiempo y espacio, en el corazón de las familias, en el corazón de elementales y ángeles. Viviréis incluso en la llama

no alimentada de los Maestros Ascendidos y Seres Cósmicos. Trascenderéis la escalera de la vida, entrando y saliendo de las octavas del cielo y de la tierra. Porque, en verdad, por el don de la gracia de Dios y vuestra Individualidad, os habréis unido a toda la vida en el sentido más profundo de la palabra. Este es el misterio del Santo Grial, cómo el Grial puede ser uno solo y, aun así, duplicados de ese Grial, vuestra Presencia Electrónica, fragmentos de su cristal, pueden vivir y crecer y multiplicar la conciencia Divina en todas las partes de la vida que Dios haya ordenado. Esta unión de la vida es un amor incomparable. Es la unión que compartís con vuestros Mensajeros. Ahora es una unión que os pertenece, para beberla, para experimentarla y para regalarla. Así, cuando paséis por los ejercicios de la vida en los que debáis renunciar a esta o aquella bagatela, experiencia o incluso un querido amigo que deba tomar otro sendero, recordad que estas renuncias os preparan para el momento en que regalaréis el don más valioso de todos: el Hijo de Dios en que os habréis convertido…

De la Luz de Oriente y Occidente, del retiro interno de la Madre de India, os doy el regalo de la llama de la Madre de Oriente y Occidente. Os doy el regalo del corazón de una Madre, el don más sagrado, el misterio del Decimoquinto Rosario.[6]

La multiplicación de la conciencia Crística

¿Estás dispuesto a renunciar a ese Cristo que tanto te ha costado conseguir, en el que te has convertido, y dar una parte de esa Cristeidad a las almas que te sean enviadas? Dar tu Cristeidad al mundo no es algo que acontezca una sola vez. Cada vez que regalas tu Cristeidad, esta se repone al instante, casi como si tu Presencia Electrónica se manifestara fotográficamente. Al dársela a otra persona, la Presencia Electrónica se manifiesta otra vez.

Cualquiera que no regale su Cristeidad sirviendo al mundo simplemente no entiende la gran gloria y alegría del proceso.

Porque cada vez que das, es la expiración del aliento de fuego sagrado. Y así, lo que se vacía a sí mismo, habiendo creado un vacío, ahora se repone. De nuevo, esa Cristeidad te llena, pero debido a que la has regalado para multiplicar la Cristeidad de otro, recibes un aumento. Cada vez que la regalas, tu Cristeidad aumenta.

La única forma en que puedes conservar tu vida es regalándola.* La única manera en que puedes renovar tus fuerzas o tu juventud o tu estado del Ser eterno es regalándolo y dejando que la Luz se derrame a través de ti. Los canales se abren, nunca dejan de estar abiertos, y Dios nunca deja de derramarse a través de ti. Siempre es más que ayer, porque recibes el aumento de la obra buena y grande que se ha realizado.

---

*Todo el que procure salvar su vida, la perderá; y todo el que la pierda, la salvará. (Lucas 17:33)

El Cristo resucitado

CUANDO JESÚS RESUCITÓ DE ENTRE LOS muertos, el primer discípulo con el que se encontró fue María Magdalena. Ella no lo reconoció, pero cuando él dijo su nombre, «María», ella se volvió hacia él y dijo: «Raboni», y se llenó de amor y quiso abrazar a su Maestro. Jesús le dijo: «No me toques, porque aún no he subido a mi Padre; mas ve a mis hermanos, y diles: Subo a mi Padre y a vuestro Padre, a mi Dios y a vuestro Dios».[1]

Él quería que el mensaje se proclamara. No le preocupaba tanto que María informara sobre la resurrección. Le interesaba que se proclamara el mensaje de que estaba ascendiendo, que estaba demostrando la ley del ser para todos nosotros, que estaba venciendo al último enemigo. Y quería que se supiera que no estaba ascendiendo hacia un Dios exclusivo al que había llamado Padre. Estaba ascendiendo hacia su Padre y nuestro Padre, «a mi Dios y a vuestro Dios».

Así, en una de las escrituras que aún no ha sido manipulada, encontramos captadas estas palabras de Cristo, las cuales, cuando se las entiende correctamente con la interpretación del Espíritu, nos dan la capacidad de comprender que Dios ha dado a Jesús un Dios y nos ha dado a nosotros un Dios. «A vuestro Dios y a mi Dios», se refiere a la individualización del Dios único.

Solo hay un Dios, pero cada uno de nosotros tiene un contacto personal con la Presencia YO SOY individual, la misma Presencia YO SOY individualizada que se apareció a Moisés en el desierto y declaró YO SOY EL QUE YO SOY.

En su prédica, Pablo tenía un conocimiento muy claro sobre esto. Si estudias la vida y testimonio de Pablo, de Pedro y de otros apóstoles, ellos predicaban la vida y misión de Jesucristo allá donde fueran, a judíos y gentiles por igual; y volvían al Antiguo Testamento y enseñaban línea a línea la profecía de la venida del Mesías, cómo Jesús cumplió esa profecía y cómo fue crucificado. Esta historia es importante porque muestra los pasos iniciáticos que siguió el pueblo de Israel desde el momento en que abandonó a Dios por desobediencia hasta la reunión con Dios.

En su crucifixión pública, Jesús atravesó una demostración externa de las iniciaciones del templo interno que se imparten en Lúxor (Egipto), en el Templo de la Ascensión. Jesús quiso dejar constancia de forma que nadie pudiera ocultárselo a la gente, un registro escrito que pudiéramos leer dos mil años después y a partir de él saber, no que él era el Hijo de Dios de forma exclusiva y que hizo algo que solo él podía hacer, sino que nosotros también debemos seguir sus pasos. Quería dejar constancia de que estaba pasando por una iniciación que todo hijo y toda hija debe afrontar y que, puesto que él pasó esa iniciación, estaría presente como Maestro Ascendido para ayudarnos cuando estuviéramos preparados y tuviéramos el valor de pasar por la misma iniciación. Por tanto, la muerte en la cruz simboliza que el hombre viejo con sus actos debe morir y que debemos estar dispuestos a dejar que ese hombre viejo sea crucificado.

Ellos intentaron crucificar al Cristo, pero en realidad solo mataron el templo corporal. El templo pasó el proceso de la muerte, pero el Cristo estaba vivo para siempre. En el ejemplo de Jesús vemos que en esta muerte hay agonía, que permitir que el viejo yo muera no es algo fácil. Con todo el karma que tenía saldado, Jesús necesitó los tres años de su ministerio y los treinta

años de su vida como preparación para esta iniciación. Aun así, hubo agonía en el Huerto de Getsemaní: «¿Beberé o no beberé de este cáliz que es la voluntad de Dios?». Él decidió beber de ese cáliz por ti y por mí.

Cuando leemos que Jesús murió por nuestros pecados, lo hizo por el hecho de que sabía que nosotros tendríamos karma, que tendríamos pecado, que tendríamos sustancias mal cualificadas en nuestro templo y que, en la hora del intercambio del yo inferior por el Yo Superior, tendríamos que permitir que el yo inferior muriera. En ese momento podríamos recordar a Cristo en la cruz y reunir un valor renovado, y diríamos: «Dejaré que muera el viejo yo para que hoy Cristo pueda vivir en mí. Y si Cristo vive en mí hoy, hay esperanza para este mundo».

La declaración existencial de Pablo

Pablo dio un magnífico sermón que consta en el decimoquinto capítulo de su primera carta a los corintios. Su enseñanza refuta el concepto de que solo exista un Hijo y que solo uno pueda ascender. Pablo escribe:

> **Porque yo soy el más pequeño de los apóstoles, que no soy digno de ser llamado apóstol, porque perseguí a la iglesia de Dios. Pero por la gracia de Dios soy lo que soy...**

Pablo declara el Ser; y dice que no por lo que hice como pecador, no por lo que hice como hombre justo, sino por la gracia de Dios YO SOY lo que YO SOY. Es maravilloso saber que no es nuestra bondad o maldad humana lo que nos da el derecho de proclamar nuestro ser, sino por gracia de Dios podemos decir: «YO SOY lo que YO SOY».

> **...y su gracia no ha sido en vano para conmigo, antes he trabajado más que todos ellos...**

Pablo, que nunca conoció a Jesús en la carne, que no estuvo entre los quinientos testigos en el monte de Betania, que no

estuvo con Jesús durante su ministerio, que no era uno de los doce apóstoles, se convierte en el que más trabaja de todos los demás. ¿Acaso esto no nos da esperanza de que, aunque podamos no haber dado la talla según los estándares del mundo, si tenemos la decisión y el don del Espíritu Santo, podemos elevarnos para dar testimonio de la Verdad como hizo Pablo? Podemos despertar a todos los cristianos, judíos y gente de todas las religiones hacia esta vivificación, hacia esta meta de la ascensión, toda esta gente que se ha quedado dormida y que no ha tenido quien le enseñe la meta de la vida.

...pero no yo, sino la gracia de Dios conmigo.

Pablo era sumamente consciente de la Luz de Dios porque tenía la comparación de su propio estado de conciencia antes de su conversión. Él supo, cuando la gracia de Dios le sobrevino, que Dios era el que trabajaba a través de él. Qué engreídos nos volvemos cuando damos por sentado que somos los que actuamos. Cuando más comprendemos que Dios está trabajando, más viene Dios. Y cuanto más viene Dios, más vemos la diferencia entre la endeble conciencia humana y el gran Yo Divino que es la Realidad de nuestra vida. Esto es lo que Pablo predica para todos los que ya tenían el testimonio de Jesús.

La resurrección

Pero si se predica de Cristo que resucitó de los muertos, ¿cómo dicen algunos entre vosotros que no hay resurrección de muertos? Porque si no hay resurrección de muertos, tampoco Cristo resucitó.

Entre los primeros cristianos hubo un debate argumentando que no había resurrección de entre los muertos. Pero Pablo dice, si nadie puede resucitar de entre los muertos, tampoco pudo Cristo. Si dices que tus muertos no pueden resucitar, entonces estás diciendo que Cristo pudo no haber resucitado.

¿Cuánta gente que celebra la resurrección la mañana de Pascua cree en una resurrección personal que se puede forjar y conseguir en esta vida? ¿Y cuántos de los que creen eso tienen el conocimiento de los requisitos necesarios para que el individuo logre esa resurrección?

Y si Cristo no resucitó, vana es entonces nuestra predicación, vana es también vuestra fe.

Y somos hallados falsos testigos de Dios; porque hemos testificado de Dios que Él resucitó a Cristo, al cual no resucitó, si en verdad los muertos no resucitan.

Porque si los muertos no resucitan, tampoco Cristo resucitó; y si Cristo no resucitó, vuestra fe es vana; aún estáis en vuestros pecados.

Entonces también los que durmieron en Cristo perecieron.

Si en esta vida solamente esperamos en Cristo, somos los más dignos de conmiseración de todos los hombres.

Esta enseñanza que nos llega de Pablo se basa en su premisa de que, si Jesús no hubiera resucitado, su prédica es en vano; más hubiera valido cesar todo su ministerio, porque en la resurrección de Jesucristo yace la esperanza y la salvación de todo el mundo.

¿Qué predicamos si no la vida eterna? ¿En qué tenemos fe si no es en la fe suprema de que estamos destinados a unirnos a Dios y vivir para siempre?

Mas ahora Cristo ha resucitado de los muertos; primicias de los que durmieron es hecho.

Porque por cuanto la muerte entró por un hombre, también por un hombre la resurrección de los muertos.

Porque así como en Adán todos mueren, también en Cristo todos serán vivificados.

Pero cada uno en su debido orden: Cristo, las primicias; luego los que son de Cristo, en su venida.

Cuando Cristo te viene en la Segunda Venida, esa es la oportunidad de tu resurrección, si eres de Cristo, si estás unido a su

conciencia cuando viene. Pablo está predicando que todo hombre vivirá la resurrección en su debido orden, lo cual significa según los ciclos de sus iniciaciones, que por libre albedrío él puede acelerar o decelerar. Podemos ralentizar nuestro progreso en el Sendero con indulgencias y abusos de la energía de todas clases; o podemos acelerar ese progreso en el Sendero.

El último enemigo

Luego el fin...

Los tres versículos siguientes siempre se interpretan como manifestaciones fuera de nosotros mismos. Pero la llegada del fin es el fin de nuestra conciencia humana, el fin de la mente carnal, el fin del concepto de que estamos sujetos a la ley de la mortalidad.

...cuando entregue el reino al Dios y Padre...

Cuando Cristo, que nos ha venido en la Segunda Venida, entrega nuestra conciencia (la palabra «reino» significa *conciencia*), cuando entrega nuestra conciencia a Dios, al Padre,

...cuando haya suprimido todo dominio, toda autoridad y potencia.

Porque preciso es que Él reine hasta que haya puesto a todos sus enemigos debajo de sus pies.

Y el postrer enemigo que será destruido es la muerte.

Cuando Cristo en nosotros haya suprimido todo dominio, toda autoridad y potencia que sea inferior al Cristo, esto es una experiencia interior de una iniciación interior. Esto es lo que Pablo les decía a los hermanos a los que hablaba. Se refería a esta experiencia de la venida de Cristo al templo, que debe reinar dentro de nosotros hasta que haya puesto a todos sus enemigos —todos los vicios, todos los aspectos de la mente carnal— debajo de sus pies, bajo el dominio del conquistador de Piscis. Y el postrer enemigo que será vencido es la muerte.

El ministerio de tres años de Jesús al curar a los enfermos y resucitar a los muertos demostró la superación de ciertos campos energéticos de karma, uno a uno, dentro del subconsciente de las personas a las que curó. Pero finalmente, la culminación de todas esas demostraciones de la ciencia de la vida fue el triunfo sobre la muerte. Esa victoria la manifestó primero al resucitar a la hija de Jairo y a Lázaro; y después fue a manifestar esa victoria en su propia vida. Resucitar a esos dos fue una sesión de práctica para Jesús. Estaba utilizando el laboratorio de sus amigos y seres queridos para demostrar la maestría sobre la vida y la muerte. Cuando tuvo la confianza en ese flujo de energía, llegó la iniciación en la que efectivamente tuvo que salir del cuerpo, permitir que muriese, volver a él, restablecer la llama trina en el altar, restablecer la vida en todas las células.

Porque todas las cosas las sujetó debajo de sus pies. Y cuando dice que todas las cosas han sido sujetadas a él, claramente se exceptúa aquel que sujetó a él todas las cosas. Pero luego que todas las cosas le estén sujetas, entonces también el Hijo mismo se sujetará al que le sujetó a él todas las cosas, para que Dios sea todo en todos.

El Cristo ha sometido a todas las manifestaciones inferiores en su propio ser. Viene a nuestro ser para someter esas cosas; y al venir a nuestro ser, nuestra conciencia Crística es vivificada para que nosotros también seamos trabajadores con él para el sometimiento de esas energías inferiores.

De otro modo, ¿qué harán los que se bautizan por los muertos, si en ninguna manera los muertos resucitan? ¿Por qué, pues, se bautizan por los muertos?

«Cada día muero»

¿Y por qué nosotros peligramos a toda hora? Os aseguro, hermanos, por la gloria que de vosotros tengo en nuestro Señor Jesucristo, que cada día muero.

¡Qué enseñanza tan magnífica de Pablo! Él sabía que no podemos pasar estas iniciaciones de una sola vez en el momento de nuestra transición. Sabía que era una proeza tan trascendental el ser crucificados con Cristo y que se nos encuentre preparados para recibirlo que, a menos que renunciemos a una parte de ese yo inferior día tras día, no estaremos preparados para la resurrección cuando él venga. «Cada día muero» significa que todos los días de nuestra vida debemos poner a un lado uno o más rasgos de nuestra conciencia humana. Y si fuera solo uno y quizá nos lleve una semana o un mes hacerlo, si lo desechamos y muere permanentemente, habremos conseguido una victoria permanente. Habremos acelerado la conciencia. Estaremos ascendiendo.

Si como hombre batallé en Éfeso contra fieras, ¿qué me aprovecha? Si los muertos no resucitan, comamos y bebamos, porque mañana moriremos.

Mas vale que sigamos las enseñanzas de los hedonistas, que sigamos el culto al placer: comer, beber y festejar, porque mañana moriremos. ¿De qué sirve esforzarse o ser un buen judío o cristiano si mañana moriremos y no hay resurrección?

No erréis; las malas conversaciones corrompen las buenas costumbres.*

Velad debidamente, y no pequéis; porque algunos no conocen a Dios; para vergüenza vuestra lo digo.

Aquí Pablo se dirigía a los que tenían Luz, a los que tenían la Enseñanza, a los que tenían el testimonio de la ascensión de Jesús, refiriéndose a cómo volvieron a sus viejas amistades y vibraciones y sus lugares favoritos, en compañía de los que no tenían Luz ni creían en la resurrección. Por tanto, su conciencia empezó a mancillarse y oscurecerse, porque ya no conservaban esa Luz. Por consiguiente, los está reprendiendo. «¿Cómo podéis volver a los viejos andares —les dice— y los viejos amigos cuando tenéis la Luz y la convicción y ellos hablan mofándose de vuestra creencia?».

---

*o «las malas compañías corrompen la buena moral».

Cuerpos celestiales, cuerpos terrenales

Pero dirá alguno: ¿Cómo resucitarán los muertos? ¿Con qué cuerpo vendrán? Necio, lo que tú siembras no se vivifica, si no muere antes. Y lo que siembras no es el cuerpo que ha de salir, sino el grano desnudo, ya sea de trigo o de otro grano; pero Dios le da el cuerpo como él quiso, y a cada semilla su propio cuerpo. No toda carne es la misma carne, sino que una carne es la de los hombres, otra carne la de las bestias, otra la de los peces, y otra la de las aves.

Pablo se refiere al orden evolutivo de los planos de conciencia, desde la vida elemental, pasando por el reino de los hijos y las hijas de Dios, hasta el plano de las huestes angélicas.

Y hay **cuerpos celestiales** (cuerpos adecuados para el plano celestial, el plano del Espíritu, el plano donde recibimos la plenitud de la conciencia cósmica), y **cuerpos terrenales** (el cuerpo físico que tenemos); **pero una es la gloria de los celestiales, y otra la de los terrenales.**

Una es la gloria del sol, otra la gloria de la luna, y otra la gloria de las estrellas, pues una estrella es diferente de otra en gloria.

Así también es la resurrección de los muertos.

La estrella, el sol y la luna son personalidades distintas, gente distinta que tiene distintos niveles de percepción de la conciencia cósmica. Algunos que tienen una percepción mayor brillan como el sol; los de percepción inferior, como la luna.

«Una estrella es diferente de otra en gloria» se refiere a la estrella de tu Cuerpo Causal de Luz, tu Presencia YO SOY. Es la energía que tú has devuelto a esa Fuente y, por tanto, lleva la marca de una individualidad. Tal como tu rostro es diferente del de tu vecino, la estrella de tu Presencia tiene una vibración diferente, un color diferente, una emanación diferente, una

contribución diferente a la totalidad de la conciencia cósmica. Así es la resurrección de los muertos: en la resurrección, cada estrella, cada realización de Dios, es única.

Se siembra en corrupción, resucitará en incorrupción.

Pablo va acercándose a un punto culminante. Aunque podamos tener corrupción —en el sentido de estar sujetos al decaimiento, nuestros átomos y moléculas están sujetas a la degeneración y desintegración—, por la exteriorización natural de la ley cósmica, gracias a la acción de la Trinidad y el Espíritu Santo, lo que se encuentra en un estado degenerativo puede ser vivificado y llevado a un estado de regeneración. Este es el significado del fuego de la resurrección: podremos sembrar en corrupción, pero somos resucitados en incorrupción.

Se siembra en deshonra, resucitará en gloria; se siembra en debilidad, resucitará en poder.

Esta resurrección es la aceleración de la conciencia, que se produce con el uso del fuego sagrado. Se produce mediante el uso de la llama de la resurrección. La resurrección significa alinear las energías del ser hasta que sean elevadas al nivel del Cristo. Así es como algo que se siembra en deshonra puede resucitar en gloria: por la alquimia del fuego sagrado que invocamos con la ciencia de la Palabra hablada. Así es como podemos trabajar por la resurrección y manifestarla día a día.

Se siembra cuerpo animal, resucitará cuerpo espiritual. Hay cuerpo animal, y hay cuerpo espiritual.

Así también está escrito: Fue hecho el primer hombre Adán alma viviente; el postrer Adán, espíritu vivificante.

El último hombre, Jesucristo, fue una fuente del Espíritu Santo.

Mas lo espiritual no es primero, sino lo animal; luego lo espiritual.

En el orden evolutivo de nuestra alma primero debemos dominar el plano de la Materia, nuestros cuatro cuerpos inferiores

y el universo físico. Debemos dominar el tiempo y el espacio; debemos señorear la Tierra. Después, cuando hayamos demostrado nuestra victoria en el plano de la Materia, en este universo físico, se nos podrá dar la oportunidad de dominar el Espíritu.

El primer hombre es de la tierra, terrenal; el segundo hombre, que es el Señor, es del cielo.

El primer hombre es la conciencia exterior; el segundo, el Ser Crístico que desciende a este templo, a este recipiente de barro, que se convierte en el Yo Real, el cual ha ordenado que el yo anterior muera.

Cual el terrenal, tales también los terrenales; y cual el celestial, tales también los celestiales.

Y así como hemos traído la imagen del terrenal, traeremos también la imagen del celestial.

Pablo está tan seguro de esto como lo está de su propia vida y el latido de su corazón. Está absolutamente seguro de que será portador de la imagen del yo celestial, el Yo Superior, el Ser Crístico.

Pero esto digo, hermanos: que la carne y la sangre no pueden heredar el reino de Dios, ni la corrupción hereda la incorrupción.

He aquí, os digo un misterio: No todos dormiremos; pero todos seremos transformados...

Pablo enseñó los misterios sagrados que hoy recibimos de los Maestros Ascendidos. De muy pocos se dejó constancia, pero aquí se traduce la palabra «misterio». Y aquí está el misterio y la gran alegría de nuestra ascensión en esta vida: cada uno de nosotros, quien es de la Iglesia Interior de Dios, la cual llevamos en el corazón, todos los que tengan esa comunión de los santos, todos nosotros seremos cambiados. Es una promesa para todos los que tienen una llama trina.

...en un momento, en un abrir y cerrar de ojos, a la final trompeta; porque se tocará la trompeta, y los muertos serán resucitados incorruptibles, y nosotros seremos transformados.

Los «muertos» son los portadores de Luz que esperan en los retiros de la Gran Hermandad Blanca, que esperan en los templos de Luz. y llega un período al final de la dispensación de la era de Piscis, cierto llamamiento según el cual, quienes han precedido a los portadores de Luz actualmente encarnados, que ahora están en los retiros de la Hermandad, serán resucitados.

Los «muertos» son los que han abandonado la pantalla de la vida y aún no han recibido la resurrección y la ascensión, porque aún no les ha llegado el ciclo y la dispensación de la gracia de Dios. Pero en este momento, a la conclusión de los ciclos, «los muertos serán resucitados incorruptibles, y nosotros seremos transformados».

Porque es necesario que esto corruptible se vista de incorrupción, y esto mortal se vista de inmortalidad.

Y cuando esto corruptible se haya vestido de incorrupción, y esto mortal se haya vestido de inmortalidad, entonces se cumplirá la palabra que está escrita: Sorbida es la muerte en victoria.

¿Dónde está, oh muerte, tu aguijón? ¿Dónde, oh sepulcro, tu victoria?

ya que el aguijón de la muerte es el pecado, y el poder del pecado, la ley.

Mas gracias sean dadas a Dios, que nos da la victoria por medio de nuestro Señor Jesucristo.

Cumplir el mandato del alma

Así que, hermanos míos amados, estad firmes y constantes...

Si quieres esta resurrección, si quieres esta ascensión, has de saber que te llegará en un momento, en un abrir y cerrar de ojos, cuando suene la última trompeta. Te llegará en la hora señalada

por Dios, si estás preparado, si en ese momento se te encuentra en Cristo.

Por tanto, ¿qué hay que hacer para estar preparados? Una fórmula muy sencilla: sé constante; constante en tu conocimiento de la Ley, en la práctica de la ciencia de la Palabra hablada. Sé constante en tu conciencia, sin vacilar de un lado a otro, un día dudando, otro con seguridad, pero nunca firme. La constancia implica la corriente en movimiento de la conciencia cósmica que has de invocar a diario, con la que has de sintonizarte a diario. Sé constante en tu percepción de ti mismo como el YO SOY EL QUE YO SOY. Sé inamovible —absolutamente inamovible— ante cualquier tentación, tribulación o argumento de los caídos.

...creciendo en la obra del Señor siempre...

«Creciendo en la obra» significa cumplir la obra día a día. Damos la energía que Dios nos ha dado y esa es la certeza de la ascensión. Si le devolvemos toda la energía a Dios todos los días mediante el servicio a la humanidad, sabremos que estamos ascendiendo. «Creciendo en la obra del Señor» es guardar tesoros en el cielo, poniendo en nuestro Cuerpo Causal toda la energía de Dios; y es la oportunidad segura de tener energía renovada mañana.

...sabiendo que vuestro trabajo en el Señor no es en vano.

La llamada de la ascensión no es una elección, es la exigencia de la vida misma en nosotros. Es la exigencia del fuego de nuestro corazón. Y llegado cierto momento —no sabemos cuándo— vemos a nuestros seres queridos y compañeros discípulos en el Sendero y, de repente, Dios los llama y se los lleva de la mano, y los vemos subir en la acción de torbellino del fuego sagrado.

Esta enseñanza la conoces en tu corazón, porque Dios ha puesto el mandato ahí, el mismo mandato que ha impulsado a todos los santos que ya han regresado al corazón de Dios. Que esto se convierta en letras de fuego vivo que pongas delante de ti

en un lugar de mucha prominencia. Cuando comprendas que debes vestirte de inmortalidad, que debes vestirte de incorrupción, se vuelve un hacer diariamente las obras de Dios, constante e inamoviblemente.

Las enseñanzas del Cristo resucitado

En el libro de Hechos consta que, después de la resurrección, Jesús enseñó a sus discípulos durante cuarenta días en el Aposento Alto. Eran sus enseñanzas al círculo interno, que no constan en las escrituras. La Virgen María nos habla de estas enseñanzas del Cristo resucitado:

Las enseñanzas del Cristo resucitado son trascendentes, en efecto, y mucho más avanzadas que las que constan en las escrituras, que él dio en parábolas a las multitudes. Hoy, La Gran Hermandad Blanca desea impartir a la humanidad todas esas enseñanzas; y esperamos preparados, en el portal de la humanidad, a impartir el conocimiento que él obtuvo después del triunfo final, cuando el mundo ya no lo podía tocar, pues siguió siendo parte del mundo, pero había vencido al mundo. Ni siquiera la fuerza de la gravedad podía mantener su cuerpo en tierra, pero con voluntad consciente, permaneció para dar su último servicio a las evoluciones de la Tierra...

Benditos, hoy os llamo a una reunión consciente con el Espíritu de Cristeidad para que podáis entrar en el Sanctasanctórum, ese lugar en el que la totalidad de las enseñanzas divinas pueden fluir desde vuestra Presencia Crística hacia las células mismas de vuestro cerebro para despertaros al conocimiento de la vida sin fin, vida sin principio.

Hoy vengo a vosotros para inspiraros a buscar el significado de todas las cosas pertenecientes a la plenitud de vuestra identidad Crística con sus posibilidades trascendentes. Comprended, pues, que el Padre que os dio vida y nacimiento no puede haberlo hecho sin impartiros la semilla que contiene

todo aquello que finalmente seréis, a medida que descubráis vuestra Individualidad Divina, que fue creada y sustentada a su Imagen y Semejanza; la plenitud de vuestro potencial divino, pues, ya forma parte de vuestro Verdadero Ser. Solo tenéis que reclamarlo, comulgar con ello, adorarlo, uniros a la Presencia del Señor de los Ejércitos.

Esforzaos a diario, pues, para ser hijos del Dios único, seguidores de la vocación superior, como Cristos e hijos del Altísimo. Poco a poco, con la caída de la arena en el reloj, el conocimiento de la unión divina descenderá a vuestro yo inferior y os dará la capacidad de tener esa reunión, que tanto deseáis, con la gran sabiduría de vuestra Mente Superior. Nada es imposible para quien cree en la promesa y el cumplimiento del Cristo para cada hombre. Porque, en efecto, el Cristo se entregó por los pecados de la humanidad; no es que los hombres a lo largo de todos los tiempos vayan a ser exonerados de sus errores porque él muriera, no, sino que, debido a que él vivió, ellos también pueden hallar la gloria de la resurrección y conocer la totalidad del Ser Crístico. Jesús no se puso en la cruz para expiar vuestros pecados, queridos, solo vosotros lo podéis hacer; pero el Cristo se ofreció para que vosotros podáis comprender que también podéis ser vencedores sobre todas las cosas junto con él.

Los pasos de la cruz no son dolorosos, queridos niños, son los pasos del vencedor, son los pasos de la iniciación por la que cada cual debe pasar. Pero debido a que mi hijo las manifestó por vosotros, la senda es más fácil para vuestra corriente de vida. El Cristo no desea privar a ninguno de los niños de Dios de las grandes alegrías del sendero de la superación. Dios no quiere confinar la salvación a un solo hijo, cuando todos deben encontrar la plenitud de su Presencia aquí, en la Tierra, para poder elevarse a la dicha celestial que llega por la realización y la maestría sobre uno mismo.

Amados, el sendero del Cristo no debe rehuirse, debe aceptarse. Entregaos incondicionalmente, pues, a la búsqueda de esta alta vocación, porque no existe alegría más grande.

Pensáis que en los placeres del mundo hay felicidad, que en las indulgencias de los sentidos encontraréis una unidad y felicidad verdaderas. Qué falsas son las ideas que tienen los hombres sobre la dicha, porque el gozo se encuentra solo en la Presencia del Gozoso. La ausencia del Señor no es vida; al contrario, es un no existir, es separación, lo incompleto, un estar aparte de la Fuente Divina, que solo puede dar como resultado la infelicidad, lo infructífero y la muerte. ¡YO SOY la resurrección y la vida! Qué simple es esta declaración del Cristo, pero revela la totalidad de la Ley. Sin embargo, ¿cómo es que los hombres van vagando en busca de la respuesta que yace ante ellos y sobre la que da testimonio toda la naturaleza? Oh humanidad, revierte el flujo, restablece los patrones de la unidad divina y encontrarás la alegría del Señor en su Presencia.²

Cristo es bajado de la cruz

En muchas iglesias cristianas, Cristo en la cruz es un símbolo principal de la fe. Sin embargo, él solo estuvo en la cruz unas pocas horas. Ello fue una fase del sendero de iniciación por la que tenía que pasar para poder llegar a la resurrección y la ascensión. Serapis Bey explica que la Hermandad desea que pongamos nuestra atención en el Cristo resucitado, antes que el Cristo de la cruz:

Ahora bien, amados, vengo con un mensaje del Señor Jesucristo, que hoy está aquí. Su mensaje es un poderoso derramamiento de amor, amor del corazón del Cristo eterno. Os doy un momento, por tanto, para que sintonicéis vuestro corazón con el de Jesús.

El bendito Salvador, el Cristo vivo, el Maestro Ascendido Jesús, me honra, como un Hijo de Dios, con que os dé desde el corazón de Lúxor, Retiro de la Llama de la Ascensión, su anuncio para vosotros y para todos.

Hoy se promulga la declaración de Dios Padre y Dios Hijo de que el Cristo Jesús vivo es bajado de la cruz y de la

imagen de la crucifixión para siempre...

Porque los amados Alfa y Omega, el Padre y el Hijo no desean contemplar al Cristo crucificado, sino resucitado, ascendido y libre. Por tanto, en las iniciaciones de la vida, esta Iglesia y este cuerpo ha pasado por esta estación de la cruz en concreto como la prueba del alma en la humildad de llevar la misma carga que él llevó.

Ahora, con total maestría Divina, os digo a todos: Bajad de la cruz, la cruz que la mente del mundo os inflige y la cruz que la culpa subconsciente os inflige. Haced caso, la iniciación superior de la cruz del rayo rubí es vuestra. Y al tomar este sendero y esta superación, amados, estaréis en el elevado camino de la iniciación, evitando ese Gólgota.[3]

Por tanto, nuestra meditación es sobre el Cristo resucitado y sobre la ascensión, pero no pasamos por alto a Jesús en la cruz. Estamos en la cruz con él, pero la cruz se convierte en un resplandor de fuego en el nexo, en el punto en el que se encuentran las dos líneas; y se produce el estallido de la conflagración por el cual lo mortal se convierte en lo inmortal. Esto se produce justo donde tú estás, justo en tu aura, ese estallido de fuego que es la acción de ser un sacrificio vivo. Con frecuencia ello significa retirarse de muchas cosas del mundo o placeres del mundo, porque no se puede estar en el mundo ni ser del mundo y a la vez estar en la cruz.

Dios es el vencedor en ti

Jesús, el Cristo resucitado, nos habla de nuestra misión cuando seguimos sus pasos a través de la resurrección y la ascensión:

Así, comprended en esta hora: Las dispensaciones han llegado; y, he aquí, los ciclos han cambiado. Es la hora de Acuario, y el descenso del Santo Ser Crístico ha tenido lugar. Y la Gran Hermandad Blanca se mueve entre la gente. Pero os digo, amados corazones, tan seguro como que hubo un rechazo a mi misión, tan seguro como que Roma y la Iglesia

católica hoy ha negado el verdadero motivo de mi venida, así puede ocurrir que esta dispensación de la Presencia YO SOY y el Ser Crístico pueda ser negada por los de la clase dirigente del Consejo Mundial de Iglesias; y, por tanto, puede ser negada por la misma gente que debería levantarse y ser el remanente profetizado. Comprended el significado de profecía. La profecía nunca ha sido una predicción psíquica. Nunca ha sido irrefutable. Llega a suceder porque el espíritu de profecía lo reciben los corazones perceptivos que son el cumplimiento de la profecía del Señor por libre albedrío. La Profecía os dice lo que puede ser si la gente afirma la voluntad de Dios.

Así fue, pues recibí la oportunidad de demostrar la victoria sobre la Muerte y el Infierno, que debía hacerse durante el proceso mismo de juicio a los ángeles caídos que decidieron destruir al Cristo. Por tanto, les di mi cuerpo para demostrar para siempre y la eternidad que ellos no tienen ningún poder, ni sobre el cuerpo ni el alma de mis hermanos y hermanas, que se sujetarán firmemente al Uno y a ser portavoces del Uno que los ha enviado, el Señor Dios, vuestra poderosa Presencia YO SOY, vuestro Ser Crístico, el Cristo Cósmico y las huestes del Señor, el Anciano de Días que os ha enviado tan seguro como envió a Daniel, a Jeremías, a Isaías y a Juan el Bautista...

No he atravesado esta crucifixión por nada. He pasado por ella para que vosotros podáis ver y conocer la Verdad de que Dios es el Vencedor en vosotros en esta hora sobre la misma progenie que se dirigió contra mí. Y en esta hora la profecía y el decreto es que ¡el juicio del Señor atará totalmente, finalmente, a los que persiguen al Cristo en vosotros!

Por tanto, como hice yo, haced vosotros. Apresurad el juicio *siendo* el Cristo, *sabiendo* que Cristo está en vosotros, *sabiendo* que estáis hechos según la imagen, vuestra alma es parte de mí, y el Cristo Único Universal es la hogaza común de nuestra identidad en Dios. Haced esto. Decid esto y sabed que YO SOY EL QUE YO SOY.[4]

El mensaje del Cristo resucitado

El Morya explica que el mensaje del Cristo resucitado era y es para todos en la Tierra:

¿Sobre qué se sostiene un pueblo cuando no puede recurrir al Todopoderoso y a su Espíritu en ellos? ¿Qué puede hacer cuando su cuerpo está asolado por drogas, cuando está atrapado en la violencia, cuando los placeres y el entretenimiento de todo tipo es lo primero en lo que piensa cuando se termina el trabajo? Os digo que, si Estados Unidos ha de salvarse de lo que los oscuros de este planeta han planeado, debe producirse un fervor creciente y un regreso a los primeros principios tanto en la Iglesia como en el Estado.

¿Cómo se lo diremos? ¿Cómo serán enseñados Divinamente cuando los falsos pastores han invadido los templos y denunciado hasta la comunión misma de los santos que disfrutamos con vosotros y vosotros con nosotros en este Espíritu de la Gran Hermandad Blanca? Los hermanos y las hermanas de Luz en la Tierra tienen un derecho, ordenado por Jesucristo, a comulgar con los hermanos y las hermanas del cielo, no con medios psíquicos o astrales, sino mediante el verdadero Espíritu Santo. Y el Espíritu Santo es el Consolador y el Instructor que os ha venido para traeros a la memoria todas esas cosas que Jesús os enseñó.[5]

¿Cuándo os enseñó esas cosas que ahora se os recuerda? ¿Cuándo? ¿Estabais todos allí, en Galilea? ¿Acaso no es posible que las decenas de miles y los millones de personas que se consideran parte del sendero de la Hermandad en este planeta estuvieran todas allí, en la carne? Y así, Jesús os habló a todos vosotros, a quienes predicó en todas las octavas del ser en esa hora y misión. Porque el Hijo de Dios verdaderamente habló desde los retiros etéricos, y todo el mundo lo oyó.

¿Creéis que su fama se esparció solo con sus apóstoles o solo con los rumores de la parra, como dicen en India? Os digo que no. El poder de la Presencia de Jesucristo en la Tierra ha sido el poder de entrar en contacto con todas las

almas vivas estos dos mil años, con el conocimiento interior y el sentido del honor de la presencia de Cristo en ellas. Y esa enseñanza continúa independientemente de lo que se diga en las mezquitas, las sinagogas o los templos.

Porque el Cristo vivo pastorea a los suyos, nación a nación, y por este motivo: la gente entiende lo que está bien y lo que está mal, sabe lo que debería ser y lo que no debería ser, sabe lo que es el mal y se permite percibirlo. Y, por tanto, el Estándar vive. El código de honor está presente en las idas y venidas de filósofos y psicólogos y todos los demás, que ahora dicen: «Esto está bien», y después dicen: «Esto está mal».

El bien y el mal relativo no es la historia de vuestra vida. Ponedlo a un lado y comprended que el Bien Absoluto de Dios presente en vosotros es el poder de devorar las fuerzas del Mal Absoluto, siendo lo primero esa tiranía sobre el alma, el espíritu y el corazón del hombre…

Encuentra el verdadero Sendero

Todo el propósito de la vida es encontrar a Dios; encontrar a Dios en vosotros mismos, vuestros talentos, vuestra vocación y vuestra labor sagrada, y dotando cualquier cosa que hagáis de su Espíritu. Podrán decir lo contrario, pero cuando se trata de las profundidades del alma, nadie en este mundo es feliz hasta que ha hecho las paces con su Dios, su Presencia YO SOY. Hay muchos que lo desean negar, pero ¿son felices de verdad? Dicen que lo son, pero no han conocido la alegría de la Realidad. Muchos están locos, muchos atados, sin embargo, ¿emprenden el sendero hacia Dios?

¿Por qué no emprenden el Sendero? Porque se les ha presentado desde la niñez con tal sinsabor, tan evidentemente defectuoso, que se han vuelto ateos y agnósticos antes que escuchar los viejos tópicos domingo tras domingo. Muchas personas han aprendido a odiar a Dios en las iglesias porque nunca se les ha dicho que les espera un sendero emocionante, el sendero hacia el Origen que os da la capacidad, día tras día,

de conocer la alegría de hacer más por los necesitados porque contenéis más a Dios.

¿Alguna vez habéis pensado en eso, que las iglesias apartan a más gente de Dios, el Dios vivo y verdadero, la Realidad del camino de la cruz, la Realidad de la vida como debería ser? ¡Os puedo decir sin equívoco que las doctrinas que hoy se enseñan en Estados Unidos en las religiones principales nunca le ofrecerán a la gente la capacidad de salvar a este país! ¿Predico un tipo de religión en particular? No. Las Enseñanzas de los Maestros Ascendidos incorporan el sendero que el Cuerpo Místico de Dios ha recorrido a lo largo de toda la eternidad. Ni siquiera es exclusivo de este sistema planetario. Es el mismo descenso del alma para el gran experimento de libertad y libre albedrío, encontrándose con todas las fuerzas que pretenden ser el adversario, cuando el único enemigo de verdad está en el interior. Y ese es el conocimiento supremo: Hombre, conócete a ti mismo y conócete como Dios, y sabe que el único enemigo que jamás podrá vencer en tu vida es tu propio temor, cisma interior, componenda o falta de una verdadera entrega a Dios...

Es la vivificación lo que quisiéramos transmitir. Es el poder innato de Dios para vosotros. Y es especialmente el amor de nuestros grupos y huestes hacia vosotros, personalmente, como nuestros hermanos y hermanas. Seguimos en la Tierra por vosotros y por millones de otras personas que realmente harían las cosas mejor si pudieran, que realmente desean conocer la Verdad y que persiguen a muchos hombres justos pensando que rinden servicio a Dios.[6]

El sendero de la llama violeta y la Palabra hablada, amados, ciertamente es el sendero que puede levantar los desechos de densidad acumulados de los siglos, lo que tapa los chakras, lo que limita el cerebro humano por haber perdido el impulso del cordón cristalino y el flujo de Luz. Los hombres no necesitan unirse a la computadora para conseguir poderes sobrehumanos, sino solo unirse al Cristo vivo.

Rezo todos los días por que esta nación y todos los

pueblos de la Tierra no tengan que llegar al conocimiento de la Verdad mediante la adversidad, mediante la guerra nuclear, mediante el colapso económico. Confío en que vosotros también recéis conmigo de esta forma, porque, amados, la oración de los justos, aquellos que usan la ley justa, el uso justo de la ley de la ciencia de la Palabra hablada, puede mucho.[7] Y así, digamos:

Padre nuestro celestial, te rogamos en el nombre de los santos que nos han precedido y la valiosa gente de esta Tierra, que llegue la iluminación por el poder de los Arcángeles, por las interacciones de ángeles y hombres, y por el Santo Consolador.

Padre nuestro, hoy y todos los días te pedimos que traigas curación, Luz y consuelo; paz y que sean conscientes del enemigo de su alma.

¡Oh, Señor, envía a tu Ángel de la Fe, el Arcángel Miguel, a que les ayude! Envía a ese santo de Dios para que no sean arrancados de la pantalla de la vida de una forma intempestiva y, por consiguiente, se pierdan la oportunidad de cumplir su plan divino y de glorificarte.

Padre nuestro celestial, haznos administradores de tu gracia y tu vida abundante. Haznos responsables del cuidado de los enfermos y los necesitados. Danos el corazón comprensivo para caminar muchas millas con nuestro hermano.

Padre nuestro celestial, rezamos por todas las almas de Jesús en la Tierra, todos los amantes de su corazón, todos los que realmente te rinden culto a través de él, aunque hayan sido limitados por la ortodoxia de alguna manera.

Llamo a las legiones de la Verdad, y en el nombre del Hijo de Dios, yo, El Morya, llamo a las doce legiones de ángeles del Señor Cristo a que desciendan para el rescate hoy de las iglesias y que puedan ser llenadas de tu verdadero Espíritu y no los espíritus de la noche, que atrapan sus cuerpos y sus chakras, haciendo que se retuerzan, bailen, salten, griten o lloren.

¡Exijo, como Chohán del Primero Rayo, el exorcismo de las iglesias de esos espíritus inmundos y el de toda forma demoníaca que les tienta a que se aparten del verdadero Espíritu vivo del Espíritu Santo!

Maha Chohán, entra en ellos ahora y purifícalos y sea sobre ellos el fuego vivo de la verdadera libertad y el verdadero culto. Porque estos son tus corazones, Padre nuestro.

Libéralos y que se conviertan en discípulos feroces, asumiendo la verdadera postura por la defensa en vez de propugnar el pacifismo del Diablo.

Oh Palabra viva, como tú has escrito, yo también he tomado hoy mi pluma y he escrito mi mensaje codificado en el corazón de los míos. Es mi «no me olvides».

Queridos chelas de la voluntad de Dios, con fervor y fe, pelead la buena batalla y ganad terreno para la Realidad. ¡Atad la irrealidad y la ilusión y liberad a los cautivos! Porque es vuestro llamamiento y vuestro deseo y todo vuestro amor cumplido.

Sigo con vosotros como mentor en el Sendero, deseoso siempre de ayudaros, especialmente con vuestros llamados por el gobierno divino y la vida abundante en la economía.

En el nombre de mi instructor y amigo de Luz, el Gran Director Divino, en la alegría de mi compañero de trabajo Saint Germain, YO SOY El Morya Khan.[8]

Cristo en Birmingham
Sermón de Mark L. Prophet

L A HISTORIA DE LA CRUCIFIXIÓN SE cuenta y recuenta muchas veces. No la repetiré. Pero se ha contado la historia de que, en esta época, cuando Cristo vino a Birmingham, su gente no lo crucificó, aunque quiso rechazarlo. Pero él se puso en la calle y se apoyó contra la pared. Y al pasar la gente, extendía la mano ofreciendo ayuda. Y la gente siguió su camino, con una fría indiferencia ante su petición. Cambió la estación. Y al caer la noche, empezó a llover y la lluvia se volvió granizo y hielo. Y Cristo se heló en Birmingham, apoyado contra la pared con las manos extendidas.

Esto es lo que ha ocurrido hoy en el mundo. Cristo no es crucificado, Cristo es ignorado. Y esto es verdad. El que ustedes y yo no lo ignoremos no significa que muchos otros no lo hagan.

Hoy, la mayoría de la gente del mundo tiene cierta devoción, pero luego niega el poder de Dios de liberarla de la tendencia mortal y elevarla hacia la Cristeidad completa.

Hoy se oye a la gente hablar de maestría. La gente habla de los Maestros del Lejano Oriente, habla de nuestro amado El Morya y Saint Germain, habla de la Gran Hermandad Blanca (alguna gente lo hace) y le parece que estos seres están lejos. Parece

que nunca imaginan a Dios muy cerca. Y ese es el sentimiento que crea una brecha en el sentido interior cósmico, la escucha espiritual del oído espiritual que puede escuchar y conocer la llamada de perfección del clarín y ver con los ojos del Yo interior. Sin visión el pueblo perece, y con visión el pueblo se aviva, pero no con la clase de vida de la que se oye hablar en la televisión. Las personas se avivan con una vida que es Dios; y eso produce el maravilloso dinamismo de la salud infinita, el amor infinito, la fuerza infinita, una fuerza más allá de cualquier cosa que hayan imaginado. Ahora bien, Jesús tenía la apariencia de un hombre. Estuvo en el monte, como una alta figura con una túnica ondulante. Ustedes y yo vestiríamos túnicas esta noche si fuera la costumbre de nuestro tiempo; y si Cristo estuviera aquí, no vestiría una túnica, llevaría un traje. De alguna forma se nos distorsiona la visión, nos quedamos cautivados con la túnica ondulante y perdemos de vista la gran exposición maestra que este Maestro hizo cuando estuvo sobre el monte.

El hecho de que el cristianismo y las múltiples religiones no hayan materializado esa ciencia religiosa que resolvería los problemas del hombre, revela que la humanidad debe entrar en contacto directo con el Cristo Universal. Este Cristo le mostrará la Ley de Dios cumpliendo la Regla de Oro: «Así que, todas las cosas que queráis que los hombres hagan con vosotros, así también haced vosotros con ellos; porque esto es la ley y los profetas».[1] A través de este Cristo llegará el cumplimiento de las promesas de Jesús: «Estas señales seguirán a los que creen»;[2] y el cumplimiento de la fe en que, en Dios y en Cristo como el hombre de acción dentro de todos, hay esperanza duradera, una llama que nunca se puede extinguir, una luz que en efecto es la luz del mundo.[3]

Hace mucho San Pablo dijo: «Y si la trompeta diere sonido incierto, ¿quién se preparará para la batalla?».[4] Entonces, ¿quién es responsable del cambio de los conceptos divinos en los

actuales religionarios? ¿Quién ha querido glorificar a Jesús como una persona, como un sacrificio, como un salvador, mientras ha ignorado sus mandatos en su vida personal? ¿Quién, utilizando a la persona de Cristo, ha debilitado su misión? Ciertamente no fue el Padre; ciertamente no fue el Dios de toda Verdad.

El apóstol Santiago dijo: «La fe, si no tiene obras, es muerta», y que mostráramos nuestra fe con nuestras obras.[5] San Pablo también dijo: «Ocupaos en vuestra salvación con temor y temblor, porque Dios es el que en vosotros produce así el querer como el hacer, por su buena voluntad».[6] También está escrito que el Hijo debe someterse al Padre «para que Dios sea todo en todos».[7] Jesús dijo: «Creéis en Dios, creed también en mí»[8]. Con esto no usurpó a Dios, sino que mostró que vivía en Cristo. Cuando lo llamaron «Maestro bueno», también dijo: «¿Por qué me llamas bueno? Ninguno hay bueno sino uno: Dios»,[9] mostrando así que todos podían compartir el denominador común del Dios Universal, que él demostró en su vida. «Yo y el Padre somos uno» es el decreto de filiación que todos pueden recibir y manifestar.[10]

Hoy nadie en la Tierra puede decirnos con honestidad que la vida se vive como Dios quiso, porque es seguro que mucha gente no es feliz en la vida. Existe una pobreza de conciencia en la Tierra, una ausencia de disfrute en el vivir la vida abundante. Muchas personas son tan desgraciadas que ni siquiera lo dicen. ¡Otras son tan desgraciadas que te lo dicen todo el tiempo! Pero todos nosotros nos hemos hecho esta pregunta: ¿Por qué la vida es cómo es? ¿Dios la planeó así?

Muchas posibles respuestas nos pasan por la cabeza. Hay quienes dicen que Dios la ordenó así para castigar a una generación testaruda. Otros han encarnado tantas veces en las rondas de la mediocridad que aceptan su estado de desgracia como la norma, y la felicidad como la excepción. Sabemos que esta creación y la forma en que se manifiesta actualmente no produce felicidad. Está llena de frustraciones, temor e incertidumbre, y el

sonido incierto es lo que la gente oye y no ese cierto sonido que satisface su hambre y sed por la llamada del clarín.

La llamada del clarín

¿Qué es la llamada del clarín? La llamada del clarín es la voz del Creador que hizo sonar la nota de la creación perfecta. «En el principio creó Dios los cielos y la tierra. Y la tierra estaba desordenada y vacía, y las tinieblas estaban sobre la faz del abismo, y el Espíritu de Dios se movía sobre la faz de las aguas. Y dijo Dios: Sea la luz; y fue la luz».[11] Dios habló y su voz no pronunció el sonido incierto, sino el sonido cierto de la victoria y la perfección.

Dios nunca creó la imperfección. Nunca lo ha hecho y nunca lo hará. Esto es pura Verdad. La trompeta ha hecho cierto sonido y la llamada del clarín se ha producido, pero los hombres no la han oído. Y hay un motivo por el que no la han oído, hay un motivo por el que no han respondido a esa llamada.

Estoy seguro de que esta generación hambrienta —y creo que esta generación tiene hambre y ansía la Verdad de Dios—, si oyera esta determinada llamada, esta llamada del clarín, creo con todo mi corazón que no hay anfiteatro, no hay edificio en el mundo en el que pudiera caber la gente de una de las ciudades más grandes de la Tierra que estuviera interesada y que respondiera a la llama del clarín. ¿Por qué no hay respuesta?

¿Pudiera ser que los sentidos, que son en sí mismos vías para la conciencia y que son facultades del alma y de la mente, de Dios y de su mente divina, de alguna manera no funcionen a la perfección?

Algunos de nosotros llevamos gafas de sol. Otros llevamos gafas para ver bien a distancia y mucha gente no lleva gafas para nada. Algunas personas tienen audífonos, pero si los sentidos exteriores no funcionan bien, la mayoría de nosotros hacemos algo para solucionar el problema, ¿verdad? Vamos a ver a alguien que nos pueda ayudar. Porque hoy día no hay necesidad de que

nadie sufra de mala vista en la mayoría de los casos, porque los optometristas del mundo son bien capaces de corregir muchas clases de deficiencias de la vista. Y lo mismo ocurre con el oído. La ciencia ha producido unas invenciones maravillosas para el hombre y estoy seguro de que lo ha hecho siguiendo una dirección divina.

¿Por qué los sentidos del alma están tan adormecidos? ¿Qué motivo hay para que la humanidad no responda en masa? Creo que existen muchas razones. Quizá la principal sea que casi todo el mundo ortodoxo hoy en día cree que ha descubierto acerca de Dios tanto como le es posible descubrir a la humanidad en su generación, y simplemente no se interesa en descubrir más. Es decir, es un sentimiento de complacencia. La gente cree que ya sabe acerca de Dios tanto como cualquier otra persona. En la sofistería de nuestros tiempos, la gente se acomoda y dice: «Pues yo he estudiado durante siete años y creo que he descubierto las respuestas tanto como cualquiera». Con esta complacencia se contentan.

No tiene sentido pensar que lo tenemos todo, si no es por la razón de que Dios es infinito. Y ciertamente uno no puede acumular en su conciencia el conocimiento del Infinito en unos pocos años de forma que el hombre no necesite nada más de Dios. Esto tiene un poco de ridículo tal como parece. Sin embargo, la complacencia juega su papel.

Jesús habló de los vivos y los muertos. San Pablo dijo que el mundo estaba muerto en su delito y pecados;[12] y uno de los pecados más grandes de todos es la ignorancia sobre la Realidad. Pero ¿cómo pueden afirmar una Realidad que no conocen? Como dijo San Pablo: «¿Cómo creerán en aquel de quien no han oído?».[13]

La Palabra, pues, ha de ser oída, pero la llamada del clarín ya ha sonado. La llamada del clarín está en el eterno Ahora. Se pronunció antes de que Abraham fuera. Se pronunció antes del principio del mundo. Sin embargo, el sonido se puede escuchar hoy; y el sonido se conservará tan bien que se podrá escuchar la

llamada del clarín dentro de diez mil años con la misma claridad con la que suena en este instante. Esto es la llamada eterna de perfección, y es capaz de producir una revolución en conciencia en ustedes aquí y ahora.

¿Qué declaración hizo Juan? «En el principio era el Verbo —dijo— y el Verbo era con Dios, y el Verbo era Dios. Este era en el principio con Dios. Todas las cosas por él fueron hechas, y sin él nada de lo que ha sido hecho, fue hecho».[14] En todas las escrituras encontramos que la «Palabra» se cita para significar al Cristo; no a Jesús como hombre, sino a Jesús el Cristo, el Hijo Universal de Dios. Y ustedes también forman parte de Dios, ustedes también son el Hijo Universal de Dios, porque Jesús dijo: «Yo estoy en vosotros, y vosotros en mí, y yo estoy en mi Padre y mi Padre está en mí». Así, todo depende de cómo se mire.[15]

Pablo dijo: «Nadie puede llamar a Jesús Señor, sino por el Espíritu Santo».[16] Porque el Espíritu Santo, el Santo Consolador, es quien da al hombre que se siente más lejos de Dios la capacidad de reintegrarse con Dios. Él es una gota de agua que parece separada del océano; ahora se une al océano. Se hace uno solo con Dios, como enseñó Jesús. Entonces estará cualificado para decir que Jesús es Señor, que Jesús también es el Cristo.

Él es el Instructor más grande que hayamos conocido, pero no hemos seguido sus enseñanzas; no hemos escuchado su voz; no hemos comprendido todo lo que dijo. Porque los hombres de dimensiones inferiores, a veces con sinceridad, a veces de manera fanática, han querido ocultarnos el rostro del Maestro.

Él nos reveló a Dios, nos enseñó al Padre Eterno, el misterio de Cristo que está en nosotros. Ese Cristo que está en nosotros es el hombre interior. Cuando viene al mundo del individuo o al mundo como ladrón por la noche, el mundo cambia porque él ha venido. Y toda persona que lo reciba y se convierta en coheredera junto con él en el plan del Padre enriquece al mundo cuando regresa al Padre, y también puede decir a las siguientes generaciones: «Mayores obras haréis, porque yo voy al Padre».[17]

Todos salimos de la misma Fuente y todos regresaremos a la misma Fuente. Las líneas de manifestación que marcan el nacimiento y la muerte, o el principio y el fin, solo son líneas de oportunidad. Cuando nuestra perspectiva sea más grande y veamos que ese Cristo nos viene en un momento, en un abrir y cerrar de ojos, cuando nos demos cuenta de que el Unigénito vive en nosotros, que nos podemos identificar totalmente con él, veremos que ya no podremos ser un hijo de Dios solo de nombre; pero también debemos aceptar la plenitud de la Realidad, para que podamos, al hacernos Cristo en lo exterior, cumplir el misterio de aquello que ya está en el interior.

Afirmaciones transfiguradoras de Jesucristo

YO SOY EL QUE YO SOY.
YO SOY la puerta abierta que nadie puede cerrar.
YO SOY la Luz que ilumina a todo hombre
que viene al mundo.
YO SOY el Camino.
YO SOY la Verdad.
YO SOY la Vida.
YO SOY la Resurrección.
YO SOY la Ascensión en la Luz.
YO SOY el cumplimiento de todas mis necesidades
y requisitos del momento.
YO SOY abundante provisión vertida sobre toda vida.
YO SOY vista y oído perfectos.
YO SOY la manifiesta perfección del ser.
YO SOY la ilimitada Luz de Dios
manifestada en todas partes.
YO SOY la Luz del Sanctasanctórum.
YO SOY un hijo de Dios.
YO SOY la Luz en el santo monte de Dios.

Notas

Introducción
1. Proverbios 29:18.
2. Génesis 1:28.

Primer capítulo • El misterio del Cristo
1. 1 Corintios 12:3.
2. 1 Juan 4:9.
3. Juan 1:9.
4. Romanos 10:12-13.
5. La Virgen María, *Lección 16 de Guardianes de la Llama*, páginas 7-9.
6. Lucas 4:16-21.

Segundo capítulo • La divinidad del Cristo...
1. Juan 3:16.
2. Juan 6:33, 35.
3. 1 Corintios 11:24-25.
4. Juan 1:1-3.
5. Juan 8:58.
6. Santiago 4:8.
7. Juan 14:12.
8. Mateo 5:18; Gálatas 6:7; Efesios 6:8.

Tercer capítulo • El Cristo Universal...
1. Habacuc 1:13.
2. Jeremías 23:5, 6.
3. Juan 1:5, 14.
4. Éxodo 3:14-15.
5. 1 Juan 4:9.

6. Juan 1:9.
7. Juan 14:23.
8. Juan 3:16.
9. Lucas 22:42.
10. Por ejemplo, el término «Hijo del hombre», con frecuencia utilizado por Jesús, encuentra una gran elaboración en el Libro de Enoc. Desde hace tiempo se ha creído que el uso que hizo Jesús del término «Hijo del hombre» al referirse a sí mismo tenía su origen en Daniel 7:13, pero eruditos de gran prominencia creen que fue el libro de Enoc el que dio ese término clave a Jesús. Se ha sugerido que un motivo por el que el libro de Enoc no se incluyó en la Biblia fue su utilización del término "Hijo del hombre" para referirse a cualquiera que no fuera Jesús. Véase Elizabeth Clare Prophet, *Fallen Angels and the Origins of Evil (Ángeles caídos y los orígenes del mal)* Corwin Springs, Mont.: Summit University Press, 2000.
11. Filipenses 2:5.
12. Jeremías 23:6, 33:16.
13. Deuteronomio 4:24, 9:3; Hebreos 12:29.
14. Mateo 16:13-16.
15. Mateo 16:17-18.
16. Juan 11:27.
17. Juan 12:32.
18. Juan 12:44-45.
19. Jesucristo, "Are You Ready for the Second Coming" ("Estáis preparados para la Segunda Venida"), *Perlas de Sabiduría*, vol. 35, n.º 66, 16 de diciembre de 1992.
20. Juan 10:2, 7, 9.
21. Juan 14:6.
22. Juan 14:12.
23. Mateo 5:48.

Cuarto capítulo • Puedes llegar a ser el Cristo

1. Éxodo 17:8-13; Deuteronomio 31:23; Josué 1; 6; 8:1-29; 10, 11.
2. Génesis 37, 39-41.
3. 1 Reyes 19:16-21; 2 Reyes 2:1-9; 3; 13:14-21.
4. Isaías 40:3-5; Malaquías 3:1; 4:5; Mateo 3:1-3; Lucas 1:13-17, 76; 3:2-6; Juan 1:22, 23.
5. Mateo 11:10, 13, 14; 17:10-13; Marcos 9:11-13; Lucas 7:27.
6. Filipenses 3:14.
7. 1 Juan 2:18, 22; 4:3; 2 Juan 7.
8. En el siglo I a. C. El Morya estuvo encarnado como Melchor, uno de los tres reyes magos de Oriente que calcularon astrológicamente

el tiempo y el espacio del nacimiento del Avatar de la era de Piscis. "Su estrella hemos visto en el oriente, y venimos a adorarle". (Véase Mateo 2:1-12).

9. 1 Juan 3:1-2.

10. Juan 13:23, 25; 21:20.

11. Véase Serapis Bey, "The Banner of Humility" ("El estandarte de la humildad"), *Dossier on the Ascension* (Actas de la ascensión) Corwin Springs, Mont.: Summit University Press, 1978, página 33.

12. Hechos de Juan 90-91; Apocalipsis de Pedro 4-20 (fragmento Akhmim). Véase M. R. James (trad.), *Apocryphal New Testament (Nuevo Testamento apócrifo),* London: Oxford University Press, 1924, páginas. 251-52, 518-19.

13. Mateo 12:1-13; Marcos 9:2-13; Lucas 9:28-36.

14. Génesis 5:22, 24; Hebreos 11:5.

15. A través de la venida del Avatar Jesucristo y la dispensación de dos mil años de Piscis, se puso a un lado el karma de los discípulos del Señor y del planeta como un todo, hasta que alcanzaran el nivel de maestría propia en Cristo por la cual ellos mismos pudieran saldar ese karma con la oración y las buenas obras. En esta hora, el karma aumenta en el planeta porque la gente de la Tierra ahora debe llevar su propia carga (peso) de karma que se apartó durante estos dos mil años por la gracia (Luz) de la presencia de Cristo. Como está escrito: "Porque cada uno llevará su propia carga" (Gálatas 6:5), y "ni una jota ni una tilde pasará de la ley (del karma), hasta que todo se haya cumplido" (Mateo 5:18).

16. Mateo 22:11-14.

17. El Morya, "Message to America on the Mission of Jesus Christ" ("Mensaje a los Estados Unidos sobre la misión de Jesucristo"), *Perlas de Sabiduría,* vol. 27, n.º 47, 23 de septiembre de 1984.

18. Kuthumi y Djwal Kul, *The Human Aura (El aura humana),* Corwin Springs, Mont.: Summit University Press, 1996, páginas 186-190.

19. Marvin W. Meyer (trad.), *The Secret Teachings of Jesus: Four Gnostic Gospels (Las enseñanzas secretas de Jesús: cuatro evangelios gnósticos),* New York: Random House, Vintage Books, 1986, página 5.

20. Marcos 12:29.

21. Romanos 8:17.

22. Ezequiel 18:4, 20.

23. Romanos 6:23.

24. Sanat Kumara, "To Keep the Light of a World" ("Guardar la Luz de todo un mundo"), *Perlas de Sabiduría,* vol. 42, n.º 13, 28 de marzo de 1999.

25. Juan 6:29.
26. Serapis Bey, "The Crowning Moment: The Image of the Golden Man" ("El momento supremo: La imagen del hombre dorado"), *Perlas de Sabiduría,* vol. 25, n.º 36, 5 de septiembre de 1982.
27. Ibid.
28. Jesús, "Comfort Ye My People!" ("¡Consolad a mi pueblo!"), *Perlas de Sabiduría,* vol. 30, n.º 79, 18 de diciembre de 1987.
29. Jesús, "You Can Become the Christ!" ("¡Podéis llegar a ser el Cristo!"), *Perlas de Sabiduría,* vol. 26, n.º 56, 27 de diciembre de 1983.

Quinto capítulo • El sendero de Cristeidad personal

1. Helios, "The Meaning of Life: Advice to a Planet" ("El significado de la vida: Consejo a un planeta"), 12 de octubre de 1970.
2. Serapis Bey, "The Very First Steps of the Law" ("Los primeros pasos de la Ley"), *Perlas de Sabiduría,* vol. 27, n.º 29, 3 de junio de 1984.
3. El Morya, "Chela —Christed One— Guru: Offices on the Path of the Individualization of the God Flame" ("Chela, ser Crístico, Gurú: cargos en el Sendero de la individualización de la Llama Divina"), *Perlas de Sabiduría,* vol. 28, n.º 11, 17 de marzo de 1985.
4. 2 Timoteo 2:15.
5. Sanat Kumara, "I Will Come when You Need Me" ("Acudiré cuando me necesitéis"), *Perlas de Sabiduría,* vol. 31, n.º 44, 24 de julio de 1988.
6. Jesús, "The Day of Thy Christhood" ("El día de tu Cristeidad"), *Perlas de Sabiduría,* vol. 30, n.º 74, 13 de diciembre de 1987.
7. Elizabeth Clare Prophet, "Teachings of Jesus Christ on Your Path of Personal Christhood" ("Enseñanzas de Jesucristo sobre vuestro sendero de Cristeidad personal"), 27 de junio de 1993.
8. Ciclopea, "The Confrontation with God and Anti-God" ("La confrontación con Dios y anti-Dios"), *Perlas de Sabiduría,* vol. 29, n.º 66, 25 de noviembre de 1986.
9. Porcia, "The Mother of Aquarius Steps Down from Cosmic Levels" ("La Madre de Acuario baja de los niveles cósmicos"), *Perlas de Sabiduría,* vol. 31, n.º 41, 41 de julio de 1988.
10. El Morya, "Chela, ser Crístico, Gurú: cargos en el Sendero de la individualización de la Llama Divina", *Perlas de Sabiduría,* vol. 28, n.º 11, 17 de marzo de 1985.
11. Arcángel Jofiel y Arcangelina Esperanza, "Is Anything Too Hard for the Lord?" ("¿Hay algo demasiado difícil para el Señor?"), *Perlas de Sabiduría,* vol. 32, n.º 36, 3 de septiembre de 1989.

12. Ibid.
13. Juan 14:15.
14. Elizabeth Clare Prophet y el personal de Summit University, *Walking with the Master (Caminando con el Maestro)*, Corwin Springs, Mont.: The Summit Lighthouse Library, 2002, página 8.
15. Elizabeth Clare Prophet, "Enseñanzas de Jesucristo sobre vuestro sendero de Cristeidad personal", 27 de junio de 1993.
16. Ibid.
17. Ibid.
18. Omri-Tas, "Be the Spark that Ignites a Cosmos!" ("¡Sed la chispa que encienda todo un cosmos!"), *Perlas de Sabiduría*, vol. 31, n.º 3, 17 de enero de 1988.
19. Leto, "Become the Master!" ("¡Convertíos en un Maestro!"), *Perlas de Sabiduría*, vol. 33, n.º 45, 18 de noviembre de 1990.
20. Véase "Momentum" ("Impulso acumulado"), en *The Lost Teachings of Jesus 1 (Las enseñanzas perdidas de Jesús 1)*, Corwin Springs, Mont.: Summit University Press, 1994, páginas. 165-219.
21. Véase Jesús y Kuthumi, "Habit" ("Costumbres"), en *Corona Class Lessons (Lecciones de la clase de la corona)*, Corwin Springs, Mont.: Summit University Press, 1986, páginas. 337-385.
22. Omri-Tas, "¡Sed la chispa que encienda todo un cosmos!", *Perlas de Sabiduría*, vol. 31, n.º 3, 17 de enero de 1988.
23. "Watch With Me", Jesus' Vigil of the Hours ("Velad conmigo", Vigilia de las Horas de Jesús), publicado por Elizabeth Clare Prophet, es un servicio de oraciones, afirmaciones e himnos celebrado en todo el mundo. En 1964, el Maestro llamó a los Guardianes de la Llama a que lo celebraran de forma individual o en grupo. El servicio fue dictado por el Maestro Ascendido Jesucristo para la protección de la conciencia Crística en todos los hijos y las hijas de Dios y en conmemoración de la vigilia que el Maestro guardó a solas en el Huerto de Getsemaní, cuando dijo: "¿Así que no habéis podido velar conmigo una hora?". Disponible en libro de 44 páginas y en audiocasete de 90 minuntos. B87096.
24. Elizabeth Clare Prophet, "Enseñanzas de Jesucristo sobre vuestro sendero de Cristeidad personal", 27 de junio de 1993.
25. Elizabeth Clare Prophet y el personal de Summit University, *Caminar con el Maestro*, cap. 9.
26. Gálatas 6:4-5.
27. Elizabeth Clare Prophet y el personal de Summit University, *Caminar con el Maestro*, páginas 378, 379.

Sexto capítulo • La Llama Crística del corazón

1. *Saint Germain on Alchemy (Saint Germain sobre alquimia)*, Corwin Springs, Mont.: Summit University Press, 1993, páginas 350-351.
2. Jeremías 31:33-34; 1 Reyes 8:4-11; la explicación de Pablo sobre la primera Alianza, Hebreos 9; y la Nueva Alianza, Hebreos 8:10-13.
3. Mateo 23:37; Lucas 13:34; 19:41.
4. Juan 1:6-14.
5. Salmos 8:5; Hebreos 2:7.
6. Jesucristo, "Place Your Attention on Your Threefold Flame" ("Poned la atención en vuestra llama trina"), *Lección 9 de Guardianes de la Llama*, páginas 19-21.

Séptimo capítulo • La misión de Jesucristo...

1. Para obtener más información sobre la Fraternidad de Guardianes de la Llama, contáctese a Summit University Press.
2. Jesucristo, "Ancient Records of Earth's Karma" ("Antiguos registros del karma de la Tierra"), *Lección 30 de Guardianes de la Llama*, páginas 19-22.
3. Juan 8:23, 44.
4. Mateo 13:24-30, 36-42.
5. Apocalipsis 12:7-9.
6. Véase Elizabeth Clare Prophet, *Fallen Angels and the Origins of Evil (Ángeles caídos y los orígenes del mal)*, (Corwin Springs, Mont.: Summit University Press, 2000). Incluye el texto del libro de Enoc, que cuenta la historia de la caída de los Vigilantes.
7. Néfilim [del hebreo, significa «los que cayeron» o «los que fueron arrojados», de la raíz semítica *nafal*: «caer»]: una raza bíblica de gigantes o semidioses que consta en Génesis 6:4 («Había gigantes en la Tierra en aquellos días...»); los ángeles caídos que fueron echados del cielo a la tierra (Apocalipsis 12:7-9). El erudito bíblico y orientalista Zecharia Sitchin llega a la conclusión a partir de su estudio de unos antiguos textos sumerios que los Néfilim fueron una raza extraterrestre que *cayó* a la Tierra (que aterrizó) en una nave espacial hace 450 000 años. Véase *Ángeles caídos y los orígenes del mal*, páginas 70-75.
8. «Rezagados» es un término para referirse a los que se quedan retrasados con respecto a las evoluciones de sus planetas; en concreto almas asignadas a la Tierra que no cumplieron su plan divino según el programa establecido en su estrella, Maldek, y que han continuado retrasados con respecto a su destino ordenado por Dios, así como con respecto a otras almas de la Tierra, entre las cuales

continúan reencarnando. Véase Mark L. Prophet y Elizabeth Clare Prophet, *Escala la montaña más alta: El sendero del Yo Superior,* Corwin Springs, Mont.: Summit University Press, 1986), páginas 86, 93-103.

9. Juan 1:12.
10. Mateo 16:18, 19.
11. Jesucristo, "Rise, Peter: Kill and Eat!" ("Levántate, Pedro, mata y come"), *Perlas de Sabiduría,* vol. 29, n.º 14, 6 de abril de 1986.
12. Juan el Amado, "Called to Be Apostles of God in Jesus Christ" ("Llamados a ser apóstoles de Dios en Jesucristo"), *Perlas de Sabiduría,* vol. 33, n.º 38, 30 de septiembre de 1990.
13. Juan 11:25.
14. Juan 11:26.
15. Juan 14:6.
16. Hechos 16:31.
17. Deuteronomio 6:4.
18. Jeremías 23:1.
19. Jeremías 23:3-4, 6.
20. Juan 1:12.
21. Jesucristo, "¡Podéis llegar a ser el Cristo!", *Perlas de Sabiduría,* vol. 26, n.º 56, 27 de diciembre de 1983.
22. Juan 14:6.
23. Mateo 19:17; Marcos 10:18.
24. Jesús el Cristo, "Poned la atención en vuestra llama trina", *Lección 9 de Guardianes de la Llama,* página 9.
25. Mateo 28:18.
26. Filipenses 2:8.
27. Lucas 2:49.
28. Señor Maitreya, "The Mission of Jesus Christ" ("La misión de Jesucristo"), *Perlas de Sabiduría,* vol. 27, n.º 47a, 26 de septiembre de 1984.

Octavo capítulo • El Cristo Cósmico

1. John Woodroffe, *The Garland of Letters: Studies in the Mantra-Sastra (La antología de las letras: Estudios sobre el Mantra-Sastra),* Madras, India: Ganesh & Co., 1979, página 4.
2. Juan 1:4-18.
3. Juan 5:25.
4. Jesucristo, "Christhood" ("Cristeidad"), *Perlas de Sabiduría,* vol. 31, n.º 21, 22 de mayo de 1988.
5. Juan 1:9.
6. Juan 12:35.

7. Juan 5:17, 18.
8. Juan 5:19-24.
9. Juan 14:8-15.
10. Juan 10:30.
11. Juan 10:38; 14:10, 11.
12. Juan 20:17.
13. Mateo 28:18.
14. Filipenses 2:11; 1 Juan 4:15.
15. Juan 11:27.
16. Juan 1:1, 2.
17. Jesucristo, "The Mystery School of Lord Maitreya" ("La Escuela de Misterios del Señor Maitreya"), *Perlas de Sabiduría* de 1984, Tomo I, "Introducción I", páginas 2-3, *Perlas de Sabiduría,* vol. 27, n.º 36, 8 de julio de 1984.
18. Juan 1:14.
19. 2 Corintios 6:2.
20. Jan Nattier, "The Meanings of the Maitreya Myth: A Typological Analysis ("Los significados del mito de Maitreya: un análisis tipológico"), en *Maitreya, the Future Buddha (Maitreya, el Buda futuro),* Alan Sponberg y Helen Hardacre (eds.), New York: Camridge University Press, 1988, página 39, n. 17.

Noveno capítulo • La Segunda Venida

1. Lucas 2:8-14.
2. Isaías 9:6.
3. Letra de W. H. Neidlinger.
4. 1 Corintios 12:3.
5. Apocalipsis 12:11.
6. Apocalipsis 14:6.
7. Hilarión, "The Known God Whom I Declare to Be the I AM THAT I AM" ("El Dios conocido a quien declaro como el YO SOY EL QUE YO SOY"), *Perlas de Sabiduría,* vol. 19, n.º 42, 17 de octubre de 1976.
8. 1 Corintios 3:16.
9. *Lankavatara-sutra,* en Adrian Snodgrass, *The Symbolism of the Stupa (El simbolismo de la Estupa),* Ithaca, N.Y.: Cornell Southeast Asia Program, 1985, páginas 196, 197; *Ratnogotravibhaga,* en Edward Conze (ed.), *Buddhist Texts through the Ages (Textos budistas a lo largo de los tiempos),* New York: Harper and Row, 1964, página 181.
10. Juan 5:21, 25; Romanos 8:11.

11. Mateo 24:27-31; Marcos 13:24-26; Lucas 21:25-28; 1 Tesalonicenses 4:16, 17.
12. Apocalipsis 1:7.
13. Véase Elizabeth Clare Prophet y el personal de Summit University, *Caminando con el Maestro,* capítulos 1, 4, 5.
14. Mateo 26:26; Marcos 14:22; Lucas 22:19; 1 Corintios 11:24.
15. Elizabeth Clare Prophet y el personal de Summit University, *Caminando con el Maestro,* página 145.
16. Señor Maitreya, "Welcome to the Mystery School!" ("¡Bienvenidos a la Escuela de Misterios!"), *Perlas de Sabiduría,* vol. 31, n.º 6, 7 de febrero de 1988.
17. Juan 14:12.
18. Jesucristo, "La Escuela de Misterios del Señor Maitreya", *Perlas de Sabiduría,* vol. 27, n.º 36, 8 de julio de 1984.
19. Mark L. Prophet y Elizabeth Clare Prophet, *Morya: The Darjeeling Master Speaks to His Chelas on the Quest of the Holy Grail (Morya: El Maestro de Darjeeling habla a sus chelas sobre la búsqueda del Santo Grial),* Corwin Springs, Mont.: Summit University Press, 1983, página 270.
20. Ibid., pág. 328.
21. Sanat Kumara, "Preachers of the Acceptable Year of the Lord" ("Predicadores del año aceptable del Señor"), *Perlas de Sabiduría,* vol. 22, n.º 36, 9 de septiembre de 1979. También publicado en *Sanat Kumara, The Opening of the Seventh Seal (Sanat Kumara, la apertura del séptimo sello),* Corwin Springs, Mont.: The Summit Lighthouse Library, 2001, página 184.

Décimo capítulo • La doctrina del pecado original

1. *New Catholic Encyclopedia,* s.v. "Original Sin" ("Pecado original"), pág. 777.
2. Kenneth Scott Latourette, *A History of Christianity (Historia del cristianismo),* New York: Harper & Row, 1975, vol. I, página 182.
3. Mateo 11:28.
4. Jesús, "The Zeal of My House" ("El celo de mi casa"), *Perlas de Sabiduría,* vol. 31, n.º 83, 4 de diciembre de 1988.
5. Juan 9:4.
6. Salmos 51:5.
7. Jesucristo, "The Office of Bride of Christ" ("El cargo de Novia de Cristo"), *Perlas de Sabiduría,* vol. 38, n.º 25, 11 de junio de 1995.
8. La Diosa de la Libertad, 1 de abril de 1962.
9. La Virgen María, 26 de octubre de 1977.

Undécimo capítulo • El nacimiento virgen...

1. Lucas 1:34.
2. Mark L. Prophet y Elizabeth Clare Prophet, *Morya I*, Corwin Springs, Mont.: The Summit Lighthouse Library, 2001, páginas 150-51.
3. Mateo 12:46-50.
4. El noviazgo en la época de Jesús efectuaba legalmente la relación matrimonial, como se atesta tanto en el Antiguo Testamento como en el Talmud. El hecho se cerraba cuando el esposo recibía del padre o protector de la futura novia una dote como compensación por su pérdida. Después ella estaba bajo su poder y lo consideraba su «Baal», es decir: señor, maestro, esposo. El noviazgo solo se podía repudiar con una declaración de divorcio. Si la mujer yacía con otro hombre, se consideraba adulterio. Si el hombre moría, la mujer se consideraba viuda y sujeta a la ley del levirato. Así, el matrimonio y el noviazgo conllevaban derechos y responsabilidades parecidas. El erudito bíblico William E. Phipps explica: "Al poco tiempo después del compromiso del noviazgo el muchacho tenía el privilegio y la obligación de cohabitación con su esposa. En el caso de la tradición más temprana respecto a las costumbres matrimoniales hebreas, parece que solo había un período de unos pocos días entre la transacción de noviazgo y la cohabitación. La muchacha permanecía en el hogar del padre hasta que el esposo estaba preparado para recibirla. En la época, se hacía una fiesta nupcial con bebidas para celebrar la trasferencia de la novia al hogar del novio. Las relaciones íntimas entre parejas de novios no estaban prohibidas en las Escrituras judías. La Mishnah y el Talmud indican que el judaísmo palestino consideraba con mucha tolerancia las uniones prenupciales en la era del Nuevo Testamento y los hijos concebidos como resultado de ello no tenían ningún estigma como ilegítimos". (William E. Phipps, *Was Jesus Married? (¿Jesús se casó?)*, New York: Harper & Row, 1970, páginas 39-40.
5. Mateo 1:18, 22-23.
6. Algunos eruditos creen que las historias de la infancia en Mateo y Lucas pudieran no formar parte de los textos originales, siendo añadiduras por parte de autores posteriores. El bautismo de Jesús es el punto de partida de las primeras prédicas de la Iglesia como se observan en las epístolas paulinas y Hechos. Marcos empieza ahí y así lo hace Juan, siguiendo un breve pasaje introductorio sobre la preexistencia de la Palabra. Mateo y Lucas tratan del nacimiento de Jesús en las historias de la infancia, pero no vuelven a mencionar su

nacimiento en sus Evangelios. Si las historias de la infancia (que probablemente fueron compuestas después de las historias del ministerio de Jesús) se consideran prefacios a los Evangelios de Mateo y Lucas, también se considera que estos comienzan con el bautismo de Jesús.

Además de su colocación introductoria, los acontecimientos de las historias de la infancia parecen estar desconectadas de Mateo y Lucas y ninguno de los caracteres de sus escritos parecen tener conocimiento alguno de las circunstancias milagrosas del nacimiento de Jesús; incluso sus hermanas, hermanos y madre parecen no saber nada de la concepción virginal de Jesús. Es más, en Marcos 3:20-21 se sugiere que lo veían más como ellos mismos: "Él volvió a casa. Y se agolpó de nuevo la gente, de modo que ellos ni aun podían comer. Cuando lo oyeron los suyos, vinieron para prenderle, convencidos de que estaba fuera de sí" (Jerusalem Bible). Si conocían su concepción milagrosa, parece improbable que pensaran que su comportamiento no concordaba con su misión.

7. Raymond E. Brown, *The Birth of the Messiah (El nacimiento del Mesías)*, Garden City, N.Y.: Doubleday & Co., 1977, páginas 132.
8. William E. Phipps, *¿Jesús se casó?*, páginas 40-41.
9. Ibid., página 41-42.
10. Ibid., página 43.
11. La Virgen María, "Come, My Child, Bear the Burden of Light" ("Ven, mi niño, y lleva la carga de Luz"), 19 de septiembre de 1976.
12. La Virgen María, "Go Forth to Challenge the Night" ("¡Id a desafiar la noche!"), en *My Soul Doth Magnify the Lord! (¡Engrandece mi alma al Señor!)*, Corwin Springs, Mont.: Summit University Press, 1986, página 137.

Duodécimo capítulo • Expiación indirecta

1. Genesis 22:1-13.
2. 1 Samuel 15:22.
3. Romanos 12:1.
4. Mateo 3:17; Marcos 1:11; Lucas 3:22.
5. El Maha Chohán, *Lección 2 de Guardianes de la Llama*, página 10.
6. Gálatas 6:5.
7. Mateo 11:30.
8. Mateo 9:2; Juan 5:14.
9. Saint Germain, "Verity" ("Verdad"), *Lección 19 de Guardianes de la Llama*, pág. 34, 36-37.
10. Véase Mark L. Prophet y Elizabeth Clare Prophet, *The Lost Teachings of Jesus 4 (Las enseñanzas perdidas de Jesús 4)*, Corwin Springs,

Mont.: Summit University Press, 1993, página 7-11; y Edgar Evans Cayce, *Edgar Cayce on Atlantis (Edgar Cayce sobre la Atlántida)*, Hugh Lynn Cayce (ed.), New York: Warner Books, 1968, páginas 60-61, 68-72, 99-107, 131-32.

11. Levítico 18:21; 20:2-5; Deuteronomio 12-31; 18:10; 2 Reyes 16:3; 17:17; 21:6; 23:10; 2 Crónicas 28:3; 33:6; Salmos 106:37-38.

12. Jeremías 7:31, 32; 19:1-6; 32:35; Ezequiel 16:20, 21, 36; 20:26, 31; 23:37-39; Isaías 57:5; Amós 5:5, 26; Miqueas 6:7.

13. Mateo 26:28; Juan 1:29; 1 Pedro 1:19; Apocalipsis 7:14; 12:11.

14. Hebreos 9:22.

15. Salmos 51:1, 9; Isaías 43:25; 44:22; Jeremías 31:34; Hechos 3:19; Hebreos 8:12; 10:17.

16. Efesios 4:22-24; Colosenses 3:9-10; Romanos 6:6.

17. Juan 14:6.

18. Juan 7:38.

19. Mateo 15:24.

20. Mateo 11:30.

21. Jesús y Kuthumi, *Lecciones de la clase de la corona*, páginas 178-183.

22. Juan 6:53.

23. Romanos 5:17-19.

24. Génesis 2:15-1; 3:1-24.

25. Saint Germain, "Verdad", *Lección 19 de Guardianes de la Llama*, páginas 37-38.

Decimotercer capítulo • La crucifixión

1. Saint Germain, "Verdad", *Lección 19 de Guardianes de la Llama*, páginas 33-34.

2. Lucas 9:23.

3. 1 Corintios 15:31.

4. Marcos 15:34.

5. Lucas 23:28.

6. Lucas 2:49.

7. Juan 12:32.

8. 1 Juan 3:2.

9. Lucas 22:53.

10. Véase, Mateo 3:1-12; 23:27-36; Lucas 11:52.

11. Juan 18:28-40; 19:1-22.

12. Mateo 27:51; Marcos 15:38.

13. Juan 12:24.

14. Mateo 11:30.

15. 2 Corintios 6:17.

16. Juan el Amado, "The Initiation of the Cruxifixion" ("La iniciación de la crucifixión"), 12 de abril de 1974.
17. Juan 1:9.
18. Juan el Amado, "La iniciación de la crucifixión", 12 de abril de 1974.
19. Juan 11:25; Juan 14:6; Jesucristo, "Renewal and Commemoration" ("Renovación y conmemoración"), 12 de abril de 1974.
20. Mateo 24:22; Juan el Amado, "La iniciación de la crucifixión", 12 de abril de 1974.
21. Lucas 23:46.
22. Mateo 17:1-13; Marcos 9:2-13; Lucas 9:28-36.
23. Santa Teresa de Lisieux, "Outside the Church" ("Fuera de la Iglesia"), segunda parte, *Perlas de Sabiduría,* vol. 31, n.º 39, 13 de julio de 1988.
24. Juan 19:30.

Decimocuarto capítulo • La noche oscura del alma...

1. Jonás 2:1-3.
2. Elizabeth Clare Prophet, *Vials of the Seven Last Plagues (Copas de las siete últimas plagas),* Corwin Springs, Mont.: Summit University Press, 1980, páginas 106-107.

Decimoquinto capítulo • Las catorce estaciones de la cruz

1. Mateo 6:34.
2. Lucas 22:42.
3. Lucas 23:28.
4. Juan 15:20.
5. Lucas 23:43.
6. Mateo 28:18.
7. Gálatas 2:20.

Decimosexto capítulo • El misterio del decimquinto rosario

1. Génesis 18:14; Jeremías 32:17, 27.
2. Mateo 28:18.
3. Mateo 9:37, 38; Lucas 10:2.
4. Génesis 22:1-18.
5. Juan 6:35; Mateo 26:26; 13:33; Apocalipsis 2:17.
6. La Virgen María, "The Gift of a Mother's Heart: The Mystery of the Fifteenth Rosary" ("El regalo del corazón de una Madre: el misterio del Decimoquinto Rosario"), *Perlas de Sabiduría,* vol. 23, n.º 27, 6 de julio de 1980.

Decimoséptimo capítulo • El Cristo resucitado

1. Juan 20:17.
2. La Virgen María, *Perlas de Sabiduría,* vol. 9, n.º 18, 1 de mayo de 1966.
3. Serapis Bey, "El primer paso de la Ley", *Perlas de Sabiduría,* vol. 27, n.º 29, 3 de junio de 1984.
4. Jesucristo, "My Victory, Your Victory" ("Mi victoria, vuestra victoria"), *Perlas de Sabiduría,* vol. 27, n.º 31, 5 de junio de 1984.
5. Juan 14:16-18, 26; 15:26; 16:7-15.
6. Juan 16:2.
7. Santiago 5:16.
8. El Morya, "Mensaje a Estados Unidos sobre la misión de Jesucristo", *Perlas de Sabiduría,* vol. 27, n.º 47, 23 de septiembre de 1984.

Decimoctavo capítulo • Cristo en Birmingham

1. Mateo 7:12.
2. Marcos 16:17-18.
3. Juan 8:12; Mateo 5:14.
4. 1 Corintios 14:8.
5. Santiago 2:18, 20.
6. Filipenses 2:12-13.
7. 1 Corintios 15:28.
8. Juan 14:1.
9. Mateo 19:16-17; Marcos 10:18; Lucas 18:19,
10. Juan 10:30.
11. Génesis 1:1-3.
12. Efesios 2:1.
13. Romanos 10:14.
14. Juan 1:1-3.
15. Juan 14:11, 20.
16. 1 Corintios 12:3.
17. Juan 14:12.

Glosario

Los términos en cursiva se encuentran definidos en otra parte del glosario.

Alfa y Omega. La totalidad divina del Dios Padre-Madre que el Señor Cristo afirmó como «el principio y el fin» en el Apocalipsis. *Llamas gemelas* ascendidas de la conciencia del *Cristo Cósmico* que mantienen el equilibrio de la polaridad masculina/femenina de la Deidad en el *Gran Sol Central* del cosmos. Así, a través del *Cristo Universal*, la Palabra encarnada, el Padre es el origen y la Madre es la realización de los ciclos de la conciencia de Dios expresada a través de la creación *Espíritu/Materia*. Véase también *Madre*. (Apocalipsis 1:8, 11; 21:6; 22:13).

Anciano de Días. Véase *Sanat Kumara*.

Antahkarana. (Sánscrito, «**órgano sensorial interno**») La red de la vida. La red de luz que se extiende por el *Espíritu* y la *Materia*, sensibilizando y conectando a toda la creación dentro de sí misma y con el corazón de Dios.

Ascensión. El ritual por medio del cual el alma se reúne con el *Espíritu* del Dios vivo, la *Presencia YO SOY*. La ascensión es la culminación del viaje victorioso en Dios del alma en el tiempo y el espacio. Es la recompensa de los justos que supone el regalo de Dios después del último juicio ante el gran trono blanco, en el que cada hombre es juzgado según sus obras.

La ascensión fue experimentada por Enoc, de quien está escrito que «caminó, pues, con Dios, y desapareció, porque le llevó Dios»; por Elías, que subió al cielo en un torbellino, y por Jesús. Las escrituras

dicen que Jesús fue llevado al cielo en una nube. Esto se denomina comúnmente la ascensión de Jesús. Sin embargo, el *Maestro Ascendido El Morya* ha revelado que Jesús vivió muchos años después de este acontecimiento y que ascendió después de fallecer en Cachemira a los 81 años.

La reunión con Dios mediante la ascensión, que significa el fin de las rondas de karma y renacimiento, y el regreso a la gloria del Señor, es la meta de la vida para los hijos y las hijas de Dios. Jesús dijo: «Nadie subió al cielo, sino el que descendió del cielo; el Hijo del Hombre, que está en el cielo».

Gracias a su salvación (autoelevación), la elevación consciente del Hijo de Dios en su templo, el alma se viste con el vestido de bodas para cumplir el cargo del Hijo (sol o luz) de la manifestación. Siguiendo el sendero iniciático de Jesús, el alma, por la gracia de él, se hace digna de llevar su cruz y su corona. Ella asciende a través del *Ser Crístico* a su Señor, la Presencia YO SOY, de donde descendió. (Apocalipsis 20:12-13; Génesis 5:24; 2 Reyes 2:11; Lucas 24:50-51; Hechos 1:9-11; Juan 3:13).

Átomo semilla. El foco de la Madre Divina (el rayo femenino de la Deidad) que afianza las energías del *Espíritu* en la Materia en el chakra de la base.

Calamita. El foco del Padre, el rayo masculino de la Deidad, que afianza las energías del *Espíritu* en la *Materia* en el chakra de la coronilla.

Cámara secreta del corazón. El santuario de la meditación, el sitio al que se retiran las almas de los portadores de luz. Es el núcleo de la vida donde el individuo se sitúa cara a cara con el Gurú interior, el amado Santo *Ser Crístico*, y recibe las pruebas del alma que preceden a la unión alquímica con ese Ser Crístico, el matrimonio de la Novia (el alma que se convierte en la esposa del Cordero).

Es el sitio donde las leyes del cosmos se escriben en las partes internas del hombre, porque la *Ley* está inscrita como el Sendero Óctuple del Buda sobre las paredes interiores de la cámara. Los ocho pétalos de esta cámara secreta del corazón (el chakra de ocho pétalos) simbolizan la maestría de los siete rayos a través de la llama del Cristo, la *llama trina*, y la integración de esa maestría en el octavo rayo.

Chela. (Hindi, *cela-*, del sánscrito *ceta*: «esclavo»). En India, discípulo de un instructor religioso o gurú. Vocablo utilizado generalmente para referirse a un estudiante de los *Maestros Ascendidos* y sus enseñanzas, específicamente, un estudiante con una autodisciplina y devoción mayor a lo común, iniciado por un Maestro Ascendido y que presta servicio a la causa de la *Gran Hermandad Blanca*.

Chohán. (Tibetano, «señor» o «maestro», un jefe). Cada uno de los *siete rayos* tiene un chohán que concentra la conciencia Crística del rayo, que es de hecho la *Ley* del rayo que gobierna su uso justo en el hombre. Habiendo animado y demostrado su Ley del rayo a lo largo de muchas encarnaciones y habiendo pasado iniciaciones tanto antes como después de la *ascensión*, el candidato es asignado al cargo de chohán por el Maha Chohán, el «Gran Señor», que es asimismo el representante del Espíritu Santo en todos los rayos. El nombre de los chohanes de los rayos (siendo cada uno de ellos un *Maestro Ascendido* que representa uno de los siete rayos para las evoluciones de la Tierra) y la ubicación de sus focos físicos/etéricos se dan a continuación.

Primer rayo: El Morya. Retiro de la Voluntad de Dios, Darjeeling (India).

Segundo rayo: Lanto. Retiro Royal Teton, Grand Teton, en Jackson Hole, estado de Wyoming (EE. UU.).

Tercer rayo: Pablo el Veneciano. Château de Liberté, sur de Francia, con un foco de la *llama trina* en el monumento a Washington, Ciudad de Washington (EE. UU.).

Cuarto rayo: Serapis Bey. Templo de la Ascensión y *Retiro* en Lúxor (Egipto).

Quinto rayo: Hilarión (el apóstol Pablo). Templo de la Verdad, Creta.

Sexto rayo: Nada. Retiro Árabe (o Retiro de Arabia), Arabia Saudí.

Séptimo rayo: Saint Germain. Retiro Royal Teton, Grand Teton, Wyoming (EE: UU.); Cueva de los Símbolos, Table Mountain, Wyoming (EE. UU.). Saint Germain también trabaja en los focos del Gran Director Divino: la Cueva de la Luz, en India, y la Mansión Rakoczy, en Transilvania, donde Saint Germain preside como jerarca.

Cinturón electrónico, círculo electrónico. El cinturón electrónico contiene la energía negativa o mal cualificada del mal karma o «pecado». Tiene forma de timbal y rodea los *cuatro cuerpos inferiores* desde la cintura hacia abajo. El círculo electrónico es el depósito en la *Materia* de toda la energía jamás cualificada por el alma. Contiene energía tanto positiva como negativa. La energía positiva corresponde al buen karma del alma, la luz del *Cuerpo Causal* (los tesoros del alma en el cielo) en un flujo en forma de ocho, como Arriba, así abajo.

Ciudad cuadrangular. La Nueva Jerusalén, arquetipo de las ciudades de luz etéricas de la era de oro que existen actualmente en el *plano etérico* (en el cielo) y que esperan a que se las haga descender a la manifestación física (en la tierra). San Juan de Patmos vio el descenso de la Ciudad Santa como la geometría inmaculada de aquello que ha de ser y que ahora está en los reinos invisibles de la luz: «Y yo Juan vi la

santa ciudad, la nueva Jerusalén, descender del cielo, de Dios». Así, para que esta visión y profecía se cumpla, Jesús nos enseñó a rezar con la autoridad de la Palabra hablada: «¡Venga tu reino a la tierra como es en el cielo!».

Metafísicamente hablando, la Ciudad Cuadrangular es el *mandala* de los cuatro planos y los cuadrantes del universo de la *Materia;* los cuatro lados de la Gran Pirámide de la conciencia Crística concentrados en las esferas de la Materia. Las doce puertas son puertas de la conciencia Crística que marcan las líneas y los grados de las iniciaciones que él ha preparado para sus discípulos. Estas puertas son las entradas hacia las doce cualidades del *Cristo Cósmico* sostenidas por las doce *jerarquías solares* (que son emanaciones del *Cristo Universal*) por todos quienes estén dotados del amor ígneo omniconsumidor del *Espíritu*, todos quienes deseen, en la gracia, «entrar por sus puertas con acción de gracias, por sus atrios con alabanza».

Las almas no ascendidas pueden invocar el mandala de la Ciudad Cuadrangular para la realización de la conciencia Crística, como Arriba, así abajo. La Ciudad Cuadrangular contiene el patrón original de la identidad solar (del alma) de los 144 000 arquetipos de los hijos y las hijas de Dios necesarios para concentrar la plenitud divina de la conciencia de Dios en una dispensación dada. La luz de la ciudad se emite desde la *Presencia YO SOY;* la del Cordero (el Cristo Cósmico), desde el *Ser Crístico*. Las joyas son los 144 focos y frecuencias de luz afianzados en los chakras del Cristo Cósmico. (Apocalipsis 21:2, 9-27; Salmos 100:4).

Ciudades etéricas. Véase *Plano etérico.*

Consejo de Darjeeling. Un consejo de la *Gran Hermandad Blanca* que está compuesto de *Maestros Ascendidos* y *chelas* no ascendidos, dirigido por El Morya y con sede en Darjeeling (India), en el *retiro etérico* del Maestro. Entre sus miembros están la Virgen María, Kuan Yin, el Arcángel Miguel, el Gran Director Divino, Serapis Bey, Kuthumi, Djwal Kul y muchos otros, cuyo objetivo es preparar a las almas para que presten servicio al mundo en el gobierno divino y la economía, mediante las relaciones internacionales y el establecimiento del Cristo interior como base para la religión, la enseñanza y un regreso a la cultura de la era de oro en la música y las artes.

Consejo Kármico. Véase *Señores del Karma.*

Cordón cristalino. La corriente de la luz, vida y conciencia de Dios que alimenta y sustenta al alma y sus *cuatro cuerpos inferiores.* También llamado cordón de plata. Véase también *Gráfica de tu Yo Divino* (página 17). (Eclesiastés 12:6).

Corriente de vida. La corriente de vida que surge de la Fuente, de la *Presencia YO SOY* en los planos del *Espíritu*, y que desciende a los planos de la *Materia* donde se manifiesta como la *llama trina* afianzada en la *cámara secreta del corazón* para sustentar al alma en la Materia y alimentar a los *cuatro cuerpos inferiores*. Se utiliza para denotar a las almas que evolucionan como «corrientes de vida» individuales y, por consiguiente, es sinónimo del vocablo «individuo». Denota la naturaleza continua del individuo a través de los ciclos de la individualización.

Cristo Cósmico. Un cargo de la *jerarquía*, actualmente ocupado por el Señor Maitreya, en el cual se mantiene el foco del *Cristo Universal* por toda la humanidad.

Cristo Universal. El mediador entre los planos del *Espíritu* y los de la *Materia*. Personificado como el *Ser Crístico*, es el mediador entre el Espíritu de Dios y el alma del hombre. El Cristo Universal sostiene el nexo del flujo en forma de ocho de la conciencia a través del cual pasan las energías del Padre (Espíritu) hacia sus hijos para la cristalización (realización Crística) de la Llama Divina mediante los esfuerzos de su alma en el vientre (matriz) cósmico de la *Madre* (Materia).

La fusión de las energías de la polaridad masculina y femenina de la Deidad en la creación tiene lugar a través del Cristo Universal, el *Logos* sin el cual «nada de lo que ha sido hecho, fue hecho». El flujo de luz desde el *Macrocosmos* hacia el *microcosmos,* desde el Espíritu (la *Presencia YO SOY*) hacia el alma y de vuelta por la espiral en forma de ocho, se realiza a través de este bendito mediador que es Cristo el Señor, la verdadera encarnación del YO SOY EL QUE YO SOY.

El término «Cristo» o «ser Crístico» también denota un cargo en la *jerarquía* que ocupan quienes han alcanzado la maestría sobre sí mismos en los *siete rayos* y los siete chakras del Espíritu Santo. Maestría Crística incluye el equilibrio de la *llama trina* (los atributos divinos de poder, sabiduría y amor) para la armonización de la conciencia y la aplicación de la maestría de los siete rayos en los chakras y en los *cuatro cuerpos inferiores* a través de la Llama de la Madre (Kundalini elevada).

En la expansión de la conciencia del Cristo, el ser Crístico avanza para lograr la realización de la conciencia Crística a nivel planetario y es capaz de mantener el equilibrio de la Llama Crística por las evoluciones del planeta. Una vez logrado esto, ayuda a los miembros de la jerarquía celestial que sirven bajo el cargo de los Instructores del Mundo y el Cristo planetario. Véase también *Gráfica de tu Yo Divino* (página 17). (Juan 1:1-14; 14:20, 23. Compárese Apocalipsis 3:8; Mateo 28:18; Apocalipsis 1:18).

Cuatro cuerpos inferiores. Los cuatro cuerpos inferiores son cuatro fundas compuestas de cuatro frecuencias distintas que rodean al alma: física, emocional, mental y etérica; proporcionan vehículos para el alma en su viaje por el tiempo y el espacio. La funda etérica (de vibración superior a las demás) es la entrada a los tres cuerpos superiores: el *Ser Crístico*, la *Presencia YO SOY* y el *Cuerpo Causal*. Véase también *Gráfica de tu Yo Divino* (página 17).

Cuerpo Causal. El cuerpo de Primera Causa; siete esferas concéntricas de luz y conciencia que rodean a la *Presencia YO SOY* en los planos del *Espíritu*, cuyos impulsos acumulados, a los cuales se añade lo Bueno (la Palabra y las Obras del SEÑOR manifestadas por el alma en todas las vidas pasadas), son accesibles hoy, a cada momento, según lo necesitemos.

Uno puede acceder a los propios recursos y la creatividad (talentos, gracias, dones e ingenio reunidos mediante un servicio ejemplar en los *siete rayos*) en el Cuerpo Causal mediante la invocación a la Presencia YO SOY en el nombre del *Ser Crístico*.

El Cuerpo Causal es el almacén de toda cosa buena y perfecta que forme parte de nuestra verdadera identidad. Además, las grandes esferas del Cuerpo Causal son la morada del Dios Altísimo, al que Jesús se refirió cuando dijo: «En la casa de mi padre muchas moradas hay... Voy a preparar lugar para vosotros... Vendré otra vez, y os tomaré a mí mismo; para que donde yo estoy [donde YO, el Cristo encarnado, SOY en la Presencia YO SOY], vosotros también estéis».

El Cuerpo Causal es la mansión o habitación del Espíritu del YO SOY EL QUE YO SOY al que el alma regresa a través de Jesucristo y el Ser Crístico individual mediante el ritual de la *ascensión*. El apóstol Pablo se refirió al Cuerpo Causal como la estrella de la individualización de la Llama Divina de cada hombre cuando dijo: «Una estrella es diferente de otra en gloria». Véase también *Gráfica de tu Yo Divino* (página 17). (Mateo 6:19-21; Juan 14:2-3; 1 Corintios 15:41).

Cuerpo solar imperecedero. Véase *Vestidura sin costuras*.

Decretar. v. tr. Resolver, decidir, declarar, determinar; ordenar, mandar; invocar la presencia de Dios, su luz/energía/conciencia, su poder y protección, pureza y perfección.

Decreto. n. Voluntad predeterminada, edicto o fíat, decisión autorizada, declaración, ley, ordenanza o regla religiosa; orden o mandamiento.

Está escrito en el libro de Job: «Determinarás asimismo una cosa, y te será firme, y sobre tus caminos resplandecerá luz». El decreto es la más poderosa de todas las solicitudes a la Deidad. Es el «mandadme» de Isaías 45:11, la primera orden dada a la luz que, como el «lux fiat», es el derecho natural de los hijos y las hijas de Dios. Es la Palabra de

Dios autorizada que, en el hombre, es pronunciada en el nombre de la *Presencia YO SOY* y el Cristo vivo para producir cambios constructivos en la tierra a través de la voluntad de Dios y su conciencia, venidas a la tierra como lo son en el cielo, en manifestación aquí abajo como Arriba.

El decreto dinámico, ofrecido como alabanza y petición al SEÑOR Dios con la ciencia de la Palabra hablada, es la «oración eficaz del justo» que puede mucho. Es el medio por el cual el suplicante se identifica con la Palabra de Dios, el fíat original del Creador: «Sea la luz; y fue la luz».

A través del decreto dinámico pronunciado con alegría y amor, fe y esperanza en las alianzas de Dios cumplidas, la Palabra es injertada en el suplicante y este sufre la transmutación mediante el *fuego sagrado* del Espíritu Santo, la «prueba de fuego» con la que se consume todo pecado, enfermedad y muerte, pero se conserva el alma justa. El decreto es el instrumento y la técnica del alquimista para efectuar la transmutación personal y planetaria, así como su autotrascendencia. El decreto puede ser corto o largo y normalmente va precedido de un preámbulo formal y un cierre o aceptación. (Job 22:28; Santiago 5:16; Génesis 1:3; Santiago 1:21; 1 Corintios 3:13-15; 1 Pedro 1:7).

Dharma. (Sánscrito, «ley»). La realización de la Ley de la individualidad mediante la adherencia a la Ley Cósmica, incluyendo las leyes de la naturaleza y el código espiritual de conducta, como el camino o dharma del Buda o el Cristo. El deber de una persona de cumplir su razón de ser a través de la ley del amor y la labor sagrada.

Dictados. Los mensajes de los *Maestros Ascendidos,* Arcángeles y otros seres espirituales avanzados que se producen mediante la agencia del Espíritu Santo y llegan a través de un *Mensajero* de la Gran Hermandad Blanca.

Elemental del cuerpo. Un ser de la naturaleza (por lo común invisible y que opera sin que se lo observe en la octava física) que presta servicio al alma desde el momento de su primera encarnación en los planos de la *Materia* para cuidar del cuerpo físico. El elemental del cuerpo mide un metro de altura y se asemeja a la persona a quien sirve. Trabajando con el ángel de la guarda bajo el *Ser Crístico* regenerativo, el elemental del cuerpo es el amigo y ayudante invisible del hombre. Véase también *Elementales.*

Elementales. Seres de la tierra, el aire, el fuego y el agua; espíritus de la naturaleza que son siervos de Dios y del hombre en los planos de la *Materia* para el establecimiento y mantenimiento del plano físico como plataforma para la evolución del alma. Los elementales que sirven al elemento fuego son las salamandras; los que sirven al ele-

mento aire, silfos; los que sirven al elemento agua, ondinas; los que sirven al elemento tierra, gnomos. Véase también *Elemental del cuerpo, Elohim.*

Elohim. (Plural del hebreo *Eloah*, «Dios»). Uno de los nombres hebreos de Dios o de los dioses utilizado en el Antiguo Testamento unas 2 500 veces, significa «Ser Poderoso» o «Ser Fuerte». Elohim es un nombre que se refiere a las *llamas gemelas* de la Deidad de que se compone el «Divino Nosotros». Cuando se habla específicamente de la mitad masculina o bien de la femenina, se retiene la forma plural ya que se entiende que una mitad de la Totalidad Divina contiene y es el Yo andrógino (el Divino Nosotros).

Los Siete Poderosos Elohim y sus complementos femeninos son los constructores de la forma; por consiguiente, «Elohim» es el nombre de Dios utilizado en el primer versículo de la Biblia: «En el principio creó Dios los cielos y la tierra». Directamente bajo los Elohim sirven los cuatro seres de los elementos (las cuatro fuerzas cósmicas) que ejercen dominio sobre los *elementales.*

Los Siete Poderosos Elohim son los «siete Espíritus de Dios» nombrados en el Apocalipsis, y las «estrellas del alba» que alababan juntas en el principio, como lo reveló el SEÑOR a su siervo Job. También hay cinco Elohim que rodean el núcleo de fuego blanco del *Gran Sol Central.* En el orden jerárquico, los Elohim y los *Seres Cósmicos* son portadores de la mayor concentración (la vibración más elevada) de luz que nosotros podemos comprender en nuestro estado de evolución.

Junto con los cuatro seres de la naturaleza, sus consortes y los constructores elementales de la forma, ellos representan el poder de nuestro Padre como Creador (rayo azul). Los Siete Arcángeles y sus complementos divinos, los grandes serafines, querubines y todas las huestes angélicas representan el amor de Dios con la intensidad de fuego del Espíritu Santo (rayo rosa). Los Siete Chohanes de los Rayos y todos los *Maestros Ascendidos,* junto con los hijos y las hijas de Dios no ascendidos, representan la sabiduría de la *Ley* del Logos bajo el cargo del Hijo (rayo amarillo). Estos tres reinos forman una tríada de manifestación, trabajando en equilibrio para reducir las energías de la Trinidad. La entonación del sonido sagrado «Elohim» emite el enorme poder de su autopercepción Divina, reducido para nuestro bendito uso a través del *Cristo Cósmico.* (Apocalipsis 1:4; 3:1; 4:5; 5:6; Job 38:7).

A continuación, se dan los nombres de los Siete Elohim, los rayos en los que sirven y la ubicación de sus *retiros etéricos.*

Primer rayo: Hércules y Amazonia. Half Dome, Sierra Nevada, parque nacional Yosemite, California (EE. UU.).

Segundo rayo: Apolo y Lúmina. Baja Sajonia occidental (Alemania).

Tercer rayo: Heros y Amora. lago Winnipeg (Canadá).

Cuarto rayo: Pureza y Astrea. Cerca del Golfo de Arcángel, brazo sureste del mar Blanco (Rusia).

Quinto rayo: Ciclopea y Virginia. Cordillera Altái, donde convergen China, Siberia y Mongolia, cerca de Talbun Bogdo.

Sexto rayo: Paz y Aloha. Islas Hawái.

Séptimo rayo: Arcturus y Victoria. Cerca de Luanda, Angola (África).

Entidades. Conglomerados de energía mal cualificada o individuos desencarnados que han elegido encarnar el mal. Las entidades que son focos de fuerzas siniestras pueden atacar a individuos desencarnados, así como a personas encarnadas. Existen muchos tipos de entidades desencarnadas, como las entidades del licor, la marihuana, el tabaco, la muerte, el sexo y el encaprichamiento con uno mismo, la sensualidad, el egoísmo y el amor hacia uno mismo, el suicidio, la ira, los chismes, el temor, la locura, la depresión, la avaricia de dinero, los juegos de azar, el llorar, varios agentes químicos (como el flúor y el azúcar), el terror, la condenación y el sentimentalismo.

Entidades desencarnadas. Véase *Entidades.*

Espíritu. La polaridad masculina de la Deidad; la coordenada de la *Materia;* Dios como Padre, que por necesidad incluye en la polaridad de sí mismo a Dios como *Madre* y, por tanto, es conocido como el Dios Padre-Madre. El plano de la *Presencia YO SOY,* de la perfección; la morada de los *Maestros Ascendidos* en el reino de Dios. (Cuando se escribe en plural lleva minúscula, como en «espíritus», es sinónimo de desencarnados o *entidades* astrales. Cuando es singular y lleva minúscula, «espíritu» se utiliza igual que «alma»).

Falsa jerarquía. Seres que se han rebelado contra Dios y su Cristo, incluyendo a ángeles caídos, demonios, poderes y principados de la Oscuridad que personifican el *Mal* (el velo de energía). Quienes deifican al Mal Absoluto y lo encarnan son denominados de forma genérica como «demonios». En las escrituras se hace referencia a los miembros de la falsa jerarquía como Lucifer, Satanás, el Anticristo, Serpiente y el acusador de los hermanos.

Fraternidad de Guardianes de la Llama. Una organización de *Maestros Ascendidos* y sus *chelas* que prometen guardar la llama de la vida en la Tierra y apoyar las actividades de la *Gran Hermandad Blanca* en el establecimiento de su comunidad y escuela de misterios, así como en la diseminación de sus enseñanzas. Fundada en 1961 por Saint Germain. Los Guardianes de la Llama reciben lecciones graduadas sobre la *Ley Cósmica* dictadas por los Maestros Ascendidos a sus *Mensajeros* Mark y Elizabeth Prophet.

Fuego sagrado. El fuego Kundalini que yace como una serpiente enroscada en el chakra de la base del alma y se eleva mediante la pureza espiritual y la maestría sobre uno mismo hasta el chakra de la coronilla, vivificando los centros espirituales a su paso. Dios, luz, vida, energía, el YO SOY EL QUE YO SOY. «Nuestro Dios es un fuego consumidor». El fuego sagrado es la precipitación del Espíritu Santo para el bautismo de las almas, para la purificación, para la alquimia y la transmutación y para la realización de la ascensión, el ritual sagrado por el cual el alma regresa al Uno, la *Presencia YO SOY*. (Hebreos 12:29).

Gráfica de tu Yo Divino. (Véase página 17). En la gráfica hay representadas tres figuras, a las que nos referiremos como figura superior, figura media y figura inferior. La figura superior es la *Presencia YO SOY*, el YO SOY EL QUE YO SOY, Dios individualizado para cada uno de sus hijos e hijas. La Mónada Divina se compone de la Presencia YO SOY, rodeada de esferas (anillos de color, de luz) que forman el *Cuerpo Causal*. Este es el cuerpo de Primera Causa, el cual contiene el «tesoro en el cielo» del hombre (obras perfectas, pensamientos y sentimientos perfectos, palabras perfectas), energías que han ascendido desde el plano de la acción en el tiempo y el espacio como resultado del correcto ejercicio del libre albedrío por parte del hombre y su correcta cualificación de la corriente de vida que surge del corazón de la Presencia y desciende hasta el nivel del *Ser Crístico*.

La figura media de la gráfica es el mediador entre Dios y el hombre, llamado «Ser Crístico», «Yo Real» o «conciencia Crística». También se denomina «Cuerpo Mental Superior» o «Conciencia Superior». El Ser Crístico acompaña al yo inferior, que se compone del alma en evolución a través de los cuatro planos de la *Materia* en los *cuatro cuerpos inferiores,* correspondientes a los planos de fuego, aire, agua y tierra; es decir, el cuerpo etérico, el cuerpo mental, el cuerpo emocional y el cuerpo físico.

Las tres figuras de la gráfica se corresponden con la Trinidad: Padre (figura superior), Hijo (figura media) y Espíritu Santo (figura inferior). La figura inferior tiene como finalidad convertirse en el templo del Espíritu Santo, que está indicado en la acción envolvente de la llama violeta del fuego sagrado. La figura inferior se corresponde contigo como discípulo o discípula en el *Sendero*. Tu alma es el aspecto no permanente del ser que se vuelve permanente mediante el ritual de la *ascensión*. La ascensión es el proceso por el cual el alma, habiendo saldado su karma y cumplido su plan divino, se une, primero, a la conciencia Crística y, después, a la Presencia viva del YO SOY EL QUE YO SOY. Una vez que la ascensión ha tenido lugar, el alma —el

aspecto corruptible del ser— se convierte en lo incorruptible, un átomo permanente del cuerpo de Dios. La Gráfica de tu Yo Divino es, por tanto, un diagrama de ti mismo, en el pasado, presente y futuro. La figura inferior representa a la humanidad evolucionando en los planos de la Materia. Así es como debes visualizarte, de pie, en la llama violeta, que has de invocar en el nombre de la Presencia YO SOY y en el nombre de tu Ser Crístico con el fin de purificar tus cuatro cuerpos inferiores como preparación para el ritual del matrimonio alquímico: la unión de tu alma con el Cordero como novia de Cristo. La figura inferior está rodeada de un tubo de luz, que se proyecta desde el corazón de la Presencia YO SOY en respuesta a tu llamado. El tubo de luz es un campo de protección sustentado en el *Espíritu* y en la Materia para sellar la individualidad del discípulo. La *llama trina* dentro del corazón es la chispa de la vida proyectada desde la Presencia YO SOY a través del Ser Crístico y afianzada en los planos etéricos, en la cámara secreta del corazón, con el fin de que el alma evolucione en la Materia. También llamada «Llama Crística», la llama trina es la chispa de la divinidad del hombre, su potencial para alcanzar la Divinidad.

El *cordón cristalino* es la corriente de luz que desciende desde el corazón de la Presencia YO SOY a través del Ser Crístico y, de ahí, a los cuatro cuerpos inferiores para sustentar los vehículos de expresión del alma en el tiempo y el espacio. Por este cordón fluye la energía de la Presencia, entrando en el ser del hombre por la parte superior de la cabeza y proporcionando la energía para el latido de la llama trina y del corazón físico. Cuando se termina una ronda de encarnación del alma en la forma-Materia, la Presencia YO SOY retira el cordón cristalino, la llama trina regresa al nivel del Cristo y las energías de los cuatro cuerpos inferiores vuelven a sus planos respectivos.

La paloma del Espíritu Santo que desciende desde el corazón del Padre se muestra justo por encima de la cabeza del Cristo. Cuando el hombre individual, como la figura inferior, se viste con la conciencia Crística y se convierte en ella, como hizo Jesús, se produce el descenso del Espíritu Santo y las palabras del Padre (la Presencia YO SOY) son pronunciadas: «Este es mi Hijo amado, en quien [YO SOY complacido] tengo complacencia». (Mateo 3:17). Véase *también* ilustración de la pág. 17.

Gran Eje. Véase *Gran Sol Central*.

Gran Hermandad Blanca. Una orden espiritual de santos occidentales y adeptos orientales que se han reunido con el *Espíritu* del Dios vivo y que componen las huestes celestiales. Ellos han transcendido los ciclos de karma y renacimiento y han ascendido (acelerado) hacia una reali-

dad superior, que es la morada eterna del alma. Los *Maestros Ascendidos* de la Gran Hermandad Blanca, unidos por los fines más altos de hermandad de los hombres bajo la Paternidad de Dios, han surgido en todas las épocas, de todas las culturas y religiones, para inspirar el logro creativo en la educación, las artes y ciencias, el gobierno divino y la vida abundante a través de la economía de las naciones. El término «Blanca» no se refiere a la raza, sino al aura (halo) de luz blanca que rodea la forma de los que forman la Hermandad. La Hermandad también incluye en sus filas a ciertos *chelas* de los Maestros Ascendidos. Jesucristo reveló esta orden de santos «vestidos de blanco» a su siervo Juan de Patmos. Véase también *Jerarquía*. (Apocalipsis 3:4-5; 6:9, 13-14; 19:14).

Gran Sol Central. También denominado «Gran Eje». El centro del cosmos; el punto de integración del cosmos *Espíritu/Materia*; el punto de origen de la creación física/espiritual; el núcleo de fuego blanco del huevo cósmico. (Sirio, la Estrella Divina, es el foco del Gran Sol Central en nuestro sector de la galaxia).

El Sol detrás del sol es la Causa espiritual tras el efecto físico que vemos como nuestro sol físico y las demás estrellas y sistemas estelares, visibles o invisibles, incluyendo al Gran Sol Central. El Sol detrás del sol del cosmos se percibe como el *Cristo Cósmico*: la Palabra por la cual lo informe fue dotado de forma y los mundos espirituales fueron cubiertos con la característica física.

De igual modo, el Sol detrás del sol es el Hijo de Dios individualizado en el *Ser Crístico*, brillando en todo su esplendor detrás del alma y sus fundas de conciencia que se penetran mutuamente, llamadas *cuatro cuerpos inferiores*. Es el Hijo del hombre, el «Sol» de cada manifestación de Dios. El Sol detrás del sol se denomina «Sol de justicia», que cura la mente, ilumina el alma y da luz a toda su casa. Como «gloria de Dios», es la luz de la *Ciudad Cuadrangular*. (Malaquías 4:2; Apocalipsis 21:23).

Guardián de la Llama. 1) El título otorgado al Señor Maha Chohán, «el Gran Señor», en el orden jerárquico de la Gran Hermandad Blanca. También conocido como representante del Espíritu Santo, el Maha Chohán presta servicio a la humanidad alimentando la *llama trina* de la vida que está afianzada en el corazón. Él está presente en todos los nacimientos, para encender la llama trina correspondiente a esa encarnación en particular, y en todas las muertes, para retirar la llama trina del cuerpo físico. 2) Un miembro de la *Fraternidad de Guardianes de la Llama*.

Jerarquía. La cadena de seres individualizados y libres en Dios que cumplen los atributos y aspectos de la infinita Individualidad de Dios.

Parte del esquema cósmico jerárquico son los *Logos Solares*, los *Elohim*, los Hijos y las Hijas de Dios, los Maestros ascendidos y no ascendidos con sus círculos de *chelas*, los *Seres Cósmicos*, las doce *jerarquías del sol*, los Arcángeles y ángeles del fuego sagrado, los niños de la luz, los espíritus de la naturaleza (llamados «elementales») y las *llamas gemelas* de la polaridad *Alfa/Omega* que patrocinan los sistemas planetarios y galácticos.

Este orden universal de la autoexpresión del Padre es el medio por el cual Dios, en el *Gran Sol Central*, reduce la Presencia y el poder de su ser/conciencia universal para que las evoluciones sucesivas en el tiempo y el espacio, desde el menor hasta el mayor, puedan llegar a conocer la maravilla de su amor. El nivel del logro espiritual/físico que se posea —medido por la propia autopercepción equilibrada, «escondida con Cristo en Dios», y demostrando su *Ley*, por su amor, en el cosmos Espíritu/Materia— es el criterio que establecerá el posicionamiento que uno tenga en la escalera de la vida llamada «jerarquía».

En el siglo III, Orígenes de Alejandría estableció su concepción de una jerarquía de seres, desde ángeles a seres humanos pasando por demonios y bestias. Este erudito y teólogo de renombre de la Iglesia primitiva, que estableció la piedra angular de la doctrina de Cristo y sobre cuyas obras posteriores los Padres, doctores y teólogos de la Iglesia edificaron sus tradiciones, enseñó que las almas están asignadas a sus respectivos cargos y deberes con base a acciones y méritos anteriores, y que cada cual tiene la oportunidad de ascender o descender de rango.

En el libro del Apocalipsis se nombra a muchos seres de la jerarquía celestial. Aparte de la *falsa jerarquía* anti-Cristo, incluyendo a los ángeles réprobos, algunos de los miembros de la *Gran Hermandad Blanca* que Jesús mencionó son *Alfa y Omega,* los siete Espíritus, los ángeles de las siete iglesias, los Veinticuatro Ancianos, las cuatro criaturas vivientes, los santos vestidos de blanco, los dos testigos, el Dios de la Tierra, la mujer vestida del sol y su hijo varón, el Arcángel Miguel y sus ángeles, el Cordero y su esposa, los 144 000 que tienen escrito el nombre del Padre en la frente, el ángel del Evangelio Eterno, los siete ángeles (es decir, los Arcángeles de los *siete rayos*) que estuvieron ante Dios, el ángel vestido con una nube y un arco iris sobre su cabeza, los siete truenos, el Fiel y Verdadero y sus ejércitos, y el que se sienta en el gran trono blanco. Véase también *Elohim.* (Apocalipsis 1:4, 8, 11, 20; 2:1, 8, 12, 18; 3:1, 4-5, 7, 14; 4:2-10; 5:2, 6, 11; 6:9-11; 7:1-2, 9, 13-14; 8:2; 10:1, 3, 7; 11:3-4; 12:1, 5, 7; 14:1, 3-6, 14-19; 15:1; 16:1-4, 8, 10, 12, 17; 17:1; 18:1, 21; 19:4, 7, 11-17, 20:1; 21:6, 9; 22:13).

Jerarquías del sol. *Seres cósmicos* que forman un anillo de conciencia cósmica alrededor del *Gran Sol Central.* Cada una de las doce jerarquías, una por cada línea del *Reloj Cósmico*, se compone de millones de Seres Cósmicos que animan la virtud de la línea del Reloj. Por ejemplo, la jerarquía de Capricornio concentra la virtud del poder divino; la jerarquía de Acuario concentra la virtud del amor divino; y así sucesivamente.

Todos los meses recibes la antorcha y la llama de una jerarquía del sol según tus ciclos del Reloj Cósmico. Tú llevarás esa llama a través de una serie de iniciaciones bajo esa jerarquía. Así, por ejemplo, durante el mes correspondiente a la línea de las doce, pasarás por las iniciaciones del poder divino y se te pondrá a prueba en relación con la capacidad que tengas de evitar caer en la crítica, la condenación o el juicio. Véase también Apéndice.

K-17. Jefe del Servicio Secreto Cósmico. Mencionado como «Amigo», asume cuerpo físico cuando debe ayudar a miembros de los varios servicios secretos de las naciones del mundo. Su campo energético protector es un «anillo impenetrable», un anillo de fuego blanco que puede estar teñido de los colores de los rayos de acuerdo con la necesidad del momento. K-17 traza el círculo de llama viva alrededor de personas y lugares para proteger y sellar la identidad y el campo energético de quienes están dedicados al servicio a la luz.

Tanto K-17 como su hermana fueron capaces de mantener su cuerpo físico con vida durante más de 300 años antes de ascender en la década de 1930. Continuando con su evolución y servicio a la humanidad, ahora tienen una villa en París y focos en otras partes del mundo para la preparación de maestros no ascendidos. K-17 y las legiones que tiene a su mando deben ser invocadas para desenmascarar, gracias al poder del Ojo Omnividente de Dios, a las fuerzas y los complots que quieren socavar el plan de Saint Germain para el gobierno divino en la era de oro. La llama de K-17 es verde azulado y blanco.

Kali Yuga. Término sánscrito de la filosofía mística hindú que se refiere al último y el peor de los cuatro yugas (eras del mundo), caracterizado por la lucha, la discordia y el deterioro moral.

Ley. En este libro se hace una distinción entre «Ley» y «ley». Cuando se escribe con mayúscula, se refiere al diseño original del ser de Dios, activado a través de la *corriente de vida* (la corriente de luz) que fluye por el corazón del Santo *Ser Crístico,* quien atiende al alma en evolución. Cuando se escribe con minúscula se refiere a los preceptos de la Ley de Dios tal como se aplican a un tiempo y lugar determinados.

Ley del Uno. La propiedad que tiene la plenitud de Dios que permite que

el cuerpo de Dios sea partido (como demostró Jesús en la Última Cena) y que siga siendo Uno. De la misma forma, el Hijo de Dios puede ser personificado en cada niño de Dios en la persona del Santo *Ser Crístico*. A través de esta luz, cada alma puede aceptar la opción de convertirse en el hijo de Dios, unirse a Cristo y ascender de vuelta al corazón de Dios, el corazón de su poderosa *Presencia YO SOY*.

Llama gemela. El equivalente del alma, masculino o femenino, concebido a partir del mismo cuerpo de fuego blanco, el ovoide ígneo de la *Presencia YO SOY*.

Llama trina. La llama del Cristo que es la chispa de la vida que arde dentro de la *cámara secreta del corazón* (un chakra secundario dentro del corazón). La sagrada trinidad —poder, sabiduría y amor— que es la manifestación del *fuego sagrado*.

Llama violeta. Aspecto del séptimo rayo del Espíritu Santo. El *fuego sagrado* que transmuta la causa, el efecto, el registro y la memoria del pecado o karma negativo. «También denominada llama de la transmutación, de la libertad y del perdón». Se invoca con la Palabra hablada, con visualizaciones para la transmutación del karma negativo personal y planetario. Véase también *Decreto*.

Logos. (Griego, «palabra», «habla», «razón»; la divina sabiduría manifiesta en la creación). Según la antigua filosofía griega, es el principio que controla el universo. El libro de Juan identifica la Palabra o Logos con Jesucristo: «Y la Palabra fue hecha carne, y habitó entre nosotros». Por consiguiente, Jesucristo se considera como la encarnación de la razón divina, la Palabra Encarnada.

Del vocablo «Logos» se deriva la palabra «lógica», definida como «la ciencia de los principios formales del razonamiento». De la lógica tenemos la geometría y el desarrollo y la articulación de la original Palabra de Dios al descomponerse esta en lenguaje y materia para la comunicación clara del conocimiento. Así, todo el conocimiento se basa en la Palabra original (con «P» mayúscula). Los comunicadores del conocimiento original, el Logos, son los comunicadores de la Palabra.

La Palabra también significa «Shakti», que en es un vocablo sánscrito que significa «energía», «poder», «fuerza». Shakti es la fuerza dinámica y creativa del universo, el principio femenino de la Deidad, que emite el potencial de Dios desde el *Espíritu* a la *Materia*. Jesucristo, la Palabra Encarnada, también es la Shakti de Dios. Por tanto, vemos que «comunicar la Palabra» es comunicar el conocimiento original de Dios transmitido al hombre a través de su aspecto femenino. También es comunicar autoconocimiento. Al comunicar este conocimiento, nos convertimos en transmisores de la Palabra y en instrumentos de la Palabra.

Logos Solares. *Seres Cósmicos* que transmiten las emanaciones de luz de la Deidad que fluyen desde *Alfa y Omega* en el *Gran Sol Central* hacia los sistemas planetarios. En esta capacidad, ellos determinan qué cociente de luz puede confiarse a las evoluciones de la Tierra.

Macrocosmos. (Griego, «gran mundo»). El cosmos más grande; toda la urdimbre de la creación, a la que llamamos «huevo cósmico». También se utiliza como contraste entre el hombre como *microcosmos*, «mundo pequeño», y el telón de fondo del mundo más grande en el que vive.

Madre. La polaridad femenina de la Deidad, la manifestación de Dios como Madre. Términos alternativos: «Madre Divina», «Madre Universal» y «Virgen Cósmica». La *Materia* es la polaridad femenina del *Espíritu*, y el término se utiliza igual que Mater (latín, «madre»). En este contexto, todo el cosmos material se convierte en el vientre de la creación en el cual el Espíritu proyecta las energías de la vida. La Materia, por tanto, es el vientre de la Virgen Cósmica, la cual, como la otra mitad de la Totalidad Divina, también existe en el Espíritu como polaridad espiritual de Dios.

El propio Jesús reconoció a *Alfa y Omega* como los representantes más altos del Dios Padre-Madre y con frecuencia se refirió a Alfa como Padre y a Omega como Madre. Quienes asumen la polaridad femenina de la conciencia después de la *ascensión* son conocidas como Maestras Ascendidas. Junto con todos los seres femeninos (polarizados femeninamente) de las octavas de luz, concentran la llama de la Madre Divina por las evoluciones de la humanidad que evolucionan en muchos sistemas de mundos. Sin embargo, siendo andróginas, todas las huestes celestiales concentran cualquiera de los atributos de la Deidad, masculinos o femeninos, a voluntad, pues han entrado en las esferas de la plenitud divina. Véase también *Materia*.

Madre de la Llama. Cargo de la *jerarquía*. Saint Germain ungió a Clara Louise Kieninger como primera Madre de la Llama cuando se fundó la *Fraternidad de Guardianes de la Llama*, en 1961. Durante años ella hizo una vigilia diaria de meditación, comenzando a las 5 de la mañana y rezando de dos a cuatro horas por los jóvenes, los niños a punto de entrar en este mundo, sus padres y los profesores. Al transferir el manto de Madre de la Llama a Elizabeth Clare Prophet, el 9 de abril de 1966, se hizo Madre de la Llama Regente. Clara Louise Kieninger ascendió a los 87 años desde Berkeley (California), el 25 de octubre de 1970.

El 1 de enero de 1973, Gautama Buda anunció que la Maestra Ascendida Clara Louise, «antes de que pasara la noche, daría a la actual Madre de la Llama una antorcha cargada con los fuegos vitales

del altar celestial de Dios y le transmitiría una gran misión para iluminar a los niños del mundo y producir la bendición de la verdadera cultura para la era y para toda la gente por doquier».

Maestra Ascendida Venus. *Llama gemela* de Sanat Kumara. El foco de la Maestra Ascendida Venus y su llama de la belleza se afianzaron en el continente de Europa donde actualmente se encuentra la ciudad de Viena (Austria). A través del rayo afianzado allí es que encarnaron muchos de los venusianos, trayendo consigo su cultura. La cultura, el arte y la sensación romántica de esta ciudad de ensueño evocan el hogar planetario de su fundadora. Véase también *Sanat Kumara*.

Maestro Ascendido. Alguien que, a través de Cristo y vistiéndose con la Mente que había en Jesucristo, ha dominado el tiempo y el espacio y, durante ese proceso, ha conseguido la maestría sobre el yo en los *cuatro cuerpos inferiores* y en los cuatro cuadrantes de la *Materia*, en los chakras y en la *llama trina* equilibrada. Un Maestro Ascendido también ha transmutado, al menos, el cincuenta y uno por ciento de su karma, ha cumplido su plan divino y ha pasado las iniciaciones del rayo rubí hasta el ritual de la *ascensión*: la aceleración mediante el *fuego sagrado* hacia la Presencia del YO SOY EL QUE YO SOY (la *Presencia YO SOY*). Los Maestros Ascendidos habitan en los planos del *Espíritu* —el reino de Dios (la conciencia de Dios)— y pueden enseñar a las almas no ascendidas en un *templo etérico* o en las ciudades del *plano etérico* (el reino del cielo).

Maldek. Un planeta de nuestro sistema solar que ya no existe. Las fuerzas oscuras destruyeron Maldek con las mismas tácticas que usan actualmente los manipuladores en la Tierra para degradar la conciencia de la gente. Sus oleadas de vida libraron una guerra que terminó en una aniquilación nuclear; el cinturón de asteroides entre Marte y Júpiter es lo que queda del planeta. Los rezagados son almas que vinieron a la Tierra de Maldek.

Mandala. (Sánscrito, «círculo», «esfera»). Grupo, compañía o asamblea; círculo de amigos; asamblea o reunión de Budas y Bodisatvas. Un diseño circular compuesto de imágenes de deidades que simbolizan el universo, la totalidad o la plenitud, utilizado en la meditación por hindús y budistas.

Manú. (Sánscrito). El progenitor y legislador de las evoluciones de Dios en la Tierra. El Manú y su complemento divino son *llamas gemelas* ascendidas asignadas por el Dios Padre-Madre para patrocinar y animar la imagen Crística de cierta evolución u oleada de vida, conocida como raza raíz: almas que encarnan como grupo y poseen un único patrón arquetípico, plan divino y misión a realizar en la Tierra.

Según la tradición esotérica, existen siete agregaciones principales de almas, desde la primera hasta la séptima raza raíz. Las primeras tres razas raíz vivieron en la pureza e inocencia sobre la Tierra en tres eras de oro, antes de la caída de Adán y Eva. Mediante la obediencia a la *Ley Cósmica* y una identificación total con el *Yo Real*, esas razas raíz consiguieron su libertad inmortal y ascendieron desde la Tierra.

Fue durante la cuarta raza raíz, en el continente de Lemuria, que tuvo lugar la alegórica Caída bajo la influencia de los ángeles caídos conocidos como «Serpientes» (porque utilizaron las energías serpentinas de la columna para engañar al alma o principio femenino en la humanidad, como medio para conseguir bajar el potencial masculino, emasculando así a los Hijos de Dios).

La cuarta, quinta y sexta raza raíz (este último grupo de almas aún no ha descendido completamente a encarnar físicamente) siguen encarnadas en la Tierra actualmente. El Señor Himalaya y su Amada son los Manús de la cuarta raza raíz, el Manú Vaivasvata y su consorte son los Manús de la quinta raza raíz, y el Dios y la Diosa Merú son los de la sexta. La séptima raza raíz está destinada a encarnar en el continente de Suramérica en la era de Acuario, bajo sus Manús, el Gran Director Divino y su complemento divino.

Los Manús son los amados padrinos divinos que responden instantáneamente al llamado de sus niños. La consoladora presencia de su luz está dotada de un poder/sabiduría/amor tan grande que hace que los éteres se estremezcan y que cada uno de los pequeños se sienta como en casa en los brazos de Dios, aun en la hora más oscura.

Manvantara. (Sánscrito, de *maver*: «hombre» y *antara*: «intervalo», «período de tiempo»). En el hinduismo, uno de los catorce intervalos que constituyen un kalpa: duración de tiempo desde el origen hasta la destrucción de un sistema de mundos (un ciclo cósmico). En la cosmología hindú, el universo evoluciona continuamente pasando por ciclos periódicos de creación y disolución. Se dice que la creación se produce durante la exhalación del Dios de la Creación, Brahman; la disolución ocurre durante su inhalación.

Materia. La polaridad femenina (negativa) del *Espíritu* masculino (positivo). La Materia actúa como cáliz del reino de Dios y es la morada de las almas en evolución que se identifican con su Señor, su Santo *Ser Crístico*. La Materia se distingue de la materia (con minúscula), que es la sustancia de la tierra, terrenal, de los reinos de *maya*, que bloquea en vez de irradiar luz divina y el Espíritu del YO SOY EL QUE YO SOY. Véase también *Madre*.

Maya. (Sánscrito: «ilusión», «engaño», «apariencia»). Algo creado o inventado, que finalmente no es real; el mundo fenoménico no perma-

nente visto como realidad; el principio de la relatividad y dualidad por el cual la realidad única aparece como el universo variado. Los *Maestros Ascendidos* enseñan que maya es el velo de energía mal cualificada que el hombre impone a la *Materia* con su abuso del *fuego sagrado.*

Mensajero. Evangelista; alguien que precede a los ángeles llevando a la gente de la Tierra las buenas nuevas del evangelio de Jesucristo y, en el momento designado, el Evangelio Eterno. Los Mensajeros de la *Gran Hermandad Blanca* están ungidos por la *jerarquía* como apóstoles suyos («alguien enviado en misión»). Ellos dan a través de sus *dictados* (profecías) de los *Maestros Ascendidos* el testimonio y las enseñanzas perdidas de Jesucristo con el poder del Espíritu Santo a la progenie de Cristo, las ovejas perdidas de la casa de Israel y a todas las naciones. Un Mensajero ha recibido la preparación de un Maestro Ascendido para poder recibir, mediante varios métodos, las palabras, los conceptos, las enseñanzas y los mensajes de la Gran Hermandad Blanca. Alguien que transmite la *Ley,* las profecías y las dispensaciones de Dios para un pueblo y una época. (Apocalipsis 14:6; Mateo 10:6; 15:24).

Microcosmos. (Griego: «mundo pequeño»). 1) El mundo del individuo, sus *cuatro cuerpos inferiores,* su aura y el campo energético de su karma. 2) El planeta. Véase también *Macrocosmos.*

Mónada divina. Véase *Presencia YO SOY.*

Mónada humana. Todo el campo energético del yo, las esferas de influencia conectadas entre sí (hereditarias, del entorno, kármicas) que componen esa autopercepción que se identifica a sí misma como humana. El punto de referencia de percepción inferior o percepción nula a partir del cual ha de evolucionar toda la humanidad hacia la realización del Yo Real como el *Ser Crístico.*

Morador del umbral. El antiyo, el yo irreal, el yo sintético, antítesis del *Yo Real,* el conglomerado del ego creado a sí mismo, concebido con el uso indebido del don del libre albedrío. Se compone de la mente carnal y una constelación de energías mal cualificadas, campos energéticos, focos y magnetismo animal que forman la mente subconsciente. El contacto del hombre con este yo reptiliano y antimagnético —que es enemigo de Dios y su Cristo y contrario a la reunión del alma con ese Cristo— se produce a través del cuerpo emocional (el cuerpo emocional o astral) y a través del chakra del plexo solar.

El morador del umbral es el núcleo del vórtice de energía que forma el *cinturón electrónico.* A veces se ve la cabeza serpentina del morador emergiendo del estanque negro del inconsciente. Cuando la serpiente

dormida del morador se despierta debido a la presencia del Cristo, el alma debe de usar su libre albedrío para tomar la decisión de matar lo anti-Cristo que tiene voluntad propia, mediante el poder de la *Presencia YO SOY*, y convertirse en la defensora del Yo Real hasta que el alma esté totalmente reunida con ese Yo Real.

El morador se aparece al alma en el umbral de la percepción consciente, donde llama a la puerta para conseguir entrada al reino «legítimo» de la individualidad autoreconocida. El morador quiere entrar para convertirse en el dueño de la casa. Pero tú debes responder solo a la llamada a la puerta de Cristo y solo Cristo; solo a él has de dar entrada.

La iniciación más seria del sendero del discípulo de Cristo es la confrontación con el yo irreal. Porque si el alma no lo mata (unida a la Mente Crística), aquel emergerá para devorar al alma con toda la ira de su odio a la luz. La necesidad de tener al instructor en el *Sendero* y al Gurú *Sanat Kumara* con nosotros, manifestado físicamente en la *Mensajera* de Maitreya, es para que mantenga el equilibrio en la octava física por cada persona a medida que esta se acerca a la iniciación del encuentro, cara a cara, con el morador del umbral.

Omega. Véase *Alfa y Omega.*

Oleada de vida. Véase *Manú.*

Palabra. Véase *Logos.*

Plano astral. Frecuencia del tiempo y el espacio más allá del plano físico, pero por debajo del mental, correspondiente al cuerpo emocional del hombre y al inconsciente colectivo de la raza. Es el depósito de los patrones colectivos de pensamiento/sentimiento, conscientes e inconscientes, de la humanidad. El propósito prístino de este plano es la amplificación de los pensamientos y sentimientos puros de Dios en el hombre. En cambio, ha sido contaminado con registros y vibraciones impuras de la memoria de la raza. Véase también *Cuatro cuerpos inferiores.*

Plano etérico. El plano más alto en la dimensión de la *Materia;* un plano que es tan concreto y real como el físico (y aún más) pero que se experimenta a través de los sentidos del alma en una dimensión y conciencia más allá de la percepción física. El plano en el que los *registros akáshicos* de toda la evolución de la humanidad constan individual y colectivamente. Es el mundo de los *Maestros Ascendidos* y de sus *retiros,* de las ciudades etéricas de luz donde las almas de un orden superior evolutivo residen entre encarnaciones. Es el plano de la realidad.

Ahí es donde está en progreso la era de oro, donde el amor es la plenitud de la presencia de Dios por doquier y los ángeles y elemen-

tales, junto con los niños de Dios, sirven en armonía para manifestar el reino de Cristo en la era universal, por los siglos de los siglos. Como tal, es el plano de transición entre los reinos tierra/cielo y el reino de Dios, *Espíritu*, o lo Absoluto. El plano etérico inferior se traslapa con los cinturones astral/mental/físico. Está contaminado por esos mundos inferiores, ocupados por la *falsa jerarquía* y la conciencia de las masas a la que controlan, incluyendo sus matrices y emociones.

Presencia electrónica. Véase *Presencia YO SOY*.

Presencia YO SOY. El YO SOY EL QUE YO SOY; la Presencia individualizada de Dios focalizada para cada alma individualizada. La identidad Divina del individuo; la Mónada Divina; la Fuente individual. El origen del alma focalizado en los planos del *Espíritu* justamente por encima de la forma física; la personificación de la Llama Divina para el individuo. Véase también *Gráfica de tu Yo Divino* (página 17). (Éxodo 3:13-15).

Rayo femenino. La emanación luminosa que sale del aspecto de Dios *Madre*.

Rayo masculino. La emanación luminosa que sale del aspecto de Dios Padre.

Raza raíz. Véase *Manú*.

Reencarnación. Renacimiento en nuevos cuerpos o formas de vida, especialmente el renacimiento de un alma en un cuerpo humano nuevo. El alma continúa regresando al plano físico en un nuevo templo corporal hasta que ha saldado su karma, ha logrado maestría sobre sí misma, ha vencido los ciclos del tiempo y el espacio y, finalmente, se reúne con la *Presencia YO SOY* mediante el ritual de la *ascensión*.

Registros akáshicos. Todo lo que acontece en el mundo de un individuo se registra en una sustancia y dimensión conocida como *akasha* (sánscrito, de la raíz kā: «ser visible», «aparecer», «alumbrar brillantemente», «ver claramente»). Akasha es la sustancia primordial, la esencia más sutil y etérea, que llena todo el espacio; energía etérica que vibra en cierta frecuencia como para absorber o registrar todas las impresiones de la vida. Estos registros pueden ser leídos por los adeptos o por quienes poseen unas facultades del alma (psíquicas) desarrolladas.

Reloj Cósmico. La ciencia de delinear los ciclos del karma y las iniciaciones del alma bajo las doce *jerarquías del sol*. Enseñanza impartida por la Virgen María a Mark y Elizabeth Prophet para los hijos y las hijas de Dios que están regresando a la *Ley del Uno* y a su punto de origen más allá de los mundos de la forma y la causación inferior. También el diagrama que representa los ciclos de karma bajo las doce jerarquías solares. Véase también pág. 190.

Retiros. Véase *Templos etéricos.*

Retiros etéricos. Véase *Templos etéricos.*

Rezagados. Véase *Maldek.*

Sanat Kumara. El Anciano de Días, que se ofreció a venir a la Tierra hace miles de años procedente de su hogar en Venus. En aquel momento, los consejos cósmicos habían decretado la disolución de la Tierra, tanto se había desviado la humanidad de la *Ley Cósmica.* Los Señores Solares habían decidido que no se le concediera más oportunidad a los hombres, que habían ignorado conscientemente y olvidado la Llama Divina dentro de su corazón. El requisito de la *Ley* para salvar a Terra era que alguien que estuviera cualificado para ser el Cordero encarnado estuviera presente en la octava física para mantener el equilibrio y guardar la *llama trina* de la vida por todas las almas vivientes. Sanat Kumara se ofreció a ser ese ser.

En su dictado del 8 de abril de 1979, *Perla de Sabiduría,* Sanat Kumara contó la historia de cómo los devotos venusianos se ofrecieron a acompañarlo y encarnar entre la humanidad para ayudarlo a guardar la llama:

La alegría de la oportunidad se mezcló con la tristeza que trae el sentimiento de separación. Había elegido un exilio voluntario en una estrella oscura, y aunque estaba destinada a ser la Estrella de la Libertad, todos sabían que sería para mí una larga noche oscura del alma.

Entonces, súbitamente, de los valles y las montañas apareció una gran reunión de mis hijos. Eran las almas de los ciento cuarenta y cuatro mil acercándose a nuestro palacio de luz. Se acercaron más y más en espirales, como doce compañías, cantando la canción de libertad, de amor y de victoria. Su potente canto coral resonó en toda la vida elemental, y los coros angélicos rondaron cerca. Venus y yo, al mirar por el balcón, vimos la decimotercera compañía vestida de blanco. Era el real sacerdocio de la Orden de Melquisedec...

Cuando todos sus efectivos se hubieron reunido, anillo tras anillo tras anillo, rodeando nuestra casa, y su himno de alabanza y adoración hacia mí hubo concluido, su portavoz se puso ante el balcón para dirigirse a nosotros en nombre de la gran multitud. Era el alma de aquel a quien hoy conocéis y amáis como el Señor del Mundo, Gautama Buda.

Y se dirigió a nosotros, diciendo: «¡Oh, Anciano de Días, hemos sabido de la alianza que Dios ha hecho contigo hoy y de tu compromiso para guardar la llama de la vida hasta que algunos de entre las evoluciones de la Tierra sean acelerados y

renueven una vez más su voto de ser portadores de la llama! Oh, Anciano de Días, para nosotros eres nuestro Gurú, nuestra vida, nuestro Dios. No te dejaremos sin consuelo. Iremos contigo».

Así, vinieron a la Tierra con Sanat Kumara y legiones de ángeles, precedidos de otra comitiva de portadores de luz que prepararon el camino y establecieron el retiro de Shamballa —«Ciudad de Blanco»— en una isla del mar de Gobi (ahora del desierto de Gobi).

Allí Sanat Kumara afianzó el foco de la llama trina, estableciendo el hilo de contacto inicial con todo el mundo en la Tierra extendiendo rayos de luz desde su corazón al de ellos. Y ahí encarnaron los voluntarios de Venus en densos velos de carne para ayudar a las evoluciones de la Tierra hasta la victoria de su promesa.

De entre estos portadores de luz no ascendidos, el primero en responder desde la octava física a la llamada de Sanat Kumara fue Gautama, y con él estaba Maitreya. Ambos siguieron el sendero del Bodisatva hasta la Budeidad, con Gautama terminando el curso primero y Maitreya segundo. Así, los dos se convirtieron en los discípulos principales de Sanat Kumara. El primero terminó sucediéndolo en el cargo de Señor del Mundo, el segundo como *Cristo Cósmico* y Buda Planetario. Véase también *Maestra Ascendida Venus*.

Segunda muerte. La total anulación de la identidad, que tiene lugar en la Corte del Fuego Sagrado en la Estrella Divina Sirio. Esta es la suerte de las almas que han convertido totalmente en oscuridad la luz que Dios ha invertido en ellas. En la segunda muerte, todo lo que era del individuo (causa, efecto, registro y memoria, tanto del alma como de sus creaciones, incluyendo el *morador del umbral*) se disuelve en el fuego blanco de *Alfa y Omega*. El alma se autoanula debido a su negación del ser en Dios. (Apocalipsis 2:11; 20:6, 11-15; 21:7-8).

El Sendero. La angosta entrada y la estrecha senda que conduce a la vida. El sendero de iniciación por el cual el discípulo que busca la conciencia Crística supera, paso a paso, las limitaciones de la individualidad en el tiempo y el espacio, y logra la reunión con la realidad mediante el ritual de la ascensión. (Mateo 7:14).

Señores del Karma. Los Seres Ascendidos que componen el Consejo Kármico. Sus nombres y los rayos que representan en el consejo son los siguientes. Primer rayo, el Gran Director Divino; segundo rayo, la Diosa de la Libertad; tercer rayo, la Maestra Ascendida Nada; cuarto rayo, el Elohim Ciclopea; quinto rayo, Palas Atenea, Diosa de la Verdad; sexto rayo, Porcia, Diosa de la Justicia; séptimo rayo, Kuan Yin, Diosa de la Misericordia. Vairóchana también tiene un asiento en el Consejo Kármico.

Los Señores del Karma dispensan justicia en este sistema de mundos, adjudicando karma, misericordia y juicio para cada *corriente de vida*. Todas las almas deben pasar ante el Consejo Kármico antes y después de cada encarnación en la Tierra, para recibir su tarea y asignación kármica correspondiente a cada vida antes y para hacer una revisión de su rendimiento a su término.

Mediante el Guardián de los Pergaminos y los ángeles registradores, los Señores del Karma tienen acceso a los registros completos de todas las encarnaciones de las corrientes de vida de la Tierra. Ellos deciden quién encarnará, así como cuándo y dónde; y asignan a las almas a familias y comunidades, midiendo los pesos kármicos que han de ser equilibrados como la «jota y tilde» de la *Ley*. El Consejo Kármico, actuando en consonancia con la *Presencia YO SOY* y el *Ser Crístico* individual, decide cuándo el alma se ha ganado el derecho a ser libre de la rueda del karma y la ronda de renacimientos. Los Señores del Karma se reúnen en el Retiro Royal Teton dos veces al año, en el solsticio de invierno y de verano, para revisar las peticiones de los hombres no ascendidos y para conceder dispensaciones por su ayuda.

Ser Cósmico. 1) *Maestro Ascendido* que ha logrado la conciencia cósmica y que anima la luz/energía/conciencia de muchos mundos y sistemas de mundos por las galaxias hasta el Sol detrás del *Gran Sol Central*. 2) Ser de Dios que nunca ha descendido más bajo que el nivel del Cristo, que nunca ha encarnado físicamente, incurrido en karma humano ni en pecado, sino que ha permanecido como parte de la Virgen Cósmica y mantiene un equilibrio cósmico para el regreso de las almas del valle (velo) de las aflicciones al Corazón Inmaculado de la Bendita Madre.

Ser Crístico. El foco individualizado del «unigénito del Padre, lleno de gracia y verdad». El *Cristo Universal* individualizado como la verdadera identidad del alma; el Yo Real de todo hombre, mujer y niño al cual ellos han de elevarse. El Ser Crístico es el mediador entre el hombre y su Dios. Es el instructor personal del hombre, Maestro y profeta, que oficia como sumo sacerdote ante el altar del Sanctasanctórum *(Presencia YO SOY)* del templo del hombre hecho sin manos.

Los profetas predijeron el advenimiento de la conciencia universal del Ser Crístico en el pueblo de Dios en la Tierra como el descenso de El Señor, Justicia Nuestra, también denominado La Rama, en la era universal que está cerca. Cuando alcanza la plenitud de la identificación del alma con el Ser Crístico, tal persona es llamada un ser Crístico (ungido), y el Hijo de Dios se ve brillando a través del Hijo del hombre. Véase también *Gráfica de tu Yo Divino* (página 17). (Juan 1:14; Isaías 11:1; Jeremías 23:5-6; 33:15-16; Zacarías 3:8; 6:12).

Servicio Secreto Cósmico. Véase *K-17*.

Siete rayos. Las emanaciones luminosas de la Deidad. Los siete rayos de luz blanca que emergen del prisma de la conciencia Crística y que concentran particulares dones, gracias y principios de autopercepción en el *Logos* que pueden desarrollarse a través de la vocación en la vida. Cada rayo concentra una frecuencia o color, y cualidades específicas: 1) azul: fe, voluntad, poder, perfección y protección; 2) amarillo: sabiduría, entendimiento, iluminación, inteligencia; 3) rosa: compasión, amabilidad, caridad, amor y belleza; 4) blanco: pureza, disciplina, orden y alegría; 5) verde: verdad, ciencia, curación, música, abundancia y visión; 6) morado y oro: asistencia, servicio, paz y hermandad; 7) violeta: libertad, misericordia, justicia, transmutación y perdón.

Los *Maestros Ascendidos* enseñan que cada uno de los siete rayos de Dios se acrecienta un día de la semana: lunes, rayo rosa; martes: rayo azul; miércoles: rayo verde; jueves: rayo morado y oro; viernes: rayo blanco; sábado: rayo violeta; domingo: rayo amarillo.

Los siete rayos de los Elohim, constructores de la forma, están enclaustrados en el Retiro Royal Teton, un antiguo foco de luz congruente con la montaña Gran Teton, en el estado de Wyoming de los Estados Unidos. Los rayos están concentrados y afianzados en una gran imagen del Ojo Omnividente de Dios que se encuentra en una sala de consejos del retiro.

Templos etéricos. Retiros de los *Maestros Ascendidos* focalizados en el *plano etérico* o en el plano de la tierra; puntos de anclaje de las energías cósmicas y las llamas de Dios; sitios donde los Maestros Ascendidos preparan a sus *chelas* quienes viajan ahí cuando están fuera de su cuerpo físico.

Vestidura sin costuras. Sustancia de luz del Hijo (sol) de Dios tejida como túnica de conciencia y vestida por un ser Crístico. El Espíritu Santo, como un gran coordinador unificador, teje la vestidura sin costuras a partir de hilos de la luz y el amor de Dios. El Maha Chohán enseña: «La atención de Dios sobre el hombre, como una lanzadera, impulsa radiantes haces de luz descendente, centelleantes fragmentos de pureza y felicidad, hacia la Tierra y el corazón de sus hijos, mientras esperanzas, aspiraciones, invocaciones y llamados de ayuda de los hombres se elevan tiernamente buscando a la Deidad en su gran refugio de pureza cósmica».

Jesús compara el tejer de la vestidura sin costuras con la preparación para el matrimonio: «A cada hombre y cada mujer se ofrece la oportunidad de que se prepare para la *ascensión*. Y a nadie se le niega el privilegio de prepararse. Tal como una novia se prepara para el día

de la boda, llenando el baúl de esperanza con los más preciados linos y bordados, el alma se prepara para su reunión acumulando virtudes florales, cualidades flamígeras con las que hace apliques sobre la vestidura sin costuras. Y nadie puede participar en la fiesta de bodas sin la vestidura sin costuras».

De esta vestidura, Serapis Bey dice: «Cuando el hombre opera bajo dirección y actividad divinas, ya sea dentro como fuera del cuerpo, toma la energía que se le dispensó y que, en ignorancia, pudiera haber usado mal y crea, en su lugar, un gran cuerpo de luz llamado la inmaculada vestidura sin costuras del Cristo vivo, que algún día se convertirá en el gran esférico cuerpo solar imperecedero».

Yo Real. Véase *Ser Crístico*.

Yod. Véase *Yod llameante*.

Yod llameante. Un centro solar, un foco de perfección, de conciencia Divina. La Yod llameante es la capacidad de la divinidad dentro de ti de transformar tu ser en una avanzada de tu Poderosa *Presencia YO SOY*.

El sendero
del
Cristo Universal